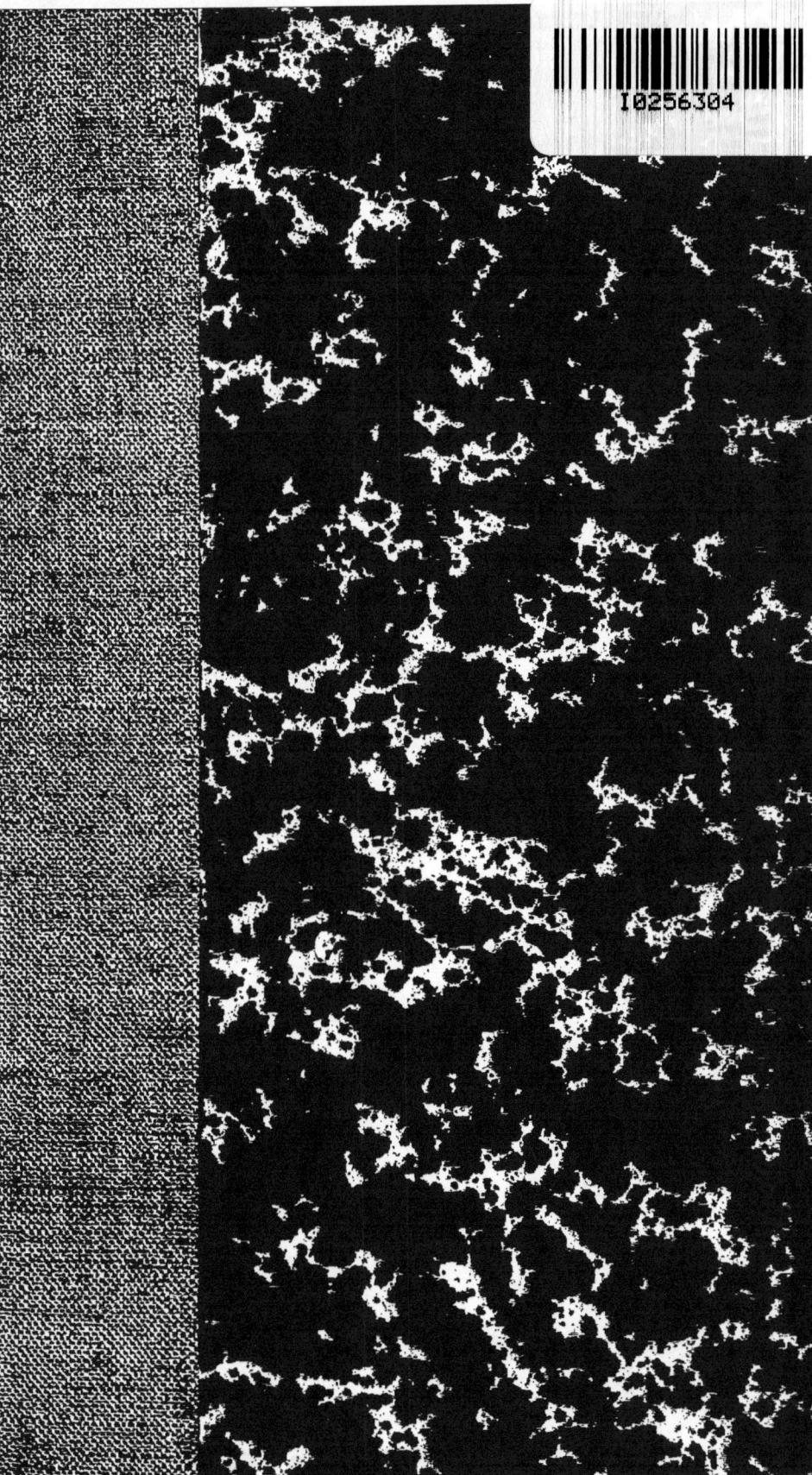

HISTOIRE GÉNÉRALE

NOTIONS SOMMAIRES
D'HISTOIRE ANCIENNE, DU MOYEN AGE
ET DES TEMPS MODERNES

OUVRAGE

CONTENANT DES LEÇONS, DES RÉCITS EXTRAITS DES GRANDS HISTORIENS,
DES QUESTIONNAIRES ET DES DEVOIRS DE RÉDACTION

et orné

de 26 gravures et de 20 cartes intercalées dans le texte

À L'USAGE

DES CANDIDATS AU CERTIFICAT D'ÉTUDES PRIMAIRES
ET DES ÉLÈVES DE L'ENSEIGNEMENT SECONDAIRE

PAR

J. DALLIÈS et **C. GUY**
Instituteur public / Professeur agrégé d'histoire
Officier de l'Instruction publique / à l'École Monge

PARIS
GEDALGE, LIBRAIRE-ÉDITEUR
75, RUE DES SAINTS-PÈRES, 75

Cours supérieur d'Histoire de France, par Les Mêmes 2 25
Cours élémentaire-moyen — 1 25
Cours préparatoire, pour paraître à la rentrée d'octobre, *sous presse*.

HISTOIRE GÉNÉRALE

CORBEIL. — IMPRIMERIE ED. CRÉTÉ.

HISTOIRE GÉNÉRALE. — Programme de 1882

HISTOIRE GÉNÉRALE

NOTIONS SOMMAIRES D'HISTOIRE ANCIENNE, DU MOYEN AGE ET DES TEMPS MODERNES

OUVRAGE

CONTENANT DES LEÇONS, DES RÉCITS EXTRAITS DES GRANDS HISTORIENS,
DES QUESTIONNAIRES ET DES DEVOIRS DE RÉDACTION

et orné

de 26 gravures et de 20 cartes intercalées dans le texte

A L'USAGE

DES CANDIDATS AU CERTIFICAT D'ÉTUDES PRIMAIRES

ET DES ÉLÈVES DE L'ENSEIGNEMENT SECONDAIRE

PAR

J. DALLIÈS et **C. GUY**
Instituteur public   Professeur agrégé d'histoire
Officier de l'Instruction publique   à l'École Monge

PARIS

GEDALGE, LIBRAIRE-ÉDITEUR

75, RUE DES SAINTS-PÈRES

Cours supérieur d'**Histoire de France**, par les Mêmes............ 2 25
Cours élémentaire-moyen   — 1 25
Cours préparatoire   —   —   ...... sous presse.

PRÉFACE

Les deux volumes déjà parus (*Précis d'histoire de France : cours supérieur* et *cours moyen*) sont aujourd'hui continués par le *Précis d'histoire générale*, que nous présentons au public. Il a été divisé en leçons comme les deux autres, et c'est sur un plan tout nouveau que ces leçons ont été distribuées.

Tout d'abord, l'histoire ancienne a été beaucoup plus développée qu'elle ne l'est ordinairement dans les manuels du même genre. Bien que le programme officiel indique simplement : *Notions sommaires d'histoire ancienne*, nous avons pensé qu'il fallait tenir compte, même dans un ouvrage primaire, des travaux de la science contemporaine, et sacrifiant l'histoire *batailles*, légitimement délaissée, nous avons ajouté deux leçons sur la « Vie sociale et privée des Grecs et des Romains » et une autre sur les « Magistratures antiques », que nos élèves ne liront pas sans intérêt.

Nous avons jugé également inutile de donner les sommaires d'histoire de France, si faciles à trouver dans notre *Cours supérieur*, et d'établir, par cette publication oiseuse, un rapport que les maîtres sauront établir dans leur enseignement. L'ouvrage s'en est trouvé singulièrement allégé et nous avons pu ainsi donner aux histoires d'Angleterre et d'Allemagne les développements nécessaires. Nous avons fait tous nos efforts pour que les faits essentiels qui intéressent chaque peuple s'y trouvent à leur place, et l'élève attentif pourra ainsi suivre le développement progressif et harmonieux de chaque nationalité.

Enfin, comme précédemment, nous avons consacré plusieurs chapitres à l'histoire contemporaine. Il est certains problèmes historiques qu'il n'est plus permis d'ignorer et que nous avons résumés en quelques mots, en tête de chaque chapitre. Il faut qu'on sache aujourd'hui, en France plus qu'ailleurs, que les souverains absolus ont fait un suprême effort, de 1815 à 1830, pour détruire, à force d'énergie brutale, l'œuvre de la Révolution, et que les peuples, à leur tour, unis dans une révolte légitime, ont imposé à leurs rois, de 1830 à 1848, le gouvernement parlementaire, dont on peut constater les excès, mais sans lequel il n'est pas de liberté possible.

Ces quelques exemples suffisent pour faire comprendre l'esprit de ce petit volume. Les efforts des nations comme la Grèce et la Belgique pour conquérir la liberté, de peuples comme les Allemands et les Italiens pour constituer leur unité, ont été l'objet d'une leçon spéciale. Enfin nous avons voulu conduire nos enfants, par l'étude de cette histoire exclusivement étrangère, à cette conviction que les idées françaises ont gouverné l'Europe depuis un siècle et que notre pays est nécessaire au monde plus que le monde ne lui est utile. Telles sont les quelques idées qui nous ont dirigés dans ce modeste travail. Certainement nous sommes loin d'avoir atteint le but proposé. Toutefois nous serons satisfaits si nous avons ouvert les yeux de nos lecteurs sur les dangers qui menacent la France, sur les difficultés qu'elle rencontre à l'étranger, et sur la place qui lui est assignée en Europe, dans cette mêlée confuse qui précipite les peuples les uns contre les autres à la fin du XIX° siècle.

J. Dalliès, Camille Guy.

PRÉCIS
D'HISTOIRE GÉNÉRALE

RÉSUMÉ

D'HISTOIRE ANCIENNE, D'HISTOIRE GRECQUE
ET D'HISTOIRE ROMAINE
PRÉCIS D'HISTOIRE DE L'EUROPE
DEPUIS LES INVASIONS DES BARBARES JUSQU'A NOS JOURS

PREMIÈRE PARTIE

HISTOIRE ANCIENNE

PREMIÈRE LEÇON

L'Égypte.

SOMMAIRE. — Premiers âges de l'humanité. — Les premiers empires. — Les premiers Égyptiens. — Premiers habitants de l'Égypte. — Les rois d'Égypte. — Sésostris. — Néchao. — Amasis. — L'Égypte conquise par les Perses. — Le roi. — La nation. — Religion. — Législation. — Sciences et arts. — Monuments.

Premiers âges de l'humanité. — La première apparition de l'homme sur la terre remonte si loin dans le passé, que les savants ne sont pas encore arrivés à lui assigner une date certaine. Y a-t-il dix mille ans, vingt mille ans, plus encore, que nos premiers parents sortirent des mains du Créateur? Nul ne saurait le dire au juste.

La Bible rapporte qu'un grand cataclysme, connu sous le nom de **Déluge universel**, bouleversa notre globe un peu plus de trois mille ans avant Jésus-Christ : tous les êtres vivants périrent, excepté **Noé** et sa famille, qui construisirent l'**Arche** et s'y réfugièrent.

Les premiers empires. — **Sem, Cham** et **Japhet** [1], fils de Noé, repeuplèrent la terre. Leurs descendants fondèrent les premiers empires connus : en Afrique, sur les bords du **Nil**, et en Asie, sur les rives du Tigre et de l'**Euphrate**. La civilisation humaine prit naissance en Egypte et en Assyrie; de longs siècles après, elle passa en Grèce, puis à Rome, d'où elle se répandit en Occident.

Les Égyptiens et les Carthaginois, en Afrique; les Assyriens, les Perses, les Phéniciens et les Israélites, en Asie; les Grecs et les Romains, en Europe, tels sont les peuples anciens sur lesquels nous allons donner un rapide aperçu. Nous les admirerons dans ce qu'ils ont fait de grand, mais nous montrerons aussi les vices de ces sociétés primitives, dont le plus hideux, l'**esclavage**, réduisait toute une classe d'hommes — et non la moins intéressante, puisque c'était celle des travailleurs — à la triste condition de bêtes de somme. Nous ne dirons rien des Indiens et des Chinois, qui

---

1. On appelle : *Aryas* les peuples qui descendent de Japhet; — *Sémites*, ou peuples *sémitiques*, les descendants de Sem; — *Chamitiques*, les descendants de Cham.

paraissent avoir joui de bonne heure d'une civilisation très avancée, mais aussi peu connue que leur origine.

Les Égyptiens. — L'Égypte est le pays limité : au nord, par l'isthme de Suez; au sud, par l'Éthiopie; à l'est, par la mer Rouge; à l'ouest, par les déserts de l'Afrique. Un grand fleuve, le Nil, la couvre chaque année d'un limon bienfaisant et la fertilise. Sans le Nil, l'Égypte ne serait qu'une vaste plaine aride et desséchée, comme les déserts qui l'environnent. Mais les débordements périodiques de ce fleuve, qui ont lieu chaque année, du mois de juin au mois de septembre, y répandent une extraordinaire fécondité.

Premiers habitants. — Les premiers habitants de l'Égypte y arrivèrent de l'Éthiopie. On les disait descendants de Cham. Leur teint était noir. Ils s'établirent le long du Nil, en cultivèrent les riches plaines et y bâtirent un grand nombre de villes, parmi lesquelles THÈBES[1] et MEMPHIS furent très importantes.

Les découvertes faites en Égypte depuis le commencement de ce siècle par des savants français, surtout la lecture des caractères égyptiens, les **hiéroglyphes**, déchiffrés par **Champollion**, en 1822, ont permis de reconstituer l'histoire de ce pays depuis cinq à six mille ans et d'y compter une trentaine de dynasties de rois.

---

[1] Thèbes était défendue par une vaste enceinte de 50 kilomètres de circuit, percée de cent portes. De là lui vint le surnom d'*Hécatompyle*, ou de ville aux cent portes. On connaissait, du reste, dans l'antiquité, plusieurs villes de ce nom. — Elle avait de vastes palais et des *obélisques* (monuments de granit en forme de pyramide quadrangulaire), dont l'un, celui de Louqsor, transporté en France, en 1835, se dresse sur la place de la Concorde, à Paris.

Les rois d'Égypte. — Le premier roi d'Égypte dont le nom soit venu jusqu'à nous s'appelait **Ménès**. Il régnait à Memphis environ 5000 ans avant Jésus-Christ. Un de ses lointains successeurs, **Mœris**, fit creuser un lac immense pour recevoir les eaux du Nil, quand, par ses dé-

Obélisque de Louqsor.

bordements, ce fleuve menaçait de submerger toute l'Égypte. Dans les temps de sécheresse, au contraire, les eaux de ce réservoir allaient porter la fraîcheur dans les campagnes, qui se couvraient ensuite d'une riche végétation.

Les rois de cette longue période portaient tous le nom de **pharaons**. Sous l'un d'eux, environ 2000 ans avant notre ère, les Hyksos, ou rois pasteurs, arrivés de l'Asie, s'emparèrent de l'Egypte jusqu'à Thèbes et y dominèrent pendant cinq ou six siècles. C'est à cette époque que les Hébreux s'établirent en Egypte.

Sésostris (1500 ans av. J.-C.). — Le plus grand de tous les princes qui régnèrent sur

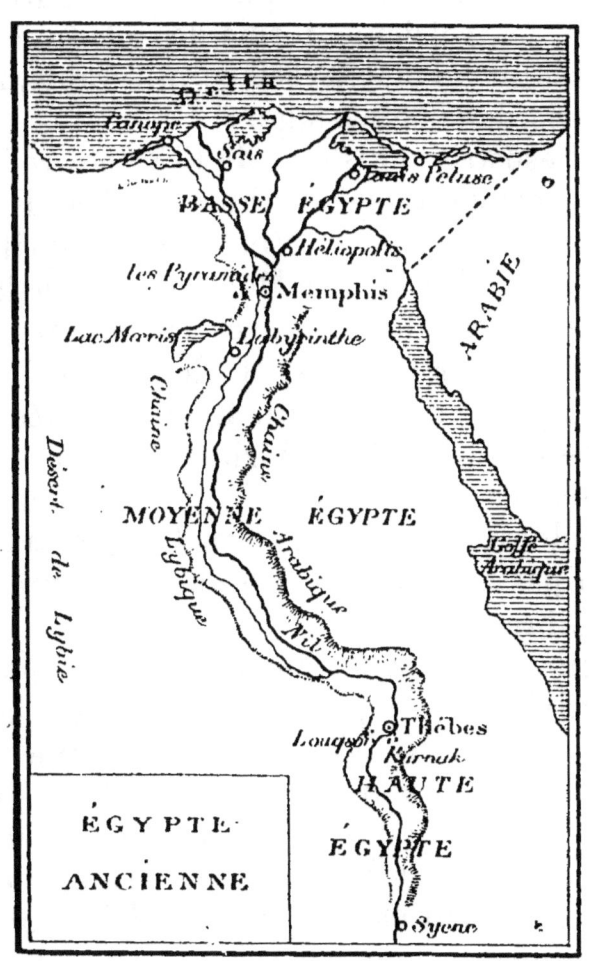

l'Égypte, à cette époque reculée, se nommait Sésostris ou Ramsès le Grand. L'histoire rapporte qu'il envahit l'Asie à la tête d'une grande armée et qu'il en revint avec un immense butin, en se faisant traîner sur son char par des rois enchaînés.

Sésostris employa en travaux utiles les trésors qu'il avait enlevés à ses ennemis ; il fit bâtir des villes, creusa des canaux et encouragea l'agriculture. On lui attribue la division du sol de l'Égypte en trois portions égales : il en donna une aux prêtres ; une aux guerriers qui avaient contribué à sa gloire ; la troisième forma le lot du roi. Le peuple, réduit à l'état d'esclave misérable, ne fut pas compris dans ce partage.

Après Sésostris, l'histoire de l'Égypte redevient incertaine pendant sept ou huit siècles. Environ 600 ans avant notre ère, **Néchao** entreprit, sans succès, de joindre la mer Méditerranée à la mer Rouge par un canal. Il était réservé à notre temps et à un ingénieur français (M. de Lesseps) d'exécuter ce gigantesque travail. Le même Néchao fit faire, dit-on, le tour de l'Afrique par des marins phéniciens. Partis des ports de la mer Rouge, ces hardis explorateurs revinrent en Égypte, trois ans après, en passant par les Colonnes d'Hercule (détroit de Gibraltar).

Amasis. — A la faveur des troubles populaires qui suivirent le règne de Néchao, un homme de basse condition s'empara du trône. Il se nommait Amasis. Son gouvernement ne fut pas sans gloire. On cite de ce parvenu une loi très sévère contre les gens oisifs. Aux termes de cette loi, tout Égyptien était obligé de faire connaître chaque année ses moyens d'existence ; celui qui n'en avait point était puni de mort, s'il refusait de travailler.

Le successeur d'Amasis fut témoin de l'asservissement de l'Égypte, qui avait bien dégénéré depuis le grand Sésostris. Le roi de **Perse**,

Cambyse, n'eut qu'à se montrer sur les bords du Nil pour réduire en province persane le pays des Pharaons (525 av. J.-C.).

A partir de ce moment l'Égypte suivit la destinée de l'empire des Perses. Conquise par Alexandre le Grand, elle échut en partage, après la mort de ce prince illustre, à Ptolémée, un de ses généraux (306 av. J.-C.) ; 275 ans plus tard, elle devint une province romaine (30 av. J.-C.).

Le roi. — La nation. — Les rois d'Égypte exerçaient un pouvoir absolu; ils avaient droit de vie et de mort sur leurs sujets.

La nation était partagée en trois classes : les **prêtres**, les **guerriers** et le **peuple**, composé des *artisans* et des *laboureurs*.

Les prêtres formaient une caste privilégiée et puissante. Eux seuls étaient instruits, connaissaient les lois, cultivaient les sciences. A leurs fonctions sacerdotales ils ajoutaient toutes les hautes fonctions de l'Etat et les professions qui exigent des connaissances spéciales : ils étaient juges, magistrats, médecins, etc. Les rois eux-mêmes s'inspiraient de leurs conseils. Quand une dynastie s'éteignait, c'était toujours parmi les prêtres qu'était choisi le fondateur d'une nouvelle dynastie.

La seconde classe comprenait les guerriers, chargés de défendre les frontières. Le peuple ne constituait, en Égypte, qu'un vil troupeau d'esclaves, condamné à mener une vie misérable et à succomber à la peine.

Religion. — Les Égyptiens rendaient un culte au soleil (**Osiris**) et le prenaient pour l'inventeur de l'agriculture, sans doute parce que, par sa chaleur bienfaisante, il féconde la terre et en fait mûrir les fruits. Les animaux utiles et ceux qui leur inspiraient de la crainte recevaient aussi de leur part les honneurs divins ; ils adoraient : le bœuf, qui laboure la terre ; le chien, gardien fidèle de la maison et des troupeaux ; le chat, destructeur des rats ; le rusé et hideux crocodile, qui attire à lui les voyageurs en imitant les pleurs d'un enfant, et les dévore s'ils ont le malheur de se laisser tromper par les cris hypocrites du monstre. Il n'y avait pas jusqu'aux plantes et aux légumes des jardins qui ne fussent l'objet de la vénération de ce peuple superstitieux. Mais ce n'était là que la religion du peuple ; les prêtres et tous les gens instruits croyaient peut-être à un dieu unique, à l'immortalité de l'âme et au bonheur ou au malheur de la vie future.

Législation. — Les lois des Égyptiens témoignent du degré de civilisation auquel ils s'étaient élevés. Chez eux les causes se plaidaient par écrit, afin que les juges ne fussent point exposés à se laisser séduire par la parole habile des défenseurs ou des accusés. Le meurtrier, même d'un esclave, était puni de mort. Celui qui tuait son père ou sa mère était brûlé vif ; le menteur était sévèrement puni et voué au mépris. Nous avons indiqué le châtiment terrible qui, aux termes d'une loi d'Amasis, attendait le paresseux. Les familles préservaient de la décomposition les corps de leurs morts par l'embaumement. Les corps embaumés s'appelaient des *momies*. Plusieurs momies se sont conservées jusqu'à nos jours. On les voit, à Paris, au Louvre et au Muséum d'histoire naturelle.

Sciences et arts. — **Monuments.** — Dès la plus haute antiquité, les Égyptiens connaissaient la musique, la peinture, l'agriculture ; les prêtres poussèrent très loin l'étude de la géométrie, de l'astronomie et de la médecine; des étrangers illustres, entre autres les Grecs **Pythagore** et **Solon**, visitèrent l'Égypte, sous le règne d'Amasis, pour en étudier les institutions et les lois.

Les ouvriers égyptiens se distinguaient par une grande habileté dans l'art de travailler les métaux, de fabriquer la porcelaine et les diverses poteries;

Les Pyramides d'Égypte.

ils savaient teindre avec goût les étoffes de lin et de coton.

L'architecture de ce peuple était lourde et sans grâce, mais puissante, comme le montrent les Pyramides, dont plusieurs, encore debout, sont un objet d'étonnement plutôt que d'admiration pour le voyageur qui les visite. Ces masses énormes étaient élevées pour servir de tombeaux aux rois : celles de Gizeh, sur la rive gauche du Nil, à 14 kilomètres du *Caire*, furent construites sous les règnes de **Chéops** et de **Chéphren**, successeurs plus ou moins rapprochés de Ménès. La plus haute s'élève à 142 mètres. Les rois, pour aussi grand qu'eût été leur pouvoir pendant leur vie, n'échappaient pas, après leur mort, au jugement du peuple. Chéops et Chéphren avaient fait périr tant d'hommes pour faire élever leurs immenses tombeaux que le peuple les déclara indignes d'y être ensevelis.

QUESTIONNAIRE.

Dites par qui furent fondés les premiers empires. — Quels sont les peuples anciens dont nous avons à raconter l'histoire ? — Donnez les bornes de l'Égypte. — Qu'était-ce que le lac Mœris ? — Parlez de Sésostris. — Parlez de Néchao. — Par qui l'Égypte fut-elle conquise ? — Dites ce qu'était le roi en Égypte. — Comment la nation était-elle divisée ? — Parlez des trois classes de la nation. — Parlez de la religion des Égyptiens, de leur législation. — Parlez des sciences, des arts et des monuments en Égypte. — A quoi servaient les Pyramides ?

RÉCIT.

Une momie. — Psarou est de trop haut parage pour qu'on hésite, même une minute, à lui commander un embaumement de première classe. Le corps est dépouillé, lavé, étendu à terre, la tête au sud, sous la direction d'un maître des cérémonies. Une prière, et un chirurgien enfonce dans la narine gauche un ferrement recourbé avec lequel il brise les cloisons du crâne et retire la cervelle pièce à pièce. Un des embaumeurs introduit ensuite sa main dans une plaie faite au-dessus de l'aine gauche et en retire rapidement les intestins, le cœur, les poumons, tous les viscères, lave les cavités au vin de palmier et les remplit d'aromates broyés. Une dernière prière, et les ouvriers funèbres emportent les débris mutilés de ce qui fut Psarou, pour les plonger dans la cuve de natron[1] liquide où ils doivent macérer pendant soixante-dix jours.

Il ne lui faut pas moins de deux cercueils, s'emboîtant exactement l'un dans l'autre et dont les lignes dessinent le

---

1. *Natron*, carbonate de soude impur qu'on trouve, déposé par le dessèchement des lacs très chargés de matières salines, dans une vallée voisine de celle du Nil.

contour général d'un corps ou plutôt d'une momie humaine. Les pieds et les jambes sont réunis tout du long. Les saillies du genou, les rondeurs du mollet, de la cuisse et du ventre sont indiquées de façon sommaire et se modèlent vaguement dans le bois. La tête reproduit les traits de Psarou, mais idéalisés.

Le corps tiré de la saumure n'est guère plus qu'un squelette recouvert d'une peau jaunâtre, parcheminée, qui en accuse l'anatomie. En revanche, la tête a conservé presque intacte la pureté de ses formes. Les embaumeurs profitent de la souplesse que le bain de natron a entretenue dans les membres pour lui rapprocher fortement les jambes et lui croiser les bras. Ils bourrent le ventre et la poitrine de linge et de sciure de bois mêlée à des poudres aromatiques et commencent l'ensevelissement. La tête disparaît sous un masque de linon et sous un réseau de bandes gommées. Les membres et le tronc sont garnis d'une première couche d'étoffe souple, moelleuse, chaude au toucher. L'emmaillotement est terminé. Psarou est prêt pour la tombe.

D'après Maspero.

DEUXIÈME LEÇON.

Assyriens et Perses.

Sommaire. — Assyriens et Babyloniens. — Premier empire d'Assyrie. — Ninus. — Sémiramis. — Nynias. — Sardanapale. — Fin du premier empire d'Assyrie. — Royaumes de Médie, de Babylone et de Ninive. — Second empire d'Assyrie. — Destruction de Ninive. — Babylone, capitale du second empire d'Assyrie. — Nabuchodonosor le Grand. — Gouvernement. — Arts. — Religion chez les Assyriens. — Empire des Perses. — Cyrus. — Son éducation. — Bataille de Tymbrée. — Prise de Babylone. — Fin de la captivité. — Influence fatale des mœurs assyriennes. — La Phénicie. — Gouvernement. — Villes importantes. — Fondation de Carthage.

Assyriens et Babyloniens. — Sur les rives du Tigre et de l'Euphrate, fleuves qui coulent en

Asie, s'élevèrent, aux époques les plus reculées de l'histoire, deux villes destinées à devenir célèbres.

Elles se nommaient **Babylone** et **Ninive**.

La première eut pour fondateur, d'après la légende, le grand chasseur **Nemrod**, petit-fils de Cham. La seconde devrait sa naissance à **Assur**, descendant de Sem.

Les habitants de Babylone, rendus paresseux par la fertilité naturelle des riches plaines de l'Euphrate, devinrent de bonne heure mous et efféminés. Il n'en fut pas de même pour les Ninivites, plus habitués à la fatigue et à la guerre. Un de leurs princes, nommé **Bélus**, subjugua les Babyloniens, et les deux peuples réunis formèrent, environ 2000 ans avant Jésus-Christ, le grand empire d'Assyrie.

Premier empire d'Assyrie (2000-759). — **Ninus**. — Ninus, fils de Bélus, fut un grand conquérant; il ravagea, dit-on, toute l'Asie et rentra à Ninive chargé de butin. Ninive était si vaste que trois jours entiers ne suffisaient pas pour en parcourir les divers quartiers; elle était si peuplée, que mille ans après Ninus, elle comptait encore trois millions d'âmes.

Sémiramis. — La femme de Ninus, l'ambitieuse Sémiramis, fit mourir son mari pour s'emparer du trône. Son règne fut illustre. A son tour, elle parcourut l'Asie à la tête d'une grande armée et laissa partout des traces glorieuses de son passage. Elle embellit Babylone, l'entoura d'un mur immense pour la rendre imprenable, y fit bâtir des palais magnifiques et élever des milliers de statues d'or et d'argent. Les jardins suspendus de cette reine de l'Orient ont été considérés comme une des merveilles[1] du monde. Assis sur de vastes terrasses, ces jardins étaient plantés d'arbres odoriférants et arrosés, à l'aide de pompes élévatoires, par les eaux de l'Euphrate; au haut de ces arbres, d'innombrables oiseaux faisaient sans cesse entendre leurs ramages variés.

Ninyas. — Décadence de l'empire. — Cependant, toute la gloire de Sémiramis ne put la soustraire à la punition du crime affreux qu'elle

Jardins suspendus.

avait commis. Son fils Ninyas conspira contre elle et la mit à mort.

Ce prince, loin de se montrer courageux et actif comme sa mère, reprit la vie molle et sensuelle

---

1. Les sept merveilles du monde ancien étaient : 1° les jardins suspendus de Babylone ; — 2° les murs d'enceinte de Babylone ; — 3° les Pyramides d'Égypte ; — 4° la statue de Jupiter Olympien, en Grèce ; — 5° le colosse de Rhodes, qui avait 120 pieds de haut ; — 6° le temple de Diane d'Éphèse ; — 7° le tombeau de Mausole, roi de Carie (côtes d'Asie), élevé par Artémise à son époux.

des anciens rois de Babylone. Ses trente successeurs, jusqu'à Sardanapale, furent aussi méprisables que lui.

Le dernier et le plus indigne de tous ces rois efféminés fut **Sardanapale**. L'indolent monarque, attaqué par Arbacès, retrouva un instant d'énergie ; pour ne pas tomber vivant entre les mains de ses ennemis, il fit allumer un grand feu et s'y précipita avec ses femmes. Avec lui finit le grand empire d'Assyrie (759).

Trois royaumes se formèrent de ses débris : celui de Médie, qui se proclama indépendant sous **Arbacès**; celui de Babylone et celui de Ninive ; ce dernier devint le **second empire d'Assyrie**, et eut pour rois les descendants de Sardanapale.

Babylone, devenue par la disparition de Ninive la ville dominatrice et la capitale de l'Assyrie, continua de briller au dedans par sa civilisation, tandis qu'au dehors elle soumettait toute l'Asie occidentale. **Nabuchodonosor le Grand**, le plus illustre de ses souverains, s'empara de Tyr, après un siège de treize ans ; il détruisit le royaume de Juda et emmena les habitants riches en captivité sur les bords de l'Euphrate.

Mais Babylone elle-même touchait au terme de son indépendance et de sa grandeur. A côté d'elle un royaume jeune et puissant s'était élevé par le génie de **Cyrus** : c'était celui de Perse. Cyrus assiégea Babylone, où régnait alors **Balthazar**, prince qui, par ses vices, rappelait Sardanapale; la ville fut prise, son indigne roi fut mis à mort et l'empire babylonien devint une province persane (538 av. J.-C.). A partir de ce moment la décadence de Babylone fut rapide. Environ sept siècles

ASSYRIENS ET PERSES. 15

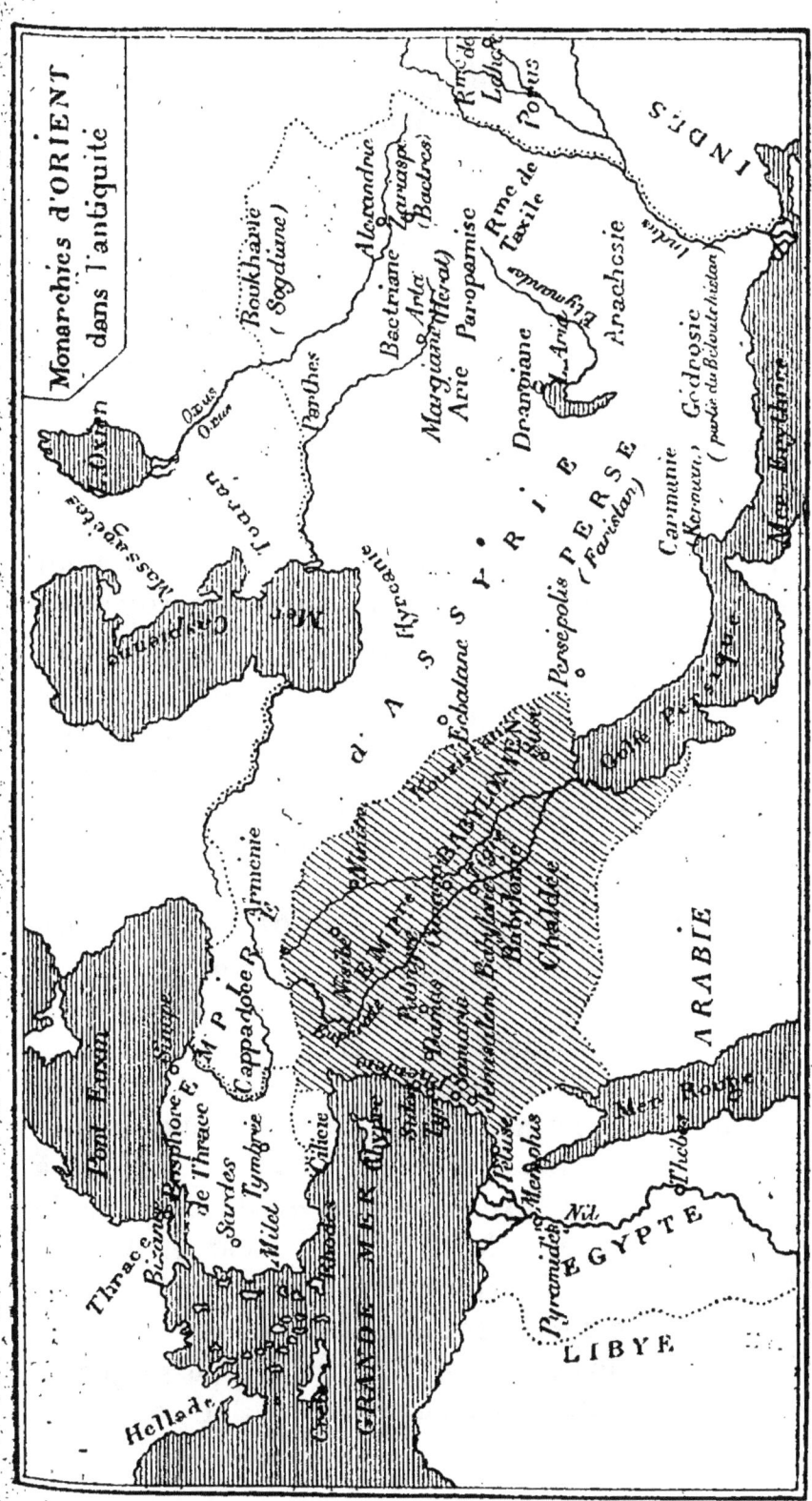

plus tard, après bien des vicissitudes, la ville de Sémiramis disparut, balayée par les Romains, sous le règne de l'empereur **Marc-Aurèle.**

Gouvernement. — Les rois de Ninive et de Babylone avaient un pouvoir absolu sur leurs sujets; ils disposaient suivant leurs caprices de leur fortune et de leur vie. Les plus grands personnages ne pouvaient les approcher qu'en se prosternant plusieurs fois avant d'arriver jusqu'à eux; on les considérait comme des dieux et ils avaient des temples pour se faire adorer. Une seule autorité balançait la leur : c'était celle des prêtres.

Religion. — **Arts.** — Les Assyriens adoraient une foule de dieux. Le plus élevé dans leurs croyances était **Bel** ou **Baal**, nom sous lequel ils rendaient un culte au soleil; ensuite venaient les étoiles, divers animaux et d'autres divinités ridicules ou monstrueuses. Les prêtres se livraient avec ardeur à l'étude de la science astronomique et prétendaient lire dans les astres les secrets de l'avenir. Il trouvèrent l'année de 365 jours.

Empire des Perses. — **Cyrus.** — L'empire des Perses s'éleva sur les ruines de celui d'Assyrie. Il dut sa grandeur à **Cyrus**, un des monarques les plus illustres de l'antiquité.

Cyrus reçut une éducation mâle et austère, comme c'était l'usage de la donner aux jeunes Perses. Dès sa plus tendre enfance, il fut habitué à la sobriété et aux exercices qui, en développant le corps, donnent une forte trempe à l'âme. A l'âge de douze ans, il fut conduit par sa mère à la cour fastueuse d'*Astyage*, son grand-père, roi de Médie et l'un des successeurs d'*Arbacès*. Il y passa quatre ans et s'y fit aimer par sa gentillesse et son intelligence précoce; jamais il ne se laissa séduire par le luxe et les repas somptueux. Un jour qu'Astyage lui exprimait sa surprise de le voir si indifférent en présence des mets les plus recherchés, l'enfant lui répondit : « Les Perses ne prennent pas tant de détours pour apaiser leur faim : un peu de pain et de cresson leur suffit ».

Quand Cyrus eut atteint l'âge de seize ans il revint achever, auprès des compagnons de son enfance, le dur apprentissage de la vie militaire, auquel tous les Perses étaient soumis.

Règne de Cyrus (559-529). — Quelques années après, Cyrus était roi de Perse et de Médie, et, comme il l'avait donné à espérer dans son enfance, ce fut un roi doué de grandes qualités. — Il battit **Crésus**, le riche et puissant roi de Lydie, à la grande bataille de **Tymbrée**, et lui enleva ses trésors et ses États.

Ensuite Cyrus conquit la Phénicie, la Palestine et s'empara de Babylone, où régnait dans ce moment le voluptueux **Balthazar**; il la prit et fit de la Babylonie une province de son empire. Ce glorieux prince s'honora en rendant la liberté aux Juifs, qui revinrent en grand nombre dans leur patrie, sous la conduite de **Zorobabel** (536).

Le royaume de Cyrus comprit alors tout le pays qui s'étend de la Méditerranée à l'Indus, et de la mer Caspienne à l'océan Indien. Son fils Cambyse allait encore y ajouter l'Égypte. Darius, successeur de Cambyse, commença les guerres médiques et fut vaincu par les Grecs à Marathon. Il divisa la Perse en 31 satrapies et résida à **Persépolis**. Après lui l'empire des Perses ne s'arrêta plus dans sa décadence jusqu'au moment où Alexandre le Grand en fit la conquête.

Influence fatale des mœurs assyriennes.
— Le vaillant roi de Perse avait triomphé aisément des peuples amollis de l'Asie; mais tous ses efforts ne purent réussir à réformer les mœurs assyriennes. La corruption et le luxe, qui avaient conduit à sa perte le grand empire babylonien, finirent par énerver les Perses; Cyrus lui-même ne put échapper à leur fatale influence, et il donna dans sa vieillesse l'exemple d'un faste jusqu'alors inconnu.

La Phénicie. — La Phénicie s'étendait en

Navigateurs phéniciens.

Asie, le long de la côte méditerranéenne; sur une longueur d'environ 200 kilomètres; sa largeur, de 40 kilomètres au plus, se terminait aux montagnes du Liban. Cette position exceptionnelle entre la mer et les admirables forêts de cèdres du Liban, riches en bois de construction, fit des Phéniciens un peuple de marins et de commerçants. Leurs relations s'étendirent dans tout le bassin de la

Méditerranée et, par la mer Rouge, jusqu'à l'océan Indien.

Ils retiraient de l'Éthiopie : l'ébène et l'or ; de l'Inde, la cannelle, le coton, la soie et les perles ; de l'Espagne, l'argent, le fer et l'étain. Ces matières premières, manufacturées ou transformées par l'industrie phénicienne, étaient ensuite revendues aux peuples avec lesquels les Phéniciens entretenaient des relations commerciales.

La mer ne fut pas le seul champ d'activité de cette nation mercantile. Sidon, Tyr et d'autres cités opulentes envoyaient leurs caravanes : en Palestine, d'où elles rapportaient le blé et l'huile ; en Arabie, où elles allaient chercher les parfums suaves ; à Babylone, où elles vendaient les riches étoffes de pourpre fabriquées par les ouvriers phéniciens. Les Phéniciens eurent des comptoirs dans tout le bassin de la Méditerranée.

Gouvernement. — Villes importantes. — Chaque ville de la Phénicie avait son roi ou suffète et son gouvernement particulier ; mais des liens communs les unissaient toutes en une même confédération.

Sidon était célèbre par son commerce 2000 ans avant Jésus-Christ ; l'étendue de son négoce l'avait fait surnommer le *Marché des nations*. Mais la suprématie lui échappa de bonne heure pour passer à **Tyr**, sa voisine et sa rivale.

Celle-ci fut longtemps la reine de la Méditerranée. Environ 1000 ans avant Jésus-Christ, elle avait pour roi **Hiram**, qui fournit à Salomon les bois nécessaires à la construction du temple de Jérusalem. Un siècle après Hiram, elle était gouvernée par **Pygmalion**, prince soupçonneux et cruel, meurtrier de Sichée, mari de **Didon**, sa sœur. Menacée elle-même, Didon s'enfuit avec ses trésors et alla fonder **Carthage**, en Afrique, près de l'endroit où se trouve aujourd'hui Tunis. Détruite par Nabuchodonosor, en 572, Tyr fut reconstruite dans une île voisine, à 3 kilomètres de la côte; elle retrouva son ancienne prospérité et la conserva jusqu'au jour où Alexandre le Grand la réduisit en cendres et en extermina presque entièrement les habitants, qui l'avaient irrité par leur longue résistance.

QUESTIONNAIRE.

Dites par qui furent fondées Ninive et Babylone. — Parlez de Ninus; de Sémiramis. — Racontez la décadence et la chute du grand empire assyrien. — Nommez les trois royaumes qui se formèrent de ses débris. — Dites comment finit Ninive. — Que devint le royaume de Babylone? — Parlez du gouvernement, de la religion des Assyriens. — Parlez de l'enfance de Cyrus et racontez son règne. — Dites ce que vous savez sur la Phénicie.

RÉCIT.

Un palais assyrien. — Le logis royal a sa façade au sud-est, vers le point où la rampe débouche sur les remparts de la ville. Le roi pénètre, sans descendre de son char ou de son cheval, à la porte même de ses appartements. L'entrée monumentale est gardée, selon l'usage, par une escouade de taureaux ailés en gypse peint. Il franchit la porte entre deux lignes de sentinelles immobiles, traverse un couloir et arrive dans la cour d'honneur, au centre même du palais. Il y occupe une vingtaine de pièces où il couche, mange, travaille, reçoit et expédie les affaires dans la compagnie de ses secrétaires. Le reste de l'appartement se compose de salons grandioses où se presse la foule des courtisans et des vizirs. Le jour tombe d'en haut par des œils-de-bœuf ménagés dans l'épaisseur des voûtes. Des bas-reliefs de couleurs vives sont appliqués le long des murs jusqu'à trois mètres au-dessus du sol. L'artiste y a reproduit la vie du fondateur de la dynastie.

Puis il s'est inspiré des détails qui donnent à chaque pays sa physionomie propre : telle montagne est boisée de pins ; tel canton est planté de vignes ; les rivières semblent s'entrouvrir pour étaler à nos yeux tout ce qu'elles renferment d'animaux.

Les dieux n'ont pas été oubliés ; ils résident au nord-est de la plate-forme dans le voisinage des jardins du palais. On leur a réservé un édifice irrégulier dont les chambres ne diffèrent pas des pièces qu'on rencontre ailleurs, murs teints en blanc, plinthe noire, quelques fresques symboliques. Là, dans un isolement presque aussi complet que celui des femmes, les prêtres et les esclaves sacrés emploient leurs journées à l'étude des mystères et à la pratique du culte. La tour se dresse à quarante-trois mètres au-dessus de l'esplanade. Elle a sept étages, consacrés aux divinités des sept planètes et qui sont peints chacun aux couleurs de son dieu, le premier en blanc, le second en noir, le troisième en pourpre, le quatrième en bleu, le cinquième en rouge vermillon, le sixième a la teinte de l'argent, le dernier est doré. La plate-forme se termine par une petite coupole lamée d'or. C'est la chambre de la déesse, où les prêtres seuls et le roi ont le droit de pénétrer sans commettre un sacrilège.

D'après Maspero.

TROISIÈME LEÇON

Les Hébreux.

Sommaire. — Les Hébreux. — Les patriarches : Abraham, Isaac, Jacob. — Joseph et sa famille en Égypte. — Moïse. — Sortie d'Égypte. — Conquête du pays de Chanaan. — Le Décalogue. — Gouvernement des Juges. — La royauté. — Schisme des Dix Tribus. — Fin du royaume d'Israël. — Fin du royaume de Juda. — La captivité de Babylone. — Zorobabel reconduit les Juifs à Jérusalem. — Les Macchabées. — Fin de la nation juive.

Les Hébreux. — La croyance en un seul dieu, qui fut le principe de leur grandeur morale, donna aux Hébreux[1] une physionomie à part au milieu des autres peuples de l'Orient. En face de la corruption de Ninive et de Babylone, ils gardèrent des mœurs simples et sévères; l'esclavage, impitoyable ailleurs, fut adouci chez eux par la faculté du rachat et la pitié des maîtres; la fraternité, dont n'avaient pas l'idée les peuples païens, devint un précepte de leur législation, et le riche mit au nombre de ses devoirs celui de venir en aide aux déshérités.

Les Patriarches et la sortie d'Egypte (2000 à 1500 av. J.-C.). — Selon la Bible, **Abraham**, le plus célèbre de tous les patriarches[2], quitta la ville d'Ur, en Chaldée, vers l'an 2000 avant Jésus-Christ, pour aller s'établir, avec sa famille, ses serviteurs et ses troupeaux, dans la terre de Chanaan. **Isaac**, son fils, et **Jacob**, son petit-fils, l'habitèrent après lui; ce fut en quelque sorte une prise de possession par les trois premiers pères de la nation juive de cette terre que Dieu avait promise à leurs descendants.

Joseph, fils de Jacob, fut vendu comme esclave par ses frères et conduit en Égypte. Sa haute intelligence et sa sagesse attirèrent sur lui l'attention du pharaon, qui le nomma son premier ministre. Joseph profita de son élévation pour appeler auprès de lui tous les siens; il les établit dans le pays de *Gessen*.

Dans cette contrée fertile les Hébreux se multiplièrent rapidement; ils devinrent si nombreux que le pharaon éprouva des inquiétudes pour l'avenir de la race égyptienne. C'était le temps où

---

1. De Heber, un des ancêtres d'Abraham.
2. Ce mot veut dire « chef de famille ».

les rois d'Égypte faisaient élever leurs énormes pyramides. Les travaux pénibles auxquels donnaient lieu ces constructions faisaient périr les ouvriers par centaines de mille ; les Hébreux y furent employés. Ils ne succombèrent pas à la fatigue autant que l'avaient espéré les pharaons ; mais leur sort devint si malheureux qu'ils résolurent de retourner en Chanaan.

Moïse les conduisit. Arrivés 70 en Égypte, ils en sortirent au nombre de 600 000. Après quarante jours de marche dans les sables brûlants du désert, ils arrivèrent au pied du mont Sinaï, où Moïse leur donna la loi célèbre du **Décalogue,** qui traçait en termes sublimes les devoirs de l'homme envers **Jéhovah** (Dieu), envers ses semblables et envers lui-même.

Le gouvernement des Juges (1500-1100 av. J.-C.). — Après leur départ du mont Sinaï, les Hébreux séjournèrent encore quarante ans dans le désert. **Josué,** qui leur avait servi de guide après la mort de Moïse, les introduisit dans la **Terre promise** ; ils s'y divisèrent en douze tribus et formèrent pour la première fois un corps de nation. La forme de leur gouvernement fut pendant quatre siècles une sorte de **République fédérative,** gouvernée dans chaque tribu par trois magistrats, sous l'autorité supérieure d'un chef, appelé **Juge.** *Gédéon, Samson, Héli, Samuel* sont les juges les plus connus.

La royauté (1100-978 av. J.-C.). — Au temps de Samuel, les Hébreux se lassèrent d'une forme de gouvernement sous laquelle ils vivaient heureux et lui substituèrent la royauté. Leurs premiers rois : **Saül, David** et **Salomon,** occupèrent le trône un peu plus d'un siècle.

Le règne glorieux de **David** marqua l'apogée de la puissance militaire des Hébreux. Ce prince battit successivement les Philistins, les Moabites, les Ammonites et enleva Jérusalem aux Chananéens. Hiram, roi de Tyr, rechercha son alliance et lui fournit les bois nécessaires à la construction du palais magnifique que David se fit bâtir à Jérusalem, devenue la capitale du royaume israélite.

David s'était illustré par ses guerres. **Salomon**, son fils et son successeur, se rendit célèbre par sa magnificence ; il construisit le fameux temple de Jérusalem, éleva **Palmyre** au milieu des sables du désert et remplit l'Orient de sa renommée.

Le schisme des Dix Tribus (978-586). — Tant de gloire avait coûté cher aux enfants d'Israël ; ils se plaignirent à Roboam, fils de Salomon, de payer des impôts trop lourds et le prièrent de les diminuer. Le jeune roi s'y étant refusé, dix tribus l'abandonnèrent, prirent pour roi **Jéroboam**, officier de l'armée, et formèrent le royaume d'Israël, qui eut pour capitale Samarie ; les deux tribus de Juda et de Benjamin, restées fidèles à Roboam, composèrent le royaume de Juda, dont la capitale fut Jérusalem.

Les deux puissants empires de Ninive et de Babylone, témoins de cette anarchie, en profitèrent pour fondre sur la Judée. En 724, le roi de Ninive, Salmanasar, s'empara de Samarie, mit fin au royaume d'Israël et emmena en Assyrie une partie de ses habitants. Un peu plus d'un siècle après, en 587, Nabuchodonosor assiégea à son tour Jérusalem, la prit, détruisit de fond en comble le temple élevé par Salomon et fit conduire à Babylone le peuple de Juda. Ce fut le commencement de

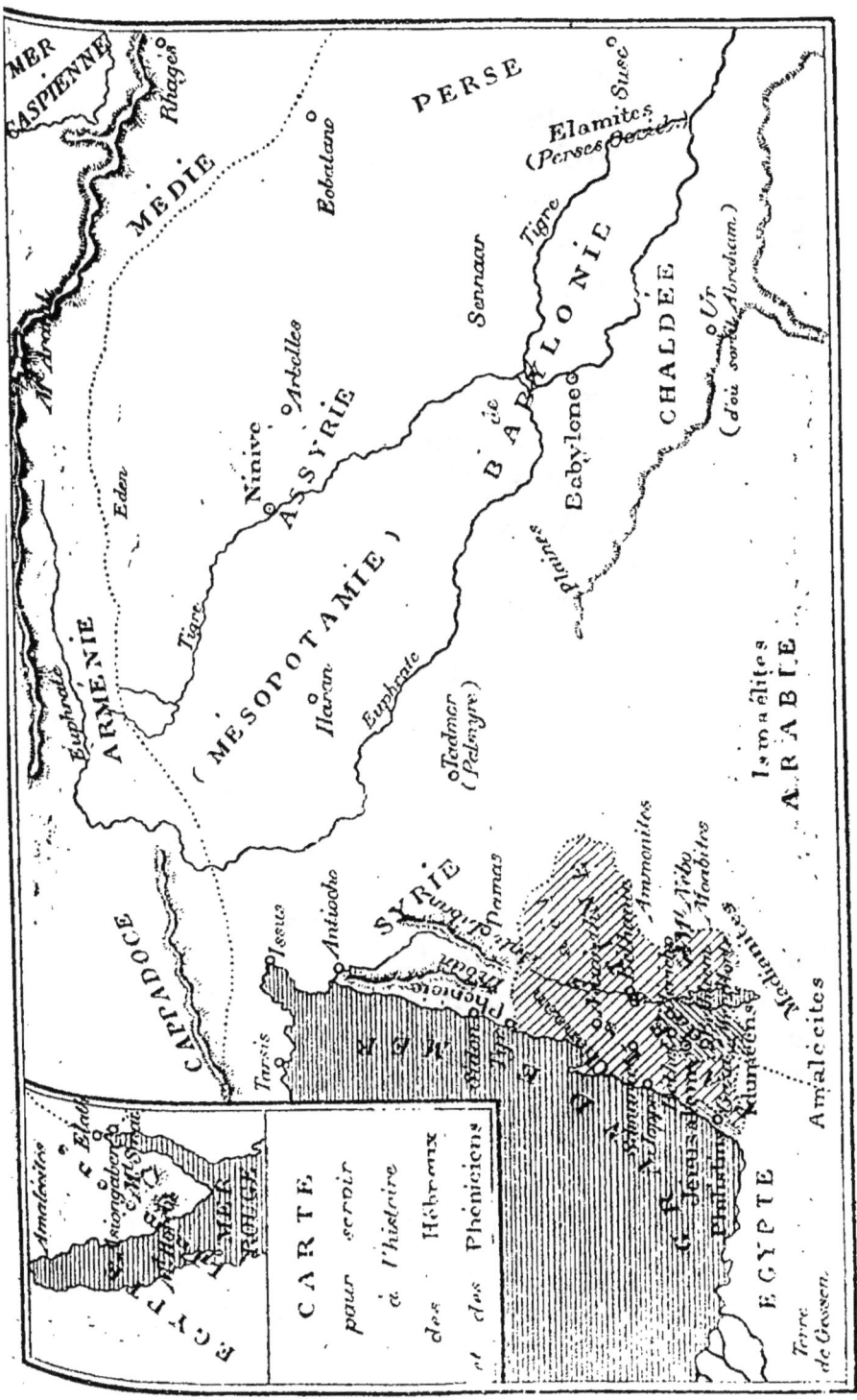

la captivité annoncée par les Prophètes[1]; elle dura 70 ans. En 536, Cyrus prit Babylone et rendit par un édit la liberté aux Juifs.

Le retour de la captivité et la dispersion des Juifs (536 av. J.-C. à 70 après). — Les Juifs partirent sous la conduite de **Zorobabel**; ils rebâtirent Jérusalem et le temple et vécurent en république sous la suzeraineté de la Perse jusqu'au jour où Alexandre le Grand fit la conquête de l'Asie. Après la mort du prince macédonien ils passèrent sous la domination des Séleucides, qui exercèrent contre eux une violente persécution. Les Juifs y furent arrachés un moment par les **Macchabées**, puis ils tombèrent au pouvoir des Romains (39 av. J.-C.). Hérode les gouvernait au nom de leurs nouveaux maîtres quand Jésus-Christ vint au monde. Cent ans plus tard, sous le règne de l'empereur Titus, ils essayèrent un dernier soulèvement pour se soustraire à la tyrannie des gouverneurs romains; leur rebellion fut noyée dans des flots de sang; la ville de Jérusalem fut prise et le temple une seconde fois renversé; les survivants de cette catastrophe se dispersèrent, et jamais, depuis, leurs descendants ne sont parvenus à retrouver une patrie. La nation juive avait péri; mais elle léguait au monde le **Christianisme**, qui portait en germe les principes féconds de la fraternité et de la liberté humaines.

---

1. Les prophètes étaient des hommes qui passaient leur vie dans la retraite; ils en sortaient, de temps en temps, pour reprocher aux Juifs leur ingratitude envers Dieu et les menacer du courroux du ciel, s'ils ne cessaient pas de sacrifier aux idoles et de se mal conduire. Il y eut un grand nombre de prophètes; les plus célèbres furent **Elie, Isaïe, Jérémie** et **Ezéchiel**.

QUESTIONNAIRE.

Dites ce qui distingua les Hébreux des autres peuples de l'Orient. — En combien de parties divisez-vous l'histoire des Hébreux? — Parlez de Moïse. — Qu'entend-on par le gouvernement des Juges? — Racontez le règne de David. — Exposez le schisme des Dix Tribus. — Parlez des Macchabées. — Que devint la nation juive?

RÉCIT.

Saül et David. — Après bien des jours, Samuel entendit la voix divine qui lui disait : « Jusqu'à quand pleureras-tu cet homme puisque je l'ai rejeté? Viens, je veux t'envoyer chez Isaïe de Bethléem, car je me suis choisi un roi parmi ses enfants ». Samuel partit aussitôt et répandit l'huile sainte sur David, le plus jeune des fils d'Isaïe. Depuis ce moment l'esprit du Seigneur fut avec David et se retira de Saül qui resta livré à une mélancolie profonde. Sur l'avis de ses officiers, il consentit à essayer si la musique ne calmerait pas ses transports. On lui recommanda David comme habile joueur de harpe. Il le fit venir et conçut pour lui tant d'affection qu'il se l'attacha à titre d'écuyer.

Cependant les Philistins avaient repris les armes, et bientôt les deux peuples se trouvèrent en présence. Pendant 40 jours, un géant nommé Goliath vint, entre les deux camps, défier en combat singulier un guerrier d'Israël. Saül promit en vain la main de sa fille et de riches présents à celui qui relèverait cet insultant défi: personne ne se présenta. David qui était venu au camp apporter des vivres à ses frères osa l'accepter. « Tu ne saurais résister à ce Philistin, disait Saül, tu n'es encore qu'un enfant. » Mais David lui répondit : « Plus d'une fois j'ai défendu le troupeau de mon père en tuant les lions et les ours qui l'attaquaient, je ferai de même de ce barbare. » Saül voulut encore lui donner un casque d'airain et une cuirasse, mais il ne prit que sa fronde avec cinq pierres qu'il choisit dans le torrent. « Suis-je un chien, dit le géant, que tu viennes à moi avec un bâton? Bientôt je donnerai ta chair à manger aux bêtes de la terre et aux oiseaux du ciel. — Tu viens à moi, répondit David, avec la lame et le bouclier, et moi, je vais à toi au nom du seigneur des armées. Aujourd'hui je te tuerai et je te couperai la tête, afin que les nations connaissent le Dieu d'Israël. » Et en même temps il plaça une pierre dans sa fronde et la lança avec tant de force que le géant, frappé au front, tomba. David courut à lui et lui trancha la tête avec sa propre épée. A cette vue, les Philistins, épouvantés, s'enfuirent.

Après cette victoire, les femmes sortirent de toutes les villes d'Israël au-devant du roi en chantant : « Saül en a tué 1000 et David en a tué plus de 10 000 ». Depuis ce jour Saül ne regarda plus David qu'avec un œil d'envie ; il essaya même de le percer de sa lance pendant qu'il jouait de la harpe devant lui.

Duruy.

QUATRIÈME LEÇON

La Grèce.

Sommaire. — Limites. — Forme du gouvernement. — Siège de Troie. — Sparte. — Lois de Lycurgue. — Les terres. — Résultats de la législation de Lycurgue. — Athènes. — Gouvernement primitif. — La république. — Lois de Solon. — Education de la jeunesse. — Pisistrate. — Clisthène.

La Grèce ancienne avait à peu près la même étendue et la même physionomie que de nos jours. Sa superficie égalait environ la septième partie de la France ; sa population ne dépassait pas trois millions d'habitants. Elle se divisait en trois parties : la Grèce septentrionale, où se trouvait la Macédoine, qui eut son histoire particulière ; la Grèce proprement dite ou Grèce centrale, et la Grèce méridionale ou Péloponèse.

Malgré ses étroites limites et sa faible population, la Grèce eut une destinée brillante. Le génie des arts et des sciences y produisit d'inimitables chefs-d'œuvre ; l'amour de la patrie et de la liberté fit de ses habitants un peuple de héros. La position géographique de leur pays fit aussi des Grecs des marins, des commerçants et des émigrants. « La mer, a dit un écrivain, vient provoquer les Grecs de tout côté. » Toutes les côtes de la Méditerranée reçurent leurs colonies ; ils peuplèrent la plupart des îles de la mer Ionienne et de l'Archipel. Leurs colonies asiatiques devinrent très florissantes à partir du huitième siècle.

Forme du gouvernement. — A la forme monarchique qu'ils avaient adoptée dans les premiers temps, les divers États grecs substituèrent presque tous à la longue le **gouvernement républicain**, mais généralement à forme aristocratique ; chacun d'eux avait une ville principale, sorte de capitale où se discutaient les intérêts de la république.

Siège de Troie (1280-1270). — A l'époque reculée où les villes de la Grèce étaient encore gouvernées par des rois, se place un événement connu sous le nom de **siège de Troie**[1].

Dans la ville de **Troie**, située sur les côtes de l'Asie Mineure, régnait, en 1280, un prince nommé **Priam**. **Pâris**, un de ses fils, ayant outragé **Ménélas**, roi de Sparte, celui-ci demanda à tous les rois de la Grèce de se joindre à lui pour tirer vengeance de cet affront qui, disait-il, les atteignait tous.

Bientôt 1200 vaisseaux montés par 100 000 hom-

---

[1]. La guerre de Troie a été racontée par HOMÈRE dans l'*Iliade* (Troie s'appelait autrefois Ilion). Homère vivait environ 800 ans av. J.-C. Il est aussi l'auteur de l'*Odyssée*, autre poème, dans lequel l'auteur fait le récit des aventures d'Ulysse.

mes, sous le commandement suprême d'**Agamemnon**, roi de *Mycènes*, abordèrent en Asie et mirent le siège devant Troie. Leurs principaux chefs, après Agamemnon, étaient : **Ulysse**, roi d'Ithaque ; **Diomède**, roi d'Argos ; **Nestor**, roi de Pylos ; **Idoménée**, roi de Crète ; **Ménélas**, roi de Sparte ; **Achille** et les deux **Ajax**.

Les Grecs demeurèrent dix ans devant Troie sans pouvoir s'en emparer ; car ils se bornaient à combattre les assiégés en plein champ, entre les deux camps. Une ruse les en rendit maîtres, et Troie fut complètement détruite.

Sparte. — **Lycurgue.** — Sparte était la capitale de la Laconie, province montagneuse du Péloponèse ; elle fut fondée vers l'an 1700 avant Jésus-Christ par Sparton, prince d'origine égyptienne. Un autre prince, nommé Lacédémon, y régna dans la suite et lui donna le nom de **Lacédémone**, d'où vint aux habitants du territoire environnant celui de *Lacédémoniens*.

Soldat spartiate.

Lois de Lycurgue. — Environ 800 ans avant notre ère, **Lycurgue**, prince de la famille royale, donna aux Spartiates les lois célèbres qui en firent le peuple le plus vigoureux de l'antiquité. Lycurgue se préoccupa d'abord de l'éducation de la jeunesse, persuadé que les enfants qui ne reçoivent pas de bons principes dès leur bas âge deviennent rarement de bons citoyens. Aussi tous les jeunes Spartiates doivent-ils être envoyés de bonne heure dans les écoles publiques pour y être élevés aux frais de l'État. Leurs maîtres ont pour mission de développer en eux les forces physiques ; car le jeune Spartiate doit être robuste et préparé pour la guerre. Les enfants débiles sont, au nom de la loi, condamnés à mourir. Ceux que n'atteint pas cet arrêt fatal continuent jusqu'à l'âge de trente ans les exercices qui ont pour objet de les endurcir à la fatigue, et de les rendre insensibles à la douleur. La sobriété et le désintéressement doivent compter au nombre de leurs vertus. Ils prennent leur repas en commun, et le seul mets qui soit servi sur ces tables publiques est un brouet noir composé de viande, de graisse et de sel.

Le gouvernement ; les terres. — A Sparte la forme monarchique fut toujours maintenue ; **deux rois** y régnaient en même temps. Un **sénat de 28 membres**, tous âgés de soixante ans au moins, réuni sous la présidence de l'un des rois, préparait les lois et les soumettait ensuite à l'approbation du peuple, qui pouvait les rejeter. Cinq juges, appelés **éphores**, exerçaient, au-dessus du sénat et des rois, la suprême autorité.

Les terres de la Laconie furent divisées en 39 000 lots : 9000 pour le territoire de Sparte et 30 000 pour le reste de la Laconie ; chaque partie fut attribuée à un chef de famille. Cent mille esclaves, désignés sous le nom d'**hilotes**[1], travaillaient ces terres ; car le guerrier spartiate dédaignait de se livrer à aucun travail manuel.

1. Du nom d'Hélos, ville dont les Spartiates avaient réduit les habitants en esclavage.

Résultats de la législation de Lycurgue.
— Ces lois firent des Spartiates des guerriers invincibles ; mais elles les rendirent insensibles aux plus douces émotions et indifférents à tous les travaux de l'intelligence. Les arts et les lettres n'eurent pas de représentants à Sparte, et la cité guerrière par excellence resta sans influence sur la civilisation grecque.

Athènes. — Solon. — Athènes, capitale de l'Attique, dans la Grèce centrale, fut fondée par l'Égyptien **Cécrops** (1643), qui apporta en Grèce plusieurs plantes utiles, telles que le lin et le froment, et y fit faire de notables progrès à l'agriculture. Un siècle plus tard le Phénicien **Cadmus** y introduisit l'art de l'écriture, inventé par ses compatriotes.

Athènes, comme la plupart des villes grecques, fut d'abord une monarchie ; mais après la mort du roi **Codrus** (1132) qui, dans une bataille, s'était dévoué pour sa patrie, les Athéniens, ne trouvant parmi eux aucun homme digne de le remplacer, s'érigèrent en république. Les chefs du nouveau gouvernement reçurent le nom d'**archontes** et leur nombre fut porté à neuf. Au-dessus d'eux et d'un **sénat** de 400 membres était placé le tribunal respecté de l'**Aréopage**.

Législation de Solon (600 ans av. J.-C.).
— Le sage **Solon** fut le grand législateur d'Athènes, comme Lycurgue avait été celui de Sparte. Il partagea la population en quatre classes ; les trois premières seules pouvaient être chargées de fonctions publiques ; mais le peuple, qui composait la quatrième classe, votait les lois, les impôts et décidait de la paix et de la guerre ; ses décisions pouvaient être modifiées par les archon-

tes, le sénat et le tribunal suprême de l'Aréopage.

L'éducation intellectuelle et morale de la jeunesse athénienne est l'objet de tous les soins du législateur; s'il prescrit les exercices qui donnent de la virilité et de la vigueur au corps, il n'a garde d'oublier que la force physique ne fait pas tout l'homme et que, s'il faut à un peuple des soldats pour faire respecter ses frontières, il ne lui est pas moins nécessaire d'avoir des écrivains, des orateurs, des philosophes pour défendre ses libertés et rechercher les moyens d'augmenter son bien-être. Le travail, méprisé à Sparte, est honoré à Athènes, où une loi atteint les paresseux. Les esclaves, livrés là-bas à tous les caprices de leurs maîtres, sont protégés ici contre leur tyrannie.

Pisistrate. — Cependant Solon venait à peine de disparaître que **Pisistrate**, citoyen puissant et habile, en flattant le peuple, essaya de détruire son œuvre et de rétablir à Athènes le pouvoir aristocratique.

Clisthène. — Mais la tyrannie des Pisistrates poussa un citoyen nommé Clisthène à donner à la constitution une forme plus démocratique ; il fit voter **l'ostracisme**[1], qui frappait d'un exil de dix ans tout citoyen soupçonné de vouloir détruire les libertés publiques.

QUESTIONNAIRE.

Quelles étaient les limites de la Grèce ancienne? — Quelle fut, dans le principe, la forme du gouvernement chez les Grecs? — Quelle ville garda toujours la forme monarchique? — Parlez du siège de Troie. — Quel fut le législateur de Sparte? — Que

---

1. Ce nom venait de *ostracon*, qui voulait dire coquille; le peuple inscrivait sur une coquille le nom de celui qu'il voulait exiler. L'ostracisme ne fut d'ailleurs appliqué qu'une dizaine de fois.

savez-vous des lois de Lycurgue sur l'éducation? — Comment Lycurgue partagea-t-il les terres de la Laconie? — Qu'étaient-ce que les hilotes? — Quelle était la composition du gouvernement à Sparte? — Qui fut le législateur d'Athènes? — En quoi les lois de Solon différaient-elles de celles de Lycurgue? — Qu'était-ce que Pisistrate? — Que fit-il? — Que fit Clisthène?

RÉCIT.

Discours des Corinthiens aux Spartiates. — Les Athéniens sont novateurs, prompts à concevoir des desseins et à exécuter ce qu'ils ont résolu; vous, votre caractère est de conserver ce qui existe, de ne rien changer à vos projets, de reculer, même devant les actes les plus nécessaires. Ils sont entreprenants au delà de leurs forces, aventureux au delà de toute attente et pleins d'espoir dans le danger; votre habitude est de faire moins que vous ne pouvez, de ne pas vous fier même aux prévisions les plus certaines et de croire que vous ne vous tirerez jamais d'un péril. Ils sont impatients d'agir, et vous, pleins de lenteur. Ils aiment à quitter leur pays, et votre plus grand désir est de rester dans le vôtre. Ils croient, en effet, qu'une expédition au dehors pourra leur procurer quelque gain, et vous, qu'elle risquera d'amoindrir ce que vous possédez. Vainqueurs de leurs ennemis, ils donnent tout essor à leur ambition; vaincus, ils la réduisent le moins possible. Tandis qu'ils abandonnent complètement leurs corps à leur patrie, comme un bien étranger, ils gardent énergiquement, pour la mieux servir, la pleine possession de leur esprit. Si l'exécution fait défaut à quelques-uns de leurs projets, ils se croient dépouillés de ce qu'il leur appartient, et ce qu'ils viennent d'obtenir par les armes, leur semble peu de chose auprès de ce que l'avenir leur promet. Voient-ils échouer une tentative, ils se dédommagent par de nouvelles espérances. Pour eux seuls, en effet, la possession se confond avec l'espérance, parce que les entreprises suivent immédiatement les résolutions. Et c'est ainsi que toute leur existence se consume péniblement au milieu des fatigues et des dangers. De sorte que si l'on disait simplement qu'ils sont nés pour ne souffrir la tranquillité ni chez eux, ni chez les autres, on donnerait une juste idée de leur caractère.

THUCYDIDE.

CINQUIÈME LEÇON

Guerres Médiques. — Siècle de Périclès. Guerre du Péloponèse. — Epaminondas.

Sommaire. — Causes des guerres Médiques. — Bataille de Marathon. — Aristide et Thémistocle. — Invasion de Xerxès. — Léonidas aux Thermopyles. — Bataille de Salamine. — Thémistocle et Aristide. — Batailles de Platée et de Mycale. — Fin des guerres Médiques. — Siècle de Périclès. — Guerre du Péloponèse. — Epaminondas et Pélopidas.

Causes des guerres Médiques. — Les Grecs étaient un peuple essentiellement colonisateur. Depuis bien des siècles ils avaient émigré en **grand** nombre sur les côtes de l'Asie Mineure et y avaient fondé de nombreuses villes. Mais les colons grecs avaient dû presque tous se soumettre à l'autorité des Perses.

Cependant, fatigués de cette domination, ils résolurent de s'y soustraire. Les habitants de **Milet**, en Ionie, donnèrent les premiers le signal de l'indépendance. Les Ioniens surprirent *Sardes* et la livrèrent aux flammes. La destruction de cette riche et grande ville irrita fortement **Darius**, qui châtia ses sujets rebelles et promit de tirer de la Grèce, et en particulier d'Athènes, une vengeance exemplaire.

Bataille de Marathon (490). — En 490, la flotte persane, conduite par le traître Hippias, alla débarquer une armée de 110 000 hommes au bourg de **Marathon**, non loin d'Athènes. Les Athéniens firent appel pour la défense commune à tous les peuples de la Grèce ; mais l'épouvante avait été si générale et la haine contre Athènes si violente que les **Platéens** seuls leur envoyèrent 1000 combattants. Quant aux Spartiates, ils partirent et arrivèrent trop tard.

Réduits à leurs propres forces et au faible con-

GRÈCE ANCIENNE

tingent des Platéens, les Athéniens furent un contre dix, 11 000 contre 110 000[1]! **Miltiade** obtint le périlleux honneur de les commander. Ses habiles dispositions et le courage de ses soldats lui tinrent lieu du nombre; il attaqua vigoureusement l'ennemi et le mit en déroute dans la plaine de **Marathon**;

1. Il est bien entendu que ces chiffres sont très problématiques ainsi que ceux de la deuxième guerre Médique.

les Perses laissèrent 6000 morts sur le champ de bataille, les Grecs 192 seulement.

Aristide et Thémistocle. — Deux des héros de Marathon, également illustres par leur naissance et par leurs talents, **Aristide** et **Thémistocle**, se disputèrent le rang suprême, que la mort de Miltiade venait de laisser inoccupé. Le premier était chef de l'aristocratie et très connu par son grand désintéressement et sa vertu austère ; l'autre, génie actif et ambitieux, était moins scrupuleux sur le choix des moyens qui conduisent à la première place. Ce fut lui qui l'emporta. Son rival, condamné à l'exil, se retira dans une île voisine.

Thémistocle s'occupa activement d'augmenter la flotte athénienne ; il savait que les Perses préparaient leur revanche et il pensait que le salut d'Athènes était dans le nombre de ses vaisseaux.

Invasion de Xerxès (480). — **Les Thermopyles.** — Les événements ne tardèrent pas à lui donner raison. **Xerxès**, fils et successeur de Darius, dirigea contre la Grèce toutes les forces de son empire ; un million de Perses franchirent le Bosphore, et une flotte de 1200 vaisseaux couvrit la mer Égée.

Les Grecs se préparèrent à repousser cette formidable invasion. Les Spartiates cette fois-ci ne furent pas en retard ; leur roi **Léonidas** reçut du conseil des éphores l'ordre de se porter au défilé des **Thermopyles**, seul endroit par où les Perses pouvaient pénétrer en Grèce.

Xerxès ayant sommé Léonidas de rendre ses armes, le Spartiate répondit simplement : « **Viens les prendre** ».

Aussitôt la bataille s'engagea, mais la valeur des Grecs était telle qu'il fallut au roi de Perse le concours d'un traître pour lui épargner la honte de la retraite ; le Grec **Éphialtès** lui livra pour une forte somme d'argent le secret d'une issue qui permit à son armée de tourner le défilé.

Léonidas comprit qu'il ne restait plus à lui et à ses compagnons qu'à vendre chèrement leur vie ; à la faveur des ténèbres de la nuit ils fondirent sur le camp des Perses et y firent un carnage effroyable ; quand le dernier d'entre eux succomba, vingt mille ennemis gisaient pêle-mêle à côté des restes glorieux des 300 !

Sparte honora la mémoire de ses héros. Elle éleva au défilé des Thermopyles une colonne sur laquelle elle fit graver leurs noms avec cette inscription :

PASSANT, VA DIRE A LACÉDÉMONE QUE NOUS SOMMES MORTS ICI POUR OBÉIR A SES LOIS.

Bataille de Salamine (480). — L'innombrable armée des Perses se répandit dans la Grèce et la ravagea. Thémistocle fit monter les habitants d'Athènes sur les vaisseaux mouillés dans la rade de Salamine, et abandonna la ville à la vengeance de l'ennemi. Ce fut dans ce lieu, depuis lors célèbre, que s'engagea la bataille navale qui sauva la Grèce. La flotte athénienne comptait 378 voiles, celle des Perses 1300. La victoire des Grecs fut complète. L'orgueilleux Xerxès n'avait pas voulu être jusqu'à la fin témoin de sa défaite, il avait quitté le champ de bataille un des premiers et était repassé en toute hâte en Asie.

Batailles de Platée et de Mycale (479). — Cependant Xerxès avait laissé en Grèce le général **Mardonius** à la tête de 350 000 Perses. Au printemps suivant, cette armée fut mise en déroute à **Platée** par 110000 Grecs, commandés par le roi de Sparte **Pausanias** et par **Aristide**; Mardonius fut trouvé parmi les morts. Le même jour la flotte athénienne détruisit le reste de celle de Xerxès au promontoire de **Mycale**, sur la côte asiatique.

Fin des guerres Médiques (449). — Cimon. — Thémistocle, que l'ingratitude de ses concitoyens condamna à l'exil, eut un digne successeur dans **Cimon**, fils de Miltiade, à qui revint l'honneur de terminer les guerres Médiques. Cimon chassa de la mer Egée les flottes du grand roi, conquit la Thrace et remporta sur les Perses une victoire qui obligea *Artaxerxès* à demander la paix. Elle fut glorieuse pour la Grèce : le grand roi reconnut l'indépendance des colonies grecques d'Asie; il s'engagea à ne plus envoyer de vaisseaux dans la mer Egée et à tenir ses armées de terre à trois journées de marche des côtes.

Grandeur d'Athènes. — Périclès (449). — Athènes demeurait après ces guerres formidables, dans lesquelles elle avait joué le principal rôle, l'arbitre de la Grèce. Elle jouit à cette même époque d'une autre gloire qui la mit encore hors de pair parmi les autres cités grecques: ce fut celle de voir éclore dans ses murs et sur le territoire de l'Attique un groupe nombreux d'hommes de génie, dont les travaux l'ont rendue, jusque dans nos temps modernes, l'institutrice des autres peuples dans l'étude et la production du beau. Les poètes **Eschyle, Sophocle, Euripide** et le comique **Aristophane**; les historiens **Thucydide** et **Xénophon**; le philosophe **Socrate** et son disciple **Platon**, surnommé le Divin; l'inimitable sculpteur **Phidias**, enfin **Périclès**, chef aimé du parti populaire, orateur éloquent et habile homme d'État, étaient nés à Athènes ou dans ses environs

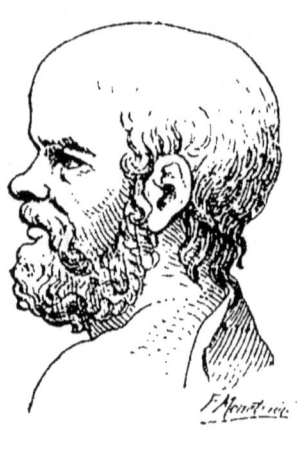

Socrate.

et y vivaient presque tous vers la fin des guerres Médiques.

Périclès gouverna Athènes pendant quarante ans après la mort de Cimon. Il lui maintint au dehors la prépondérance due à ses récentes victoires et à sa puissance maritime, représentée par 300 galères montées par 60 000 marins; au dedans il l'embellit de monuments magnifiques, aidé du génie de son ami Phidias[1], du peintre Xeuxis, de l'architecte Callicrate, et en fit le foyer des arts et des lettres de la Grèce entière. L'influence que ce grand homme exerça sur ses contemporains lui mérita l'honneur de donner son nom à son siècle. C'est en l'an 400 que mourut Socrate, le philosophe le plus vertueux de l'antiquité païenne.

Guerre du Péloponèse (431-404). — Le triomphe d'Athènes dans les guerres Médiques avait fortement excité la jalousie de Sparte. Les deux villes d'ailleurs se détestaient, et dans maintes occasions elles se l'étaient prouvé. Leur constitution, monarchique à Sparte et républicaine à Athènes, leurs mœurs et leurs goûts presque

---

1. Les plus beaux chefs-d'œuvre de Phidias furent le *Parthénon* (temple), construit en marbre blanc; — la *Minerve d'Athènes*, statue d'or et d'argent de 11 mètres de haut, et la statue de *Jupiter Olympien*.

opposés tendaient à les éloigner l'une de l'autre et à en faire deux rivales plutôt que deux alliées. Une occasion pouvait suffire pour les mettre aux prises; elle se présenta.

Corinthe et Corcyre sa colonie s'étant déclaré la guerre, Sparte prit parti pour la métropole, et Athènes soutint les Corcyréens.

Sparte eut pour elle le Péloponèse et les villes doriennes; Athènes, la Grèce centrale et les villes ioniennes. La première avait une armée de terre plus nombreuse; la seconde possédait une marine extrêmement redoutable[1].

Dès la troisième année des hostilités, un fléau plus terrible encore que la guerre, la peste, pénétra dans Athènes et y enleva, malgré le dévouement et la science du grand médecin **Hippocrate**, le quart de la population. Périclès fut lui-même atteint de la contagion et succomba le dernier de sa famille (427).

Cependant, après avoir subi, l'une et l'autre, de cuisants revers et accumulé déjà bien des ruines, les deux villes ennemies consentirent à signer la **paix de Nicias**[2] (421) qui termina la première période de la guerre.

Conclue pour cinquante ans, la paix de Nicias n'en dura que cinq. L'Athénien **Alcibiade** la fit rompre dans un esprit de lâche vengeance. Sparte envoya en Sicile l'habile général *Gylippe*, qui remporta sur les Athéniens victoire sur victoire,

---

[1]. Athènes était une ville maritime et le principal centre du commerce entre la Grèce et l'Orient. Son port, appelé le Pirée, pouvait servir de refuge à 400 vaisseaux; il était situé à l'embouchure du Céphise, à 8 kilomètres de la ville, à laquelle il était relié par une double muraille, haute et forte, bâtie par Thémistocle et par Périclès.

[2]. Nom du négociateur athénien.

détruisit leur flotte et leur fit 6000 prisonniers (413). Alcibiade, rappelé par les Athéniens, se fit battre à son tour, et, en l'an 404, Lysandre s'empara d'Athènes qui fut définitivement vaincue.

Tristes résultats de cette guerre. — La guerre du Péloponèse fut presque également funeste à Sparte et à Athènes. Celle-ci, humiliée et affaiblie, cessa d'être redoutable aux ennemis du dehors; elle demeura la ville lettrée de la Grèce, mais elle ne pouvait plus en être le rempart contre l'étranger. Sparte, quoique victorieuse, en reçut elle-même un coup mortel. Lysandre introduisit dans la cité austère de Lycurgue le goût du luxe et des plaisirs qu'il avait rapporté d'Orient, et la jeunesse spartiate ne tarda pas à perdre dans la mollesse l'indomptable énergie qu'elle avait due jusqu'alors à ses mâles coutumes.

Ces deux villes, devenues ennemies irréconciliables, n'allaient être que trop disposées à sacrifier à leur propre rancune l'indépendance de la Grèce elle-même.

Puissance éphémère de Thèbes (379-363). — Au prix d'un honteux traité avec la Perse (paix d'Antalcidas), Sparte put conserver encore pendant quelques années sa suprématie sur les villes de la Grèce. Thèbes fut la première qui secoua sa tyrannie par l'épée de deux citoyens éminents: **Pélopidas** et **Épaminondas**. Tous les deux défirent les Spartiates à la bataille de **Leuctres**, où ils leur tuèrent quatre mille hommes; quelques années plus tard Épaminondas, un des plus beaux caractères qu'ait produits la Grèce, les tailla en pièces à **Mantinée**. Ces deux brillantes victoires firent un moment de Thèbes la ville dominatrice de la Grèce. Sa puissance disparut avec les deux grands hommes qui l'avaient fondée; mais Sparte ne retrouva plus la sienne.

QUESTIONNAIRE.

Quelle fut la cause des guerres Médiques? — Racontez la bataille de Marathon. — Parlez d'Aristide et de Thémistocle. — Parlez de Léonidas aux Thermopyles. — Racontez la bataille de Salamine. — Que se passa-t-il à Platée et à Mycale? — Parlez de la grandeur d'Athènes après les guerres Médiques. — Que savez-vous de Périclès? — Qu'est-ce qui causa la guerre du Péloponèse? — Comment se termina cette guerre? — Quels en furent les résultats? — Qu'est-ce que la paix d'Antalcidas? — Que savez-vous de Thèbes?

RÉCIT.

Bataille de Salamine[1]. — Cependant la nuit se passait et nulle part l'armée des Grecs ne tentait de s'échapper à la faveur des ténèbres. Bientôt le jour aux blancs coursiers répandit sur le monde sa resplendissante lumière. A ce moment, une clameur immense, modulée comme un cantique sacré, s'élève dans les rangs des Grecs, et l'écho des rochers de l'île répond à ces cris par l'accent de sa voix éclatante. Trompés dans leur espoir, les barbares sont saisis d'effroi, car il n'était point l'annonce de la fuite, cet hymne saint que chantaient les Grecs; pleins d'une audace intrépide, ils se précipitaient au combat; le son de la trompette enflammait tout ce mouvement.

Le signal est donné; soudain les rames retentissantes frappent d'un battement cadencé l'onde salée qui frémit; bientôt leur flotte apparaît tout entière à nos yeux. L'aile droite marchait la première en bel ordre; le reste de la flotte suivait, et ces mots retentissaient au loin : « Allez, ô fils de la Grèce, délivrez la patrie, délivrez vos enfants, vos femmes, et les temples des dieux de vos pères et les tombeaux de vos aïeux. Un seul combat va décider de vos biens. » A ce cri nous répondons de notre côté par le cri de guerre des Perses. La bataille allait s'engager. Déjà les proues d'airain se heurtent contre les proues, un vaisseau

---

[1]. C'est un soldat perse qui raconte la bataille à la mère de Xerxès, fils de Darius.

grec a commencé le choc; il fracasse les agrès d'un vaisseau phénicien : ennemi contre ennemi, les deux flottes s'élancent. Au premier effort, le torrent de l'armée des Perses ne recula pas. Mais bientôt, entassés dans un espace resserré, nos innombrables navires s'embarrassent les uns les autres, s'entrechoquent mutuellement; des rangs de rames entiers sont brisés. Nos vaisseaux sont culbutés et la mer disparaît sous un amas de débris flottants et de morts; les rivages et les écueils se couvrent de cadavres.

Tous les navires de la flotte des barbares ramaient pour fuir en désordre : comme des thons, comme des poissons qu'on vient de prendre au filet, à coups de tronçons de rames, de débris de madriers on écrase des Perses, on les met en lambeaux! La mer résonne au loin de gémissements, de voix lamentables. Enfin la nuit montre sa sombre face, et nous dérobe au vainqueur.

ESCHYLE.

SIXIÈME LEÇON

La Macédoine.

SOMMAIRE. — La Macédoine. — Philippe s'empare de la Grèce. — Bataille de Chéronée. — Alexandre le Grand. — Conquête de l'Asie. — Mort d'Alexandre. — Bataille d'Ipsus. — Partage de l'empire. — Les Séleucides. — Les Lagides. — Macédoine et Grèce. — Guerre Lamiaque. — Mort de Démosthène et de Phocion. — Ligue Achéenne. — Aratus. — Philopœmen. — Réduction de la Macédoine et de la Grèce en provinces romaines.

Philippe (359-336). — Avant Philippe, le petit royaume de Macédoine n'avait pour ainsi dire pas d'histoire; sa renommée commença avec ce prince.

Philippe créa la redoutable phalange macédonienne, composée de 16 000 guerriers d'élite, avec laquelle il allait subjuguer la Grèce, affaiblie par ses querelles intestines.

Le grand orateur **Démosthène** dénonça, le premier, à Athènes les projets de l'ambitieux et rusé roi de Macédoine contre la liberté des Grecs ; les discours qu'il prononça à cette occasion (les **Philippiques**) sont des chefs-d'œuvre d'éloquence. Les Athéniens, tardivement arrachés à leur trompeuse sécurité, prirent enfin les armes ; mais il était trop tard, Philippe était déjà maître de tout le nord de la Grèce ; la bataille de **Chéronée (330)** où il tailla en pièces les Athéniens et les Thébains, la lui livra tout entière. Réunissant alors à Corinthe les députés de toutes les républiques de la Grèce, il se fit proclamer *généralissime* de toutes les armées grecques pour marcher à leur tête contre l'empire des Perses, cet ennemi commun de la Grèce et de la Macédoine. La mort ne lui permit pas de réaliser ce vaste dessein ; il tomba sous le poignard d'un Macédonien, à qui il avait refusé de rendre justice.

Alexandre le Grand (336-323). — Alexandre laissa deviner dès son enfance son désir de faire de grandes choses et montra qu'il aurait les talents nécessaires pour les réaliser. Il eut pour précepteur le philosophe **Aristote**[1] et fut digne de ce grand maître. Il avait vingt ans quand il monta sur le trône. A la tête de 35 000 Macédoniens il osa envahir le vaste empire de Darius et se heurter à un million d'hommes. Mais les soldats du grand roi n'étaient que des esclaves sans patriotisme, qui furent facilement vaincus.

---

1. Aristote naquit en Macédoine, l'an 384 avant Jésus-Christ. Il fut disciple de Platon et devint, dans toutes les sciences, un des plus grands maîtres de l'antiquité.

Les deux victoires du **Granique**[1] et d'**Issus**[2], où il mit en déroute les armées perses, lui valurent la soumission de toute l'Asie Mineure. Alexandre alla ensuite soumettre l'Egypte; il y fonda **Alexandrie**, à laquelle sa belle situation réservait un avenir brillant (331).

Alexandre.

Revenant sur ses pas, le vainqueur courut à la rencontre de Darius, qui avait rassemblé une nouvelle armée de 400 000 hommes; il le défit pour la troisième fois, à la bataille décisive d'**Arbèles**[3] (331), et rentra à Babylone pour y jouir de sa prodigieuse fortune, tandis que son malheureux adversaire tombait, dans sa fuite, sous le poignard d'un de ses lieutenants.

Alexandre se remit en marche vers l'Indus, soumit les rois et les peuples de ces contrées lointaines et ne s'arrêta que quand ses soldats refusèrent d'aller plus loin ; il revint alors à Babylone avec la pensée d'y organiser sa conquête.

Mort d'Alexandre (323). — Les projets du vainqueur de l'Orient étaient dignes de son génie. Il voulait réunir en un seul peuple les Grecs et les Perses, leur donner les mêmes lois, assurer à tous la même protection et, pour leur faire oublier

---

1. Rivière de l'Asie Mineure, qui se jette dans la mer de Marmara ou Propontide.
2. Ville de l'Asie Mineure, située au fond d'un golfe.
3. Ville de la Turquie d'Asie, non loin de Mossoul, qui est sur le Tigre.

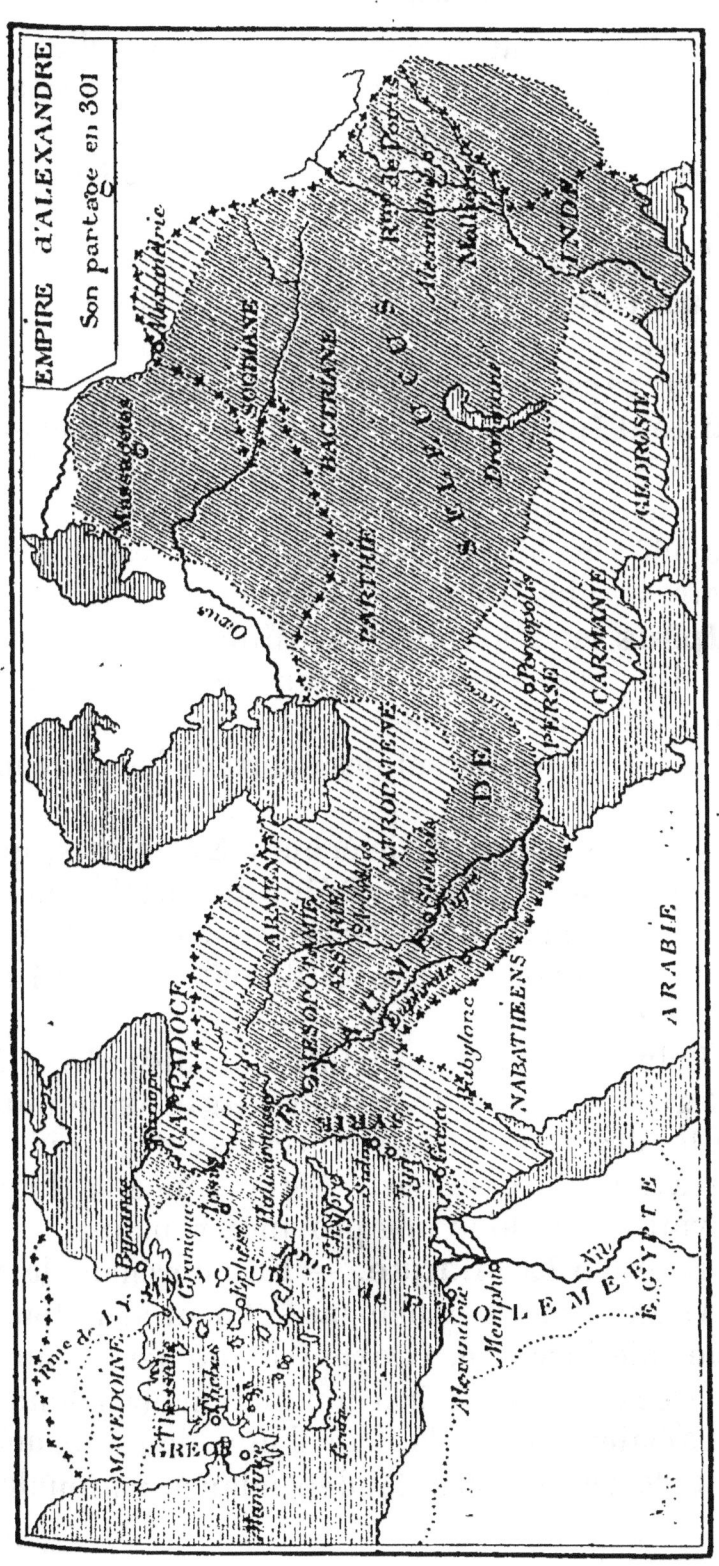

plus facilement leurs anciennes querelles, substituer la belle langue grecque aux idiomes asiatiques. La mort ne lui permit pas d'acquérir cette nouvelle gloire; il succomba à l'âge de trente-trois ans.

Le grand peintre **Apelles** et le sculpteur **Praxitèle**, émule de Phidias, vécurent de son temps.

Partage de l'empire d'Alexandre. — Bataille d'Ipsus (301). — L'œuvre d'Alexandre eut le sort de celles de la plupart des conquérants: elle ne lui survécut pas. En 301, après se l'être disputée pendant vingt-deux ans les armes à la main, les plus influents de ses généraux se livrèrent, à **Ipsus** en Phrygie (Asie Mineure), une grande bataille, à la suite de laquelle les trois grands royaumes de Macédoine et Grèce, de Syrie et d'Égypte se formèrent des débris de l'empire macédonien.

Le royaume de Syrie échut à **Séleucus**, qui fut le père de la dynastie des **Séleucides**; il se maintint en tout ou en partie jusqu'au moment où il fut définitivement conquis par les Romains, l'an 64 avant Jésus-Christ.

Celui d'Égypte appartint à **Ptolémée**, fils de **Lagus**, d'où vint le nom de **Lagides**, donné à la suite des rois qui s'y succédèrent jusqu'à l'an 30 avant Jésus-Christ. Cette année-là l'Egypte devint à son tour une province romaine.

Guerre Lamiaque. — En apprenant la mort d'Alexandre, les Athéniens s'étaient abandonnés à une joie insensée. Croyant le moment venu pour la Grèce d'échapper à la domination macédonienne, ils s'étaient mis à la tête d'une ligue formée en vue de reconquérir l'indépendance nationale. Le sage **Phocion** désapprouvait une guerre qu'il ne croyait plus les Athéniens capables de soutenir avec avantage; **Démosthène**, au contraire, la conseillait (323).

Antipater gouvernait dans ce moment la Macédoine et la Grèce. Il éprouva d'abord quelques revers et se vit même obligé de capituler dans *Lamia*. Mais il remporta bientôt (322) une victoire décisive qui mit les Grecs à toute extrémité et les força à demander la paix. Le vainqueur la leur accorda à la condition d'occuper Athènes.

Phocion accepta d'administrer Athènes au nom d'Antipater, et y opéra de salutaires réformes. Quatre ans après, le régent de la Macédoine, *Alexandre*, fils d'un général du conquérant de l'Asie, dont Phocion combattait les prétentions, entra dans Athènes en vainqueur et fit condamner à boire la ciguë le grand citoyen qui avait si sagement gouverné la ville (317).

Ligue Achéenne. — Un illustre citoyen de Sicyone, **Aratus**, profitant de l'anarchie que la rivalité des prétendants fit naître en Macédoine après la bataille d'Ipsus, entreprit d'unir, en vue de reconquérir l'indépendance commune, toutes les villes du Péloponèse dans une même ligue, qui reçut le nom de **ligue Achéenne**, de la province d'Achaïe, où elle avait pris naissance, en 284.

Un autre peuple énergique et pillard, les Étoliens, osa se déclarer contre les rois de Macédoine ; il forma pour les combattre la **ligue Étolienne**, dans la Grèce centrale. Malheureusement les deux ligues, au lieu de s'entendre, se combattirent. Sparte, de son côté, devint l'implacable ennemie des Achéens. Aussi vit-on successivement Aratus s'unir au roi de Macédoine pour écraser, à **Sellasie** (221), l'armée spartiate, et Sparte s'allier aux Étoliens pour envahir l'Achaïe et remporter avec eux une victoire complète à **Caphyes** sur le chef de la ligue Achéenne.

Philopœmen. — La Grèce eut encore un héros pour la soutenir dans son agonie : **Philopœmen** remplaça Aratus à la tête de la ligue Achéenne. Grand général, habile homme d'État, illustre par ses exploits, austère dans sa conduite, Philopœmen aurait sauvé sa patrie, si elle avait pu l'être.

C'était le moment où un ennemi autrement redoutable que le roi de Macédoine, les **Romains**, commençait à s'immiscer dans les affaires de la péninsule Hellénique[1]. En 197, un de leurs généraux, le consul **Flamininus**, écrasa Philippe V à la bataille de **Cynocéphales**[2] et le réduisit à l'impuissance. Les Grecs se réjouirent de cet abaissement de la Macédoine. A Corinthe, où Flamininus proclama la liberté des villes grecques, ils accueillirent comme un sauveur l'envoyé de Rome ; ils ne virent pas, dans leur folle allégresse, qu'en devenant les protégés du sénat romain ils cessaient d'être indépendants.

Les Grecs, au bout de quelque temps, ouvrirent enfin les yeux et reprirent les armes. Leur désespoir héroïque n'aboutit qu'à précipiter leur catastrophe finale; Corinthe, leur dernier centre de résistance, fut prise et rasée par le consul **Mummius**, et la Grèce, tombée pour n'avoir pas su comprendre que la force et le salut d'un pays dépendent de l'union de tous ses enfants, fut in-

---

1. La Grèce.
2. Cynocéphales (Tête de Chien), collines de la Thessalie.

corporée au territoire de la République romaine sous le nom de **province d'Achaïe (146)**.

QUESTIONNAIRE.

Que savez-vous sur Philippe, roi de Macédoine? — Racontez le règne d'Alexandre le Grand. — Que devint son empire après sa mort? — Parlez de la ligue Achéenne et d'Aratus. — Parlez de Philopœmen. — Parlez du dernier soulèvement des Grecs. — Parlez des Séleucides; — des Lagides. — Racontez la guerre Lamiaque.

RÉCIT.

Bataille d'Arbèles. — Darius ébranla alors toute son armée, Alexandre s'avança à la tête de l'aile droite, et ordonna à Arétès de se porter avec sa cavalerie légère contre la cavalerie ennemie prête à le tourner. Une charge à fond d'Arétès entr'ouvrit les rangs des barbares; Alexandre le suivit et, formant le coin avec la cavalerie des hétaires et la phalange, pénétra au milieu de l'ennemi. La mêlée dura peu; Darius lui-même recula en face de cette troupe serrée, profonde, partout hérissée de fer, et prit la fuite quand il vit sa cavalerie en déroute.

Cependant, au centre, la ligne des Grecs avait été forcée par une partie de la cavalerie indienne et persique qui s'était fait jour jusqu'aux bagages. Le désordre fut là un moment extrême, car les prisonniers se tournèrent contre ceux qui les gardaient. Mais la seconde ligne fit volte-face, et prenant les Perses à dos, en tua une partie embarrassée dans les bagages et chassa le reste. A la gauche, l'aile droite de Darius avait enveloppé les Grecs et prenait Parménion en flanc. Ce général envoya prévenir Alexandre du danger qu'il courait; le roi se porta vivement, à la tête des hétaires, sur l'aile droite des barbares. Dans ce moment, il tomba sur une épaisse colonne de Parthes, d'Indiens et des Perses les plus braves qui se retiraient en faisant bonne contenance; le choc fut terrible, car ces cavaliers étaient tous pris s'ils ne s'ouvraient un chemin. 60 hétaires périrent : Éphestion fut blessé. Les Macédoniens à la fin l'emportèrent. Des cavaliers perses, il n'échappa que ceux qui se firent jour à travers les rangs. Quand Alexandre arriva à l'aile gauche, la cavalerie thessalienne avait rétabli les affaires. Sa présence étant inutile, il laissa Parménion s'emparer du camp des barbares, et ramasser le butin, tandis qu'il se remettait à la poursuite de Darius. Il ne s'arrêta qu'à la nuit ; après quelques instants de repos donné à la troupe qui le suivait, il reprit la route d'Arbèles, où il espérait surprendre Darius, et y arriva le lendemain. Le roi en était déjà parti, y laissant ses trésors, son char et ses armes. En deux jours, Alexandre avait livré une grande bataille et parcouru 600 stades. Dans le combat, il n'avait perdu que 100 hommes et environ 1000 chevaux tués par l'ennemi ou morts de fatigue. Plus de la moitié de cette perte tomba sur la cavalerie des hétaires. Du côté des barbares, on compta, dit-on, 300 000 morts ; le nombre des prisonniers fut encore plus considérable.

Arrien.

SEPTIÈME LEÇON

Vie sociale et privée des Grecs.

Sommaire. — Gouvernement. — Finances. — Justice. — Armée. Religion. — Oracles. — Jeux publics.

Gouvernement. — Chaque cité avait naturellement son gouvernement particulier ; mais d'une façon générale ils pouvaient se ramener à deux types principaux : le gouvernement tyrannique et souvent populaire ; le gouvernement républicain, mais alors aristocratique. Sparte, avec son sénat composé des chefs de famille, ses éphores soumis à l'autorité du sénat, ses rois soumis à la surveillance des éphores, peut passer pour le modèle du gouvernement aristocratique. Athènes, par cela même qu'elle était une cité internationale et commerçante, fut plus libérale et plus ouverte ; mais partout le titre de citoyen était nécessaire si l'on voulait jouir de libertés même médiocres. En réalité, l'égalité ne fut trop souvent accessible qu'aux riches et aux nobles, sauf pourtant à Athènes où le peuple « était souverain autant dans la réalité que dans la théorie ». Mais la conception même de ces gouvernements ploutocratiques devrait amener forcément la lutte qui priva la Grèce de ses libertés.

Finances. — Les cités grecques disposaient de revenus abondants : d'abord un impôt sur le capital, chaque citoyen devant payer un impôt à peu près équivalent au cinquième de son capital ; 2° les droits de douane à raison de 2 p. 100 ; 3° le droit de port ; 4° le droit sur les ventes, soit 1 p. 100 ; 5° l'octroi ; 6° le droit de plaçage ; 7° la capitation ou cote personnelle ; 8° l'exploitation des mines ; 9° les recettes judiciaires ; 10° la contribution des villes alliées ; enfin 11° les riches citoyens qui aspiraient aux magistratures devaient prendre à leur charge certaines dépenses publiques, comme la célébration des jeux, des cérémonies religieuses, l'armement des vaisseaux et la construction des monuments publics.

Justice. — La justice, après avoir été essentiellement aristocratique, fut bientôt exercée par le peuple, notamment à Athènes où chaque juré volontaire touchait un salaire quotidien. A partir de cette époque, malgré la surveillance de l'aréopage, tribunal essentiellement aristocrate, et malgré le fameux serment que prêtaient les héliastes, on vit apparaître les accusateurs publics ou sycophantes, qui se firent un métier d'exciter la haine du peuple et d'attaquer les citoyens les plus recommandables.

Les peines les plus fréquemment appliquées étaient la mort (généralement par la ciguë, mais quelquefois aussi par le gibet), le bannissement perpétuel, l'*atimie* ou privation des droits civils et politiques, l'*emprisonnement*, la vente comme esclave; la confiscation des biens et enfin l'amende, qui atteignait quelquefois un chiffre très élevé.

Armée. — Le citoyen grec fut à l'origine animé, nous l'avons dit, d'un grand patriotisme, et le titre de citoyen créait l'obligation de défendre sa cité les armes à la main. Mais après la guerre du Péloponèse on remarqua en Grèce, et notamment à Athènes, un affaiblissement sérieux de l'esprit militaire et on eut alors recours aux mercenaires. De plus, le commandement fut énervé par les accusations injustes des orateurs populaires, et à partir de ce moment les Grecs furent souvent battus. Les armées grecques se composaient de trois sortes de troupes : les *hoplites* ou troupes de ligne, armés de la lance, de l'épée droite et d'un couteau en forme de faucille, et de *troupes légères* recrutées parmi les peuples habiles à manier le javelot, l'arc et la fronde; enfin la *cavalerie*, armée d'une épée droite et d'une lance longue et mince.

Quant à la marine, qui composait la force principale d'Athènes, elle était formée de trières ou navires à trois rangs de rames, mais munis en même temps de voiles. Il y avait sur chaque navire 174 rameurs et une vingtaine de matelots. Les premiers obéissaient à un officier nommé *kéleuste*, et les autres au *gubernetès*. Le chef du navire était le *triérarque*, riche citoyen qui faisait généralement les frais de l'armement.

La religion des Grecs. — Les Grecs, dont

l'imagination était vive et féconde, peuplèrent de dieux et de déesses la nature entière. Ils rendaient un culte : à **Zeus**, le maître des dieux ; — à Poseidon ou **Neptune**, le dieu de la mer ; — à **Pluton**, le dieu des enfers ; — à **Apollon**, dieu de la poésie et de la musique ; — à **Mars**, dieu de la guerre ; — à **Mercure**, dieu des commerçants ; — à Héra ou **Junon**, épouse de Jupiter ; — à Athéné ou **Minerve**, déesse de la sagesse ; — à **Vénus**, déesse de la beauté, etc.

Dans le noir **Tartare** souffraient les méchants, sans cesse tourmentés par les **Furies**. Les justes habitaient les **Champs Élysées**, où coulait le **Léthé** (Oubli) ; en buvant de ses eaux ils oubliaient le passé et les souffrances.

Oracles. — Les oracles étaient aussi des divinités païennes ; ils répondaient aux questions qui leur étaient posées. L'oracle le plus célèbre, chez les Grecs, était celui de Delphes. La **Pythie** ou prêtresse qui rendait un oracle, montait sur un trépied, tombait en délire et prononçait des paroles cabalistiques, qui étaient recueillies et interprétées par les prêtres comme la parole d'Apollon. Le temple de Delphes renfermait d'immenses richesses, produit des offrandes faites à Apollon par les personnes qui allaient consulter l'oracle.

Jeux publics. — Les jeux publics étaient tenus en grand honneur en Grèce. Les plus renommés étaient : les **jeux Olympiques**, qui se célébraient à Olympie, en l'honneur de Jupiter Olympien ; les **jeux Isthmiques**, qui se tenaient à l'isthme de Corinthe, en l'honneur de Neptune, et les **jeux Pythiques**, qui avaient lieu à Delphes, au pied du mont Parnasse, pour célébrer la victoire d'Apollon sur le serpent Python et rappeler la fondation de l'oracle. Les principaux de ces jeux étaient les luttes de poésie ; la lutte corps à corps, la course de chars et le pugilat. Les vainqueurs recevaient une couronne de laurier.

<small>QUESTIONNAIRE.</small>

Quel était le gouvernement de Sparte ? celui d'Athènes ? — Inconvénients de ces gouvernements. — Quels sont les principaux impôts chez les Grecs ? — Les riches citoyens contribuèrent-ils aux charges publiques ? — Qu'entend-on par sycophantes ? — Quels étaient les principaux châtiments en justice ? — En combien de corps se divisait l'armée grecque ? — Qu'est-ce qu'une trière ? — Que savez-vous de la religion des Grecs ? des jeux ?

<small>RÉCIT.</small>

Les dieux locaux. — Chaque cité avait des dieux qui n'appartenaient qu'à elle. On les appelait génies, héros, démons ; sous tous ces noms, c'étaient des âmes humaines divinisées par la mort. Ils étaient la plupart du temps les ancêtres du peuple. Les corps étaient enterrés soit dans la ville même, soit sur son territoire, et comme on croyait que l'âme ne quittait pas les corps, il en résultait que ces morts divins étaient attachés au sol où leurs ossements étaient enterrés. Du fond de leurs tombeaux, ils veillaient sur la cité ; ils protégeaient le pays, et ils en étaient en quelque sorte les chefs et les maîtres.....

Outre ces héros et ces génies, les hommes avaient des dieux d'une autre espèce, comme Zeus, Héra, Athéné. Mais ces créations eurent longtemps le caractère de divinités domestiques. De ce que deux villes donnaient à leur dieu le même nom, il n'en faut pas conclure qu'elles adoraient le même dieu ; il y avait une Athéné à Athènes et une Athéné à Sparte ; mais c'étaient deux déesses. Un grand nombre de villes avaient un Zeus pour divinité ; c'étaient autant de Zeus qu'il y avait de villes. Argos et Samos avaient chacune leur Héra ; ce n'était pas la même déesse, car elles étaient représentées dans les deux villes avec des attributs bien différents.

La ville qui possédait une divinité ne voulait pas qu'elle

protégeait les étrangers et ne permettait pas qu'elle fût adorée par eux. Généralement un temple n'était accessible qu'aux citoyens. Chaque cité avait son corps de prêtres. Entre les prêtres de chaque cité, il n'y avait nul lien, nulle communication, nul échange d'enseignement ni de rites. Si l'on passait d'une ville à une autre, on trouvait d'autres dieux, d'autres dogmes, d'autres cérémonies. Chaque cité avait son recueil de prières et de pratiques, qu'elle tenait fort secret; elle eût cru compromettre sa religion et sa destinée si elle l'eût laissé voir aux étrangers.

D'après Fustel de Coulanges.

HUITIÈME LEÇON

Histoire romaine.

Sommaire. — Italie ancienne. — Fondation de Rome. — Romulus. — Tullus Hostilius. — Combat des trois Horaces contre les trois Curiaces. — Tarquin le Superbe. — Fin de la royauté. — Religion. — Classes sociales. — Les chevaliers. — Gouvernement. — Finances. — La famille à Rome. — Le citoyen romain. — L'armée. — La république. — Lutte des plébéiens contre les patriciens. — Retraite sur le mont Sacré. — Le tribunat. — Première loi agraire. — La dictature. — Cincinnatus. — Le décemvirat. — Admission des plébéiens à toutes les magistratures. — Soumission des peuples de l'Italie. — Invasion des Gaulois. — Guerre du Samnium. — Guerre contre Pyrrhus.

Italie ancienne. — L'Italie ancienne comprenait quatre grandes parties : 1° l'Italie septentrionale, appelée aussi Gaule Cisalpine, parce qu'une tribu gauloise en fit la conquête dans le sixième siècle avant Jésus-Christ; — 2° l'Italie centrale, où se trouvaient l'Étrurie, le Samnium et le Latium; — 3° l'Italie méridionale ou Grande-

Grèce ; — 4° les îles de Sicile, de Sardaigne et de Corse.

Fondation de Rome. — Romulus fonda Rome 754 ans avant Jésus-Christ et lui donna son nom ; il la construisit sur la rive gauche du Tibre, au pied de sept collines peu élevées. Rome devint, dans la suite, très vaste et très peuplée ; elle compta, dit-on, jusqu'à trois millions d'habitants, au temps de sa grande prospérité.

Les trois Horaces et les trois Curiaces. — Sous **Tullus Hostilius**, Rome et Albe, sa voisine et sa métropole, s'étant déclaré la guerre, convinrent de vider leur querelle en confiant chacune à trois champions le soin de sa défense et de son honneur. Les trois frères **Horace** combattirent pour Rome, et les trois frères **Curiace** pour Albe. Dès le commencement de la lutte, deux des Horaces tombent morts, et les trois Curiaces sont blessés. Le troisième Horace feint alors de prendre la fuite ; les Curiaces le poursuivent ; mais leur course est inégale, et bientôt une assez grande distance les sépare les uns des autres ; le Romain s'en aperçoit, il revient sur eux et les abat l'un après l'autre. Le vainqueur rentre dans Rome aux acclamations du peuple ; mais il ternit sa gloire en poignardant sa sœur **Camille**, qui pleure, au milieu de l'allégresse générale, la mort de son fiancé qui était l'un des trois Curiaces.

Albe, vaincue, accepta la paix qu'il plut à sa rivale de lui imposer ; quelque temps après, elle fut détruite.

Tarquin le Superbe. — La tyrannie de Tarquin le Superbe et l'outrage dont un de ses fils se rendit coupable envers Lucrèce, femme de

Tarquin Collatin, son parent, causèrent dans Rome une révolution qui renversa la royauté et la remplaça par la république. Les Tarquins furent chassés et *leurs biens mis au pillage, pour que le peuple perdît tout espoir de faire sa paix avec les tyrans* (509)[1].

Religion. — Les Romains eurent, comme la plupart des peuples de l'antiquité, un grand nombre de dieux. Après Jupiter, Mars, Janus (le dieu à deux visages), ils adoraient : le dieu **Terme** (borne) qui assurait le respect réciproque des limites entre les héritages, et dont les pierres placées aux extrémités de nos champs rappellent encore le souvenir ; — **Vesta**, vierge protectrice de la famille; devant son autel brûlait un feu perpétuel que les Vestales devaient entretenir sous peine de mort ; — **Cérès**, qui veillait sur l'agriculture. Ils rendaient aussi un culte aux dieux **pénates** et aux **lares**, gardiens du foyer domestique ; ils croyaient aux **augures** et aux **aruspices**, dont la mission était de pénétrer les secrets de l'avenir, soit en examinant le vol et l'appétit des oiseaux (augures), soit en observant les entrailles des victimes (aruspices).

Le personnel sacerdotal était proportionné au nombre des divinités ; mais jamais à Rome, pas plus qu'en Grèce, les prêtres ne formèrent une caste distincte et privilégiée ; presque toujours ils cumulaient avec leurs fonctions religieuses des emplois civils ou militaires.

Classes sociales. — Dès le temps de Ro-

---

[1]. L'historien Mommsen considère tous les événements de cette première période comme absolument légendaires. Ce serait, d'après lui, un reste des mythes et des chants nationaux comme tout peuple en possède à son origine.

mulus on trouve à Rome trois classes de personnes : les **patriciens**, les **plébéiens** et les **esclaves**.

Les patriciens formaient l'aristocratie ; leurs privilèges étaient héréditaires ; c'était à eux que revenait la presque totalité des terres conquises sur les ennemis ; eux seuls étaient **citoyens romains**.

Les plébéiens composaient la classe du peuple ; ils étaient libres, mais sans droits politiques. Dans le partage des terres conquises ils n'avaient droit qu'à deux arpents ; ils n'étaient pas citoyens.

En troisième ligne venaient les esclaves, entièrement abandonnés aux caprices de leurs maîtres, qui pouvaient impunément les mettre à mort.

Les chevaliers. — Les chevaliers composaient tout d'abord la cavalerie romaine ; ils étaient pris indistinctement parmi les nobles ou les plébéiens ; leur rôle fut longtemps exclusivement militaire, mais il s'étendit vers le temps des Gracques ; à partir de cette époque, les chevaliers devinrent un corps influent dans l'État, dans l'ordre financier et, par instants, judiciaire.

Gouvernement. — Le gouvernement était exercé par le roi, aidé d'un **sénat de 300 membres**, tous pris parmi les patriciens, et par des assemblées, appelées **comices**, qui votaient les lois et décidaient de la paix et de la guerre. La royauté disparut, mais l'institution du sénat et les comices restèrent. Les comices, d'aristocratiques qu'ils étaient (*comices curiales*), devinrent plus démocratiques (*comices centuriates*). Cependant on a exagéré la réforme de Servius Tullius. Ce ne fut, en réalité, qu'une révolution financière.

Finances. — Les ressources de Rome étaient nombreuses. D'abord les terres acquises sur l'ennemi, qui restaient à la disposition de l'État sous le nom de *pascua* et dont on louait une partie aux

citoyens qui en faisaient la demande; puis les impôts perçus sur les peuples sujets ou les peuples latins, le revenu des mines et des péages, et les taxes perçues à propos des cérémonies du culte; enfin les citoyens payaient quelques impôts, peu élevés d'ailleurs. Malheureusement les patriciens abusèrent de leur situation pour usurper les terres qu'ils avaient en location et ruiner les citoyens plus pauvres qu'eux. De là la question agraire.

La famille à Rome. — Le père avait sur ses enfants, aussi bien que sur ses esclaves, un pouvoir absolu ; les uns et les autres étaient **sa chose** et il pouvait en disposer à son gré, les vendre comme les mettre à mort, quels que fussent leur âge et les fonctions dont ils étaient investis. De même qu'à Sparte, les enfants des esclaves, nés infirmes ou difformes, étaient impitoyablement voués à la mort.

Les mœurs étaient simples dans la famille romaine; les patriciens vivaient à la campagne et cultivaient eux-mêmes leurs champs, entourés de leurs enfants et de leurs esclaves ; dans les moments de danger on vit plusieurs fois des citoyens illustres quitter la charrue pour aller à Rome revêtir les plus hautes fonctions, et la reprendre simplement après avoir sauvé la république.

Le citoyen romain. — Le titre de citoyen romain imposait le respect envers celui qui pouvait s'en prévaloir ; il était pour lui une recommandation et une sauvegarde. **Verrès**, accusé par Cicéron, sera condamné beaucoup moins pour avoir volé les fonds publics et tyrannisé la Sicile que parce qu'il a maltraité un citoyen romain, et l'apôtre **Paul** fera reculer d'épouvante le juge qui l'envoie au supplice en prononçant ces simples mots : **Je suis citoyen romain!**

L'armée. — Tout citoyen romain devait le service militaire ; il pouvait être appelé et maintenu sous les drapeaux de dix-sept à quarante-cinq ans.

Tout d'abord ce service était gratuit, ce qui

contribua à ruiner les citoyens pauvres ; mais à partir du siège de Véies, les soldats touchèrent une solde régulière.

La légion se subdivisait à son tour en cohortes, les cohortes en centuries, et les centuries en manipules. Les principaux chefs étaient les consuls, les tribuns militaires et les centurions. La cavalerie obéissait à un maître de la cavalerie. Une légion, sur le pied de guerre, se composait de 9000 hommes. La marche des soldats était réglée à 7 kilomètres par heure. Leurs armes étaient l'épée, la lance, le javelot et le bouclier.

Soldat romain.

1° **Lutte des plébéiens contre les patriciens (509-337).**

La république. — Le gouvernement qui remplaça la royauté fut une république aristocratique tout à l'avantage des patriciens. Au lieu d'un roi, Rome eut deux consuls. **Tarquin Collatin** et **Brutus** furent les deux premiers consuls.

Les fils de ce dernier, ayant formé une conjuration pour rétablir les Tarquins, furent arrêtés et condamnés à mort ; leur père les sacrifia au salut de l'État.

Le tribunat (493). — Les plébéiens n'avaient rien gagné au nouvel ordre de choses ; réduits à la plus affreuse misère, poursuivis sans pitié par leurs créanciers et jetés en prison chargés de chaînes, ils quittèrent Rome au nombre de trois mille et se retirèrent sur le **mont Sacré**, qui en était éloigné d'environ douze milles [1]. Le sénat comprit tout le danger d'une pareille désertion pour la sécurité de la république, menacée par les peuples voisins ; il députa aux révoltés **Ménénius Agrippa**, avec la mission de conclure la paix avec eux, quelles que fussent leurs exigences. Les plébéiens demandèrent et obtinrent la création de deux magistrats choisis parmi eux : ce furent les **tribuns du peuple**. Ces représentants de la classe plébéienne étaient chargés de protéger les pauvres contre les riches ; ils étaient inviolables et pouvaient suspendre les sentences rendues par les consuls en prononçant le mot **veto**, qui voulait dire : **Je m'oppose**.

Première loi agraire. — Le patricien **Spurius Cassius** fournit bientôt aux tribuns du peuple une arme redoutable contre les grands. Il proposa, pour se rendre populaire, le partage entre tous les plébéiens des terres appartenant à l'Etat, jusque-là louées aux patriciens à des prix dérisoires. Ce fut la première loi agraire ; elle ne passa pas tout de suite, mais les tribuns ne l'abandonnèrent plus et souvent ils soulevèrent le peuple en la remettant en question. Spurius Cassius périt victime de la vengeance des nobles (486). Cent vingt ans plus tard, le tribun **Licinius Stolon** fit accorder sept arpents de terres (un hectare) à chaque plébéien.

La dictature. — **Cincinnatus (460).** — Les peuples voisins de Rome profitèrent des troubles que la retraite sur le mont Sacré et le premier projet de loi agraire avaient apportés dans la répu-

---

1. Le mille romain équivalait à 1472 mètres.

blique pour se soulever et en menacer l'existence. Dans ce péril extrême, les Romains établirent la **dictature**. — Cette magistrature suspendait toutes les lois, et celui qui la revêtait exerçait pendant six mois un pouvoir absolu. **Cincinnatus** fut nommé dictateur. Il était à sa charrue quand il reçut la nouvelle de son élévation. En seize jours il repoussa les ennemis du dehors et revint à ses travaux agricoles après avoir volontairement déposé le pouvoir. Mais, à l'intérieur, les troubles recommencèrent après son départ et le sénat fut obligé d'accorder aux plébéiens de nouveaux avantages.

Le décemvirat (448). — Les tribuns avaient pris résolument en main la cause du peuple. Or jusqu'alors les Romains n'avaient pas eu de lois écrites ; les patriciens rendaient la justice en s'appuyant sur de vieilles coutumes, qu'ils interprétaient au gré de leurs intérêts et presque toujours au désavantage des plébéiens. En 461, le tribun **Terentilius Arsa** demanda et obtint la nomination de dix magistrats chargés de préparer un code de lois qui mettrait les plébéiens et les nobles sur le pied de l'égalité devant la justice. Ces magistrats, appelés **décemvirs**, rédigèrent la loi des **Douze Tables** [1] qui établissait l'égalité civile, c'est-à-dire l'égalité devant la loi entre la plèbe et l'aristocratie romaines (448).

Cette nouvelle conquête, suivie de plusieurs autres non moins importantes, conduisit dans l'espace d'un siècle les plébéiens à l'égalité politique, qui fut consacrée par leur admission à toutes les magistratures (337). Ils purent alors être :

---

1. Ainsi nommée parce que les articles en furent inscrits sur douze tables de bronze.

1° **Dictateurs**, c'est-à-dire investis pour six mois du pouvoir absolu ;

2° **Consuls**, c'est-à-dire partager avec un collègue patricien la plus haute magistrature de la République ;

3° **Proconsuls**, c'est-à-dire gouverneurs des provinces éloignées, en qualité de lieutenant des consuls ;

4° **Censeurs**, c'est-à-dire chargés pour cinq ans de faire le *cens* ou dénombrement des citoyens d'après leur fortune et la classe à laquelle ils appartenaient ; d'administrer les finances de la république, de préparer les listes sénatoriales et de veiller à la tranquillité publique ;

5° **Préteurs**, c'est-à-dire chargés de faire rendre la justice et de suppléer les consuls empêchés ou absents ;

6° **Questeurs**, c'est-à-dire investis pour un an de l'emploi de payeurs de l'armée ;

7° **Édiles curules** [1], c'est-à-dire magistrats dont les attributions consistaient à surveiller les jeux, à juger les affaires criminelles, à veiller à l'entretien des édifices publics, à fixer le prix des denrées, etc.

Il ne restait plus aux patriciens d'autre privilège que celui du **pontificat** ; ils le perdirent en l'an 300. Cette année-là, les plébéiens obtinrent leur admission à l'exercice du sacerdoce. Dès lors l'égalité entre les deux classes fut complète.

Guerre des Romains. — A la même époque, les Romains eurent à soutenir plusieurs guerres difficiles. 1° Contre les Gaulois qui entrèrent dans

---

1. Chaise curule, siège d'ivoire sur lequel s'asseyaient seuls les premiers magistrats de la république.

Rome et n'échouèrent devant le Capitole[1] que grâce à l'héroïsme de Manlius et de Camille[2]; 2° contre les Samnites qui, sous la conduite de Pontius Hérennius, anéantirent une armée romaine aux Fourches Caudines, mais furent complètement battus à Sentinum; 3° contre Pyrrhus, roi d'Épire, qui les vainquit à Héraclée, mais qui perdit tant de soldats dans cette bataille, qu'il fut obligé d'abandonner l'Italie.

QUESTIONNAIRE.

Comment l'Italie ancienne se divisait-elle? — Par qui et en quelle année Rome fut-elle fondée? — Combien de temps dura la royauté à Rome? — Sous quel roi eut lieu le combat des Horaces et des Curiaces? — Racontez-le. — Comment Tarquin le Superbe causa-t-il la chute de la royauté? — Parlez de la religion chez les Romains. — Combien de classes la société romaine comprenait-elle? — Qu'étaient-ce que les chevaliers? — L'autorité du père de famille était-elle grande à Rome? — Le citoyen romain était-il respecté? — Comment l'armée romaine était-elle organisée? — En quelle année la république fut-elle proclamée? — Qu'était-ce que le tribunat? — A quelle occasion fut-il institué? — Qu'était-ce que la loi agraire? — Qui fit voter la première loi agraire? — Dans quelle circonstance la dictature fut-elle établie? — Qu'est-ce que le décemvirat? — En quelle année les plébéiens eurent-ils conquis l'égalité devant la loi et le droit d'aspirer à toutes les magistratures? — Racontez la soumission des peuples voisins de Rome. — Racontez la prise de Rome par les Gaulois et la guerre du Samnium. — Qu'est-ce que Pyrrhus? — Que savez-vous de Fabricius? — de Régulus? — des Fabius?

RÉCITS.

Le consul Fabricius. — Fabricius fut un admirable modèle de désintéressement et d'honnêteté. Pendant que Rome luttait contre les Samnites, ceux-ci firent offrir de

---

1. Forteresse et temple de Jupiter.
2. Il est à peu près hors de doute aujourd'hui que cette légende a été inventée par les Romains pour dissimuler la grande défaite que leur infligèrent les Gaulois.

riches présents à Fabricius, qui venait de les vaincre, croyant en obtenir une paix plus honorable ; le consul reçut leurs envoyés dans sa modeste demeure en prenant son repas, composé de quelques racines, qu'il avait cultivées et arrachées lui-même. *Tant que je saurai commander à mes passions*, dit-il aux ambassadeurs samnites, *je n'aurai pas besoin de toutes ces richesses: rapportez-les à ceux qui en ont besoin.*

Après la bataille d'Héraclée, les Romains avaient envoyé Fabricius auprès de Pyrrhus pour traiter de l'échange des prisonniers ; le roi d'Épire lui fit offrir d'immenses domaines s'il voulait rester à son service. *Si vous me croyez un homme de bien*, lui répondit Fabricius, *pourquoi essayer de me corrompre? Si vous me considérez comme un malhonnête homme, pourquoi désirer m'avoir auprès de vous?*

La veille de la bataille d'Asculum, le médecin de Pyrrhus alla trouver Fabricius, qui commandait l'armée romaine, et lui proposa de le débarrasser de son maître par le poison, moyennant une forte somme d'argent. Pour toute réponse Fabricius fit lier les mains au misérable et le renvoya au roi. — *On détournerait plutôt le soleil de sa route*, s'écria Pyrrhus, *que Fabricius de la voie de la vertu.* Ce grand homme mourut si pauvre que le sénat dut pourvoir à ses funérailles et doter sa fille.

Régulus. — Pendant la première guerre punique, le consul **Régulus**, fait prisonnier par les Carthaginois, fut envoyé par eux à Rome pour demander en leur nom la paix et l'échange des prisonniers. Arrivé devant le sénat, l'illustre Romain, loin de conseiller à ses compatriotes d'accepter la paix qu'on leur offre, les engage avec force à continuer la guerre. Quant à lui, fidèle à sa parole, il revient à Carthage reprendre ses fers, aimant mieux s'exposer à la vengeance de ses ennemis que de rester libre au prix d'un traité qu'il croit devoir être nuisible à sa patrie. Les Carthaginois le firent périr dans d'affreux supplices.

Les Fabius. — Nous aurions pu citer en premier lieu la conduite héroïque des **306 Fabius** qui, dans une guerre contre les *Véiens* (478), se firent tuer jusqu'au dernier dans une embuscade où les avait surpris un ennemi bien supérieur en nombre. Un jeune enfant à qui son âge ne permettait pas encore d'aller à la guerre survécut et empêcha l'extinction totale de cette famille illustre. Il se nommait *Fabius Vibulanus*. Un de ses descendants, **Fabius le Temporiseur**[1], fut nommé dictateur après la victoire d'Annibal au lac Trasimène et devint un des plus redoutables adversaires du général carthaginois.

NEUVIÈME LEÇON

Guerres Puniques[2] et conquête de presque tous les pays baignés par la mer Méditerranée, de 264 à 178. Tribunat des Gracques.

Sommaire. — Guerres Puniques. — Carthage. — Première guerre Punique. — Deuxième guerre Punique. — Annibal. — Bataille de Zama. — Troisième guerre Punique. — Destruction de Carthage. — État de la République après les guerres Puniques. — Tribunat des Gracques. — Décadence des institutions républicaines. — Rivalité de Marius et de Sylla.

Carthage. — Carthage avait été fondée dans le IX⁰ siècle avant Jésus-Christ par une colonie de Tyriens conduits par Didon. La destruction de Tyr par Nabuchodonosor, en 574, fit émigrer à Carthage un grand nombre de puissantes et riches familles, qui rendirent cette ville extrêmement florissante.

Mais si elle était supérieure à Rome par son commerce et ses richesses, Carthage était loin de l'égaler comme puissance militaire; elle n'avait pas, comme la cité républicaine de l'Italie, une

---

1. *Temporiseur*, qui sait attendre, général qui attend son heure avant d'accepter ou de livrer une grande bataille.
2. Du mot latin *Pœni*, par lequel on désignait aussi les Carthaginois.

armée nombreuse, animée d'un ardent patriotisme et solidement organisée. La classe moyenne, formée de citoyens propriétaires, qui composait les redoutables légions romaines, n'existait pas à Carthage, où il n'y avait, sans catégorie intermédiaire comme trait d'union, que des riches et des pauvres, et pour soldats des *mercenaires*. — De plus, le gouvernement était soupçonneux et tyrannique, comme il arrive dans presque toutes les cités maritimes. Son sénat, composé de cent membres recrutés dans l'aristocratie commerciale, abusait du pouvoir, et les deux suffètes, magistrats annuels, étaient absolument paralysés. Il faut ajouter à cela le tribunal des Cent quatre, analogue au *conseil des Dix de Venise*. Enfin, nulle part, la lutte entre les riches et les pauvres n'était plus violente et plus dangereuse. Rome, il est vrai, manquait de flottes; mais elle pouvait en créer dès qu'elle en comprendrait la nécessité.

Il y eut trois guerres Puniques : la première dura depuis 264 jusqu'à 241; la deuxième, depuis 219 jusqu'en 201; la troisième, enfin, commença en 149 et finit en 146 avant Jésus-Christ.

Première guerre Punique (264-241). — Ce fut en Sicile qu'éclatèrent les premières hostilités. Les *Mamertins*, colons d'origine italienne, s'étaient emparés de Messine et y formaient deux partis rivaux : l'un appela à son secours Rome, l'autre Carthage. Le parti carthaginois fut battu, et, en peu de temps, Messine et la Sicile appartinrent aux Romains; mais les Carthaginois restaient maîtres des ports et bravaient, grâce à leurs vaisseaux, les armées romaines. Le consul **Duilius** attaqua les Carthaginois avec une flotte instruite en trois mois : sa victoire fut complète.

GUERRES PUNIQUES.

Ils furent moins heureux en Afrique, où **Régulus** fut vaincu et fait prisonnier.

Deuxième guerre Punique (219-201). — Après avoir cruellement réprimé une révolte de ses soldats mercenaires, Carthage attaqua l'Espagne, dont elle convoitait depuis longtemps les richesses. **Amilcar Barca** et son gendre *Asdrubal* passèrent le détroit et firent rapidement la conquête de la péninsule Ibérique.

Amilcar avait laissé, en mourant, un fils digne par son génie de poursuivre ses grands desseins : c'était **Annibal**.

Après s'être emparé de Sagonte, alliée des Romains, Annibal entre dans la Gaule méridionale, la traverse sans rencontrer de résistance sérieuse, franchit les Alpes en quinze jours et apparaît dans le nord de l'Italie avec 26 000 hommes, quelques éléphants et un assez grand nombre de Gaulois mal disciplinés, mais qui satisfaisaient ainsi leur haine séculaire contre Rome. Il va avec cette armée se heurter contre 700 000 Romains !

Annibal.

La première rencontre a lieu sur les bords du *Tessin*; Annibal y détruit la cavalerie de *Scipion*. Dans une seconde, près de la *Trébie*, il tue 30 000 hommes à *Sempronius*, et bientôt une troisième victoire, qu'il remporte au lac de *Trasimène*, devient le prélude de la meurtrière et décisive bataille de **Cannes (216)**, où périssent 50 000 légionnaires, 80 sénateurs et le consul **Paul-Émile** dont l'imprudent *Varron*, son collègue, a méprisé les conseils.

Mais au lieu de marcher sur Rome, Annibal se retire à **Capoue**.

Rome était sauvée. En quelques jours, tous les citoyens valides, même les esclaves, furent armés, et au printemps suivant, les consuls **Marcellus** et **Fabius** étaient à la tête de forces suffisantes pour tenir tête à **Annibal**, sinon pour le vaincre. Jamais l'illustre général carthaginois ne montra autant que dans cette seconde phase de la guerre les merveilleuses ressources de son génie. Réduit à ses propres forces, sans recevoir aucun secours de Carthage, où la famille des *Hannon*, hostile aux *Barca*, était devenue prépondérante, il réussit à se maintenir **seize années entières** dans le sud de l'Italie et à y tenir en échec les meilleurs généraux de la république.

Pour obliger **Annibal** à quitter l'Italie, le jeune **Publius Scipion** conçut le projet hardi de porter la guerre en Afrique. Carthage menacée se souvint de son général; elle le rappela. **Annibal** quitta l'Italie en gémissant et en maudissant en secret la politique aveugle de ses compatriotes, qui n'avaient pas su, lorsqu'il en était temps, profiter de ses victoires; il marcha à la rencontre de **Scipion**. Ces deux grands capitaines, dignes par leurs talents de se combattre, se livrèrent la célèbre bataille de **Zama**[1] (**202**). Le Romain la gagna.

Scipion fut récompensé de sa victoire par le surnom de **l'Africain**.

Troisième guerre Punique (149-146). — Cependant **Annibal** n'avait déposé les armes que pour se préparer de nouveau à la guerre. Placé à la tête du gouvernement de Carthage, il s'appliqua

---

1. Zama était située à 150 kilomètres de Carthage; elle fut détruite par les Romains, l'an 46 avant Jésus-Christ.

GUERRES PUNIQUES.

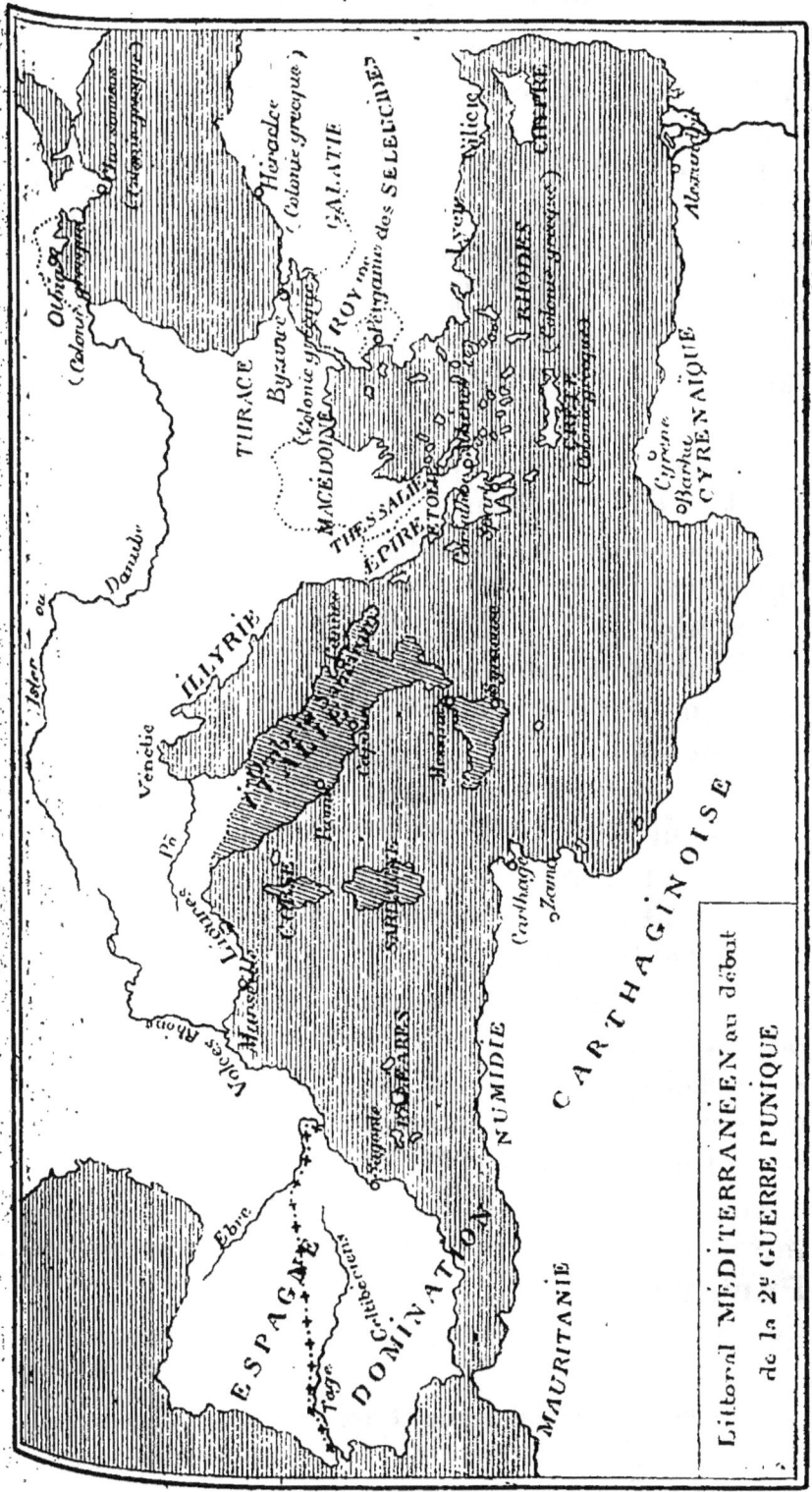

Littoral MÉDITERRANÉEN au début de la 2ᵉ GUERRE PUNIQUE

à y ramener la prospérité qu'en avaient fait disparaître les factions ennemies, et réussit à lui rendre en peu d'années son ancienne force.

Les consuls envoyés en Afrique par le sénat, qu'inquiétait cette résurrection, sommèrent les habitants de Carthage de quitter leurs demeures pour aller s'établir dans les campagnes voisines. Un cri général d'indignation fut la seule réponse faite à cette insultante mise en demeure; la population tout entière prit les armes; dans cette lutte désespérée les femmes rivalisèrent de dévouement et d'abnégation avec les hommes; l'histoire rapporte qu'elles donnèrent leurs cheveux pour faire des cordages. La grande cité carthaginoise succomba après trois ans de siège sous les attaques de l'habile **Scipion Émilien**[1]; mais elle fut héroïque dans son malheur; chaque rue, chaque maison donna lieu à un combat acharné; les assiégés incendiaient les quartiers de la ville qu'ils ne pouvaient plus défendre; elle fut ainsi tout entière réduite en cendres. Le dernier monument resté debout fut un *temple d'Esculape*[2]; il était à demi consumé lorsque sur les murailles de l'édifice apparut la femme d'*Asdrubal* tenant ses enfants par la main; elle les lança dans les flammes et s'y précipita après eux en maudissant son mari, qu'elle avait vu se jeter aux pieds du vainqueur pour lui demander grâce (146 av. J.-C.).

Conquêtes de la république romaine entre la deuxième et la troisième guerre Punique. — Dans l'intervalle de cinquante ans qui s'écoula entre la seconde et la troisième guerre

---

1. Il était fils de Paul-Émile et avait été adopté par le fils de Scipion l'Africain.
2. Dieu de la médecine.

Punique, Rome fit au dehors d'importantes conquêtes. Les victoires de Cynocéphales, en 197, et de Pydna, en 168, mirent à ses pieds la Macédoine. Deux ans après, la Grèce eut le même sort; Corinthe, le dernier boulevard de l'indépendance hellénique, tomba en 146, le même jour que Carthage, et fut comme celle-ci réduite en cendres.

Antiochus le Grand, poussé à la guerre par Annibal fugitif, avait répondu à l'appel de la ligue Étolienne et était entré en Grèce avec 10 000 hommes; vaincu par **Caton** aux Thermopyles, il s'était vu contraint de repasser en Asie où il avait perdu, en 190, contre le frère du grand Scipion, la bataille de **Magnésie**, qui lui avait coûté l'Asie Mineure.

Tribunat des Gracques (133-121). — Mais le luxe commençait à corrompre les mœurs des Romains, la classe moyenne disparaissait. Ce mal, déjà vigoureusement signalé par Caton le Censeur, fut attaqué par les deux Gracques, Tibérius et Caius, qui entreprirent de reconstituer la classe intermédiaire. A cet effet, Tibérius Gracchus, devenu tribun, proposa une loi qui avait pour but de distribuer aux pauvres les terres de l'État usurpées par les riches. Il faut avouer, d'ailleurs, qu'une telle opération, juste en théorie, était impossible en pratique; aussi Tibérius fut-il assassiné. Dix ans après, il fut remplacé par Caïus Gracchus, non moins énergique et plus habile. Caïus punit les meurtriers de son frère, maintint la loi agraire et en fit passer une autre, malgré l'opposition du Sénat, qui donnait le pouvoir judiciaire aux chevaliers et rendait ce corps, déjà chargé de la perception des impôts, le plus important de l'État. Caïus Gracchus obtint une popularité immense, mais il périt dans une émeute populaire provoquée par les habiles excitations des privilégiés, ennemis de l'intrépide tribun (121).

La lutte pour le partage des biens, si longtemps poursuivie entre ces deux dernières classes, les avait rendues irréconciliables ; la haine qu'elles nourrissaient l'une contre l'autre allait éclater d'une manière terrible pendant la **rivalité de Marius et de Sylla**, et contribuer à la perte de la république.

Guerre sociale (89-88). — Dès les premiers temps de leurs conquêtes en Italie, les Romains avaient accordé le titre d'**alliés** à la plupart des peuples qu'ils avaient soumis. Les alliés supportaient les mêmes charges que les citoyens romains, ils avaient depuis un siècle versé leur sang comme eux pour la république, sans avoir jamais obtenu le droit de cité. **Marius** d'abord et le tribun **Livius Drusus** ensuite voulurent leur donner ce droit pour éviter des troubles et accomplir un acte de justice. L'entente n'ayant pu s'établir entre les deux représentants du parti populaire et les nobles, la guerre sociale éclata. Les peuples du Latium, du Samnium et de l'Étrurie se soulevèrent à la fois et firent courir à Rome les plus grands dangers. **Sylla** termina cette affreuse guerre, qui coûta en un an 300 000 hommes à l'Italie. Les *alliés* furent vaincus, mais le sénat jugea prudent de leur accorder ce qu'ils réclamaient. — Quelques années auparavant (195), la guerre des esclaves avait fait périr un million de ces malheureux.

Décadence des institutions républicaines. — **Rivalité de Marius et de Sylla.** — **Marius**, sorti des derniers rangs du peuple, avait dû son élévation à ses grands talents militaires. Il se distingua au siège de Numance, triompha en Afrique de *Jugurtha*, roi de Numidie[1], et détruisit à **Aix** et à **Verceil** les Teutons et les Cimbres, avant-garde des invasions germaniques, qui, après avoir ravagé la Gaule et l'Espagne, envahissaient l'Italie. Des services aussi éminents, son origine plébéienne et son intention non déguisée de reprendre l'œuvre des Gracques avaient élevé si haut la popularité et le crédit de Marius qu'il fut nommé *sept fois consul*.

Sylla était un des chefs du parti aristocratique; il possédait, lui aussi, de grands talents militaires et en politique était supérieur à Marius. La rivalité de ces deux hommes résumait la vieille inimitié des deux ordres; née sur les champs de bataille d'Afrique et de Verceil, cette rivalité éclata à Rome et y fit couler des flots de sang. La direction de la guerre contre **Mithridate**, le puissant roi de Pont, briguée par l'un et par l'autre, les mit aux prises : ce fut Sylla qui l'emporta. Le vieux Marius, obligé de fuir, se cacha dans les marais de *Minturnes* où il courut les plus grands dangers, puis en Afrique, près des ruines de Carthage.

Cependant, tandis que Sylla était en Orient, le parti de Marius avait repris l'avantage à Rome; l'illustre fugitif, rappelé, avait obtenu son septième consulat. Il usa avec cruauté de ce retour de la fortune; les partisans de Sylla furent proscrits par milliers; le sénat fut décimé; le sang des victimes coula cruellement. Marius mourut au moment où son adversaire, rappelé par le parti aristocratique, revenait en toute hâte, illustré

---

1. Algérie actuelle.

de ses victoires, avec une armée dévouée à sa fortune (86).

Sylla ressaisit le pouvoir et ce fut alors aux partisans de Marius à trembler. La vengeance de ce dernier avait été terrible, celle de Sylla fut atroce. Pendant plusieurs semaines le sang ne cessa pas de couler dans Rome; chaque jour, des listes de proscriptions indiquaient aux bourreaux les victimes qu'il fallait frapper : plus de sept mille citoyens, parmi lesquels près de deux mille chevaliers ou sénateurs, furent envoyés à la mort. Après s'être rassasié de carnage, Sylla quitta volontairement le pouvoir et mourut quelque temps après, victime de ses débauches (78).

QUESTIONNAIRE.

Que savez-vous de Carthage? — Qu'est-ce qui donnait l'avantage à Rome sur Carthage? — Racontez la première guerre Punique. — Qu'est-ce qui fit éclater la seconde guerre Punique? — Où Annibal défit-il les Romains? — Qu'est-ce qui sauva Rome? — Où et par qui Annibal fut-il vaincu? — Que perdit Carthage dans cette seconde guerre? — Comment éclata la troisième guerre Punique? — Par qui Carthage fut-elle détruite? Indiquez les conquêtes faites par la république entre la deuxième et la troisième guerre Punique. — Où Antiochus le Grand fut-il vaincu par les Romains? — Quel fut l'état de la république après les guerres Puniques? — Parlez de Caton le Censeur. — Racontez le tribunat des Gracques. — Qu'est-ce que la guerre sociale? — Parlez de la rivalité de Marius et de Sylla. — Qui l'emporta?

RÉCIT.

Annibal. — Encore enfant, le nouveau général de l'armée d'Espagne avait juré à son père de haïr Rome jusqu'à la mort. A son aspect les vétérans croyaient revoir Amilcar, mais Amilcar à vingt et un ans; même accent de voix, même vivacité dans le geste, même feu dans le regard. Il était vêtu, buvait et mangeait comme le dernier de ses soldats. Son armure seule l'en distinguait. Mais personne ne maniait comme lui un cheval numide, né franchissait plus lestement un obstacle, ne supportait mieux la fatigue, la marche, le froid ou la chaleur. Au besoin, il se passait de dormir. Sa gaieté, son à-propos, son entrain remplissaient le soldat d'enthousiasme. Toujours sa pensée était en travail. Mais c'est surtout dans les occasions critiques qu'il avait de ces inspirations soudaines qui déconcertent l'ennemi et font écrouler en un moment tout un échafaudage de plans longuement médités.

Annibal voulait deux choses qu'il espérait réaliser l'une par l'autre : 1° écraser Rome; 2° régner sur Carthage. Pour combattre les Romains ; il ne pouvait compter sur les Carthaginois : ceux-ci ne formaient pas un peuple, mais une agglomération de gens qui se haïssaient, et dans laquelle le petit nombre exploitait le grand. En eût-il été autrement, Annibal aurait encore été seul : on se défiait de ses projets ultérieurs, et avec raison. Il résolut donc de se procurer un instrument qui fût bien à lui, qui pût servir indifféremment contre Carthage ou contre Rome, qui ne connût qu'un chef, Annibal, qu'une loi, sa volonté. Il réunit ainsi une troupe formidable, les meilleurs fantassins de l'ancien monde, les Espagnols et les Gaulois, les meilleurs cavaliers des Numides; à eux de le faire vainqueur de Rome, il les ferait maîtres de Carthage.

Maréchal.

DIXIÈME LEÇON

La république depuis la mort de Sylla jusqu'à l'empire.

Sommaire. — Affaires de la république après la mort de Sylla. — Corruption. — Spartacus. — Conjuration de Catilina. — Pompée. — Premier triumvirat. — Bataille de Pharsale. — Dictature et mort de César. — Second triumvirat. — Fin de la république. — Bataille d'Actium.

Les dix-huit années qui séparent la mort de Sylla du premier triumvirat ne furent pas des années de paix pour la république, devenue la proie de gens ambitieux et avides.

En Italie, il se produisit une violente réaction contre le parti aristocratique ; les victimes des spoliations et des vengeances de Sylla prirent les armes en demandant la restitution de leurs biens et de leurs droits. Il fallut pour les vaincre toute l'énergie du consul **Catulus**, momentanément investi de pouvoirs dictatoriaux.

L'insurrection des Italiens était à peine réprimée que la révolte des **gladiateurs** éclatait. **Spartacus** se met à leur tête, en réunit 70 000 et fait trembler Rome ; mais il est vaincu dans une bataille générale et périt (71).

La **conjuration de Catilina** fit courir à la république un danger autrement redoutable que les précédents. Perdu de dettes, méprisé de ses collègues du sénat à cause de ses vices, Catilina trama avec quelques jeunes gens ruinés comme lui une conspiration pour exterminer les riches, abolir les dettes et s'emparer du gouvernement. Tous les mécontents étaient derrière lui prêts à se soulever à son premier signal. **Cicéron**, qui venait d'être nommé consul, démasqua en plein sénat dans des harangues d'une admirable éloquence, connues sous le nom de **Catilinaires**, les plans des conjurés. Catilina, forcé de quitter Rome, se retira en Étrurie au milieu de ses troupes et se fit tuer à leur tête (63).

Au dehors, la guerre fut poursuivie sans relâche en Espagne, en Asie et dans la Méditerranée contre les pirates, alliés des ennemis de Rome.

En Espagne, **Sertorius** soutenait avec gloire la cause de la liberté proscrite. Grand capitaine, excellent citoyen, aimé de ses soldats que séduisait sa bravoure, cet ancien lieutenant de Marius tint en échec pendant trois ans les meilleurs généraux de la république; la trahison et le crime parvinrent seuls à les en débarrasser : il fut assassiné par **Perpenna**, un de ses lieutenants.

En Asie, l'infatigable roi de Pont avait repris les armes après le départ de Sylla; mais, trahi par **Pharnace**, son propre fils, qui s'était vendu aux Romains, il mourut de désespoir. Pompée réduisit la Syrie en province romaine (64) et mit fin à la royauté des Séleucides.

Pompée. — Un homme seul avait grandi pendant cette période de luttes et d'agitations sanglantes : **Pompée**.

Favori de la fortune plutôt qu'homme de génie; habile à flatter ceux qui pouvaient le servir, Pompée s'était fait, jeune encore, une place considérable à Rome. Il avait à peine vingt-trois ans que déjà Sylla lui avait fait décerner le surnom de **Grand**, à la suite d'une campagne heureuse contre les partisans de Marius. Placé plusieurs fois à la tête des armées de la république, ce fut lui qui mit fin à la résistance de Sertorius, qui extermina les derniers gladiateurs, qui nettoya la Méditerranée des pirates et qui fut chargé de terminer la guerre contre Mithridate. Il revenait couvert de lauriers de cette expédition au moment où Cicéron, vainqueur de Catilina, recevait le titre de **Père de la patrie** pour avoir sauvé la république.

Premier triumvirat (60 av. J.-C.). — **Pompée** ne voulut pas partager avec Cicéron la popularité et la puissance; il préféra à l'alliance du grand orateur, dont il était secrètement jaloux, celle de **César** et de **Crassus**. Ces trois hommes formèrent le premier **triumvirat** : Pompée y représentait la gloire, Crassus la richesse, César le génie.

César. — Jules César avait révélé dès sa jeunesse son génie, son audace et son ambition. Banni par Sylla, qui lui avait laissé la vie, *quoiqu'il devinât en lui plusieurs Marius*, il s'était retiré en Asie pour y étudier l'éloquence. Il rentra dans Rome après la mort du dictateur, en obtenant une amnistie pour les partisans de Lépidus. Il chercha alors à relever le parti populaire, abattu par Sylla, et aida Pompée à rétablir le tribunat. Déjà il essayait ses forces et préparait de loin l'exécution de ses plans ambitieux. Simple questeur, il tenta un soulèvement dans la Gaule cisalpine; édile, il osa davantage : il plaça dans le Capitole les images du vainqueur des Teutons et des Cimbres. Les nobles s'effrayèrent; mais le peuple applaudit et accepta le nouveau chef qui s'offrait à lui.

César.

Pompée avait pour lui le sénat et les chevaliers, auxquels le rattachait sa naissance; César s'appuyait sur ses invincibles légions des Gaules. La situation entre eux devenait de plus en plus tendue et leur rupture inévitable. Elle éclata lorsque Pompée eut décidé le sénat à rappeler en Italie le conquérant de la Gaule.

Le **Rubicon**, affluent de l'Adriatique, marquait dans la Gaule cisalpine l'extrême limite du gouvernement de César; le franchir, c'était se déclarer ennemi public; le triumvir hésita; mais enfin il s'y décida, en disant : « **Le sort en est jeté** ». Avec

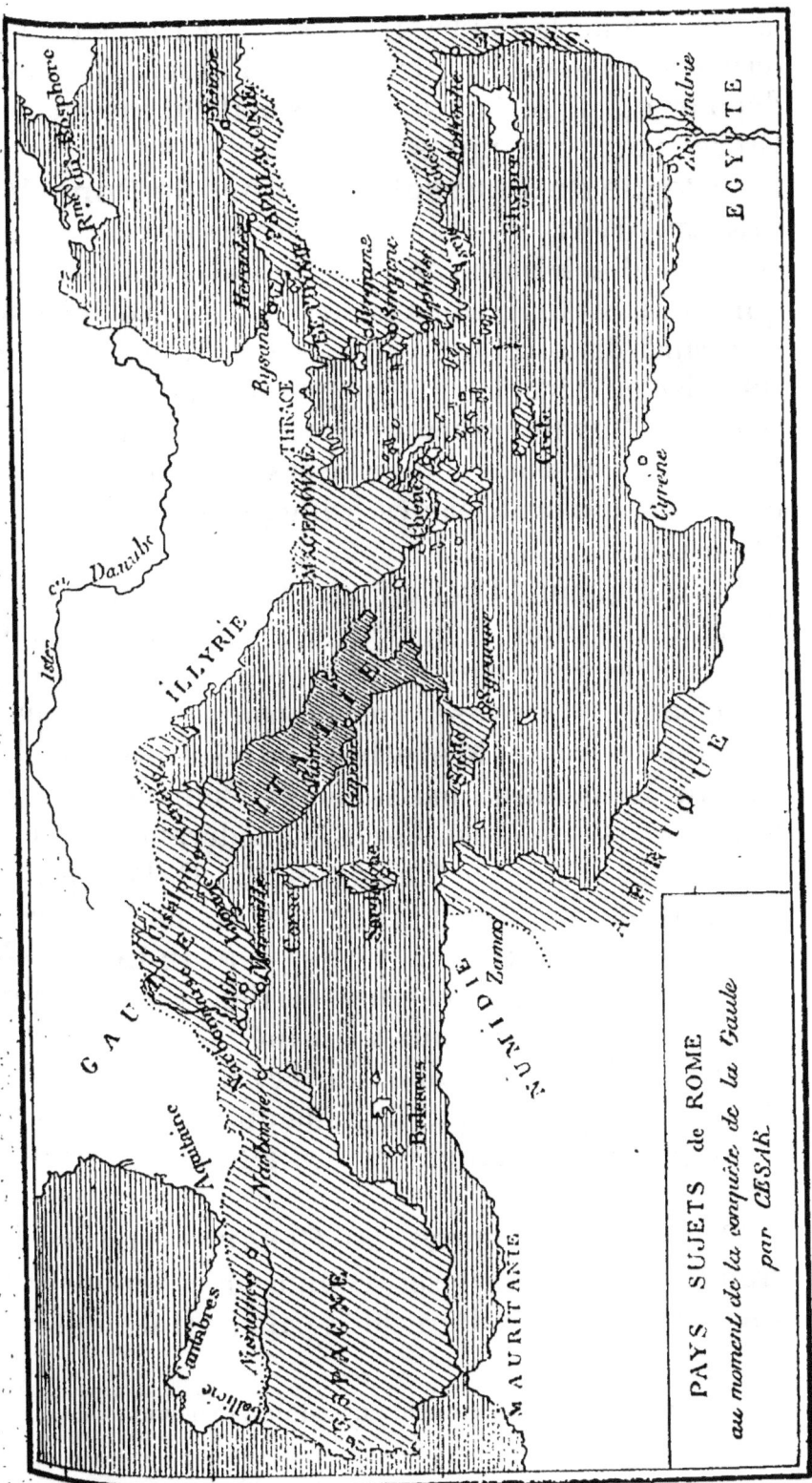

la rapidité de la foudre il marcha sur Rome consternée à son approche, tandis que Pompée, pris au dépourvu, en sortait avec le sénat et passait en Grèce, pour y réunir ses forces.

Bataille de Pharsale. — Mort de Pompée (48 av. J.-C.). — Les deux adversaires se rencontrèrent à **Pharsale**, en Thessalie ; la fortune qui avait si longtemps souri à Pompée lui fut contraire dans cette grande journée ; son armée fut mise en déroute et lui-même, obligé de fuir, se rendit en Egypte, espérant trouver un asile auprès de Ptolémée ; mais il périt assassiné par ordre de ce prince, qui crut, par ce crime, se rendre agréable à César.

Le vainqueur fit voile à son tour vers les rives du Nil ; il y punit le meurtrier de son rival en lui enlevant sa couronne pour la donner à sa sœur, **Cléopâtre**. César se porta ensuite en Afrique à la rencontre de **Métellus**, de **Scipion** et de **Caton le Jeune**, partisans de Pompée, qui y avaient rassemblé des forces considérables ; il les écrasa à la bataille de **Thapsus** (46). De là, il passa en Espagne où luttaient les deux fils de Pompée, **Cnéius** et **Sextus** ; il y eut à **Munda**[1] entre leurs armées une rencontre terrible ; César faillit y perdre la vie, et Cnéius y fut tué : les Pompéiens laissèrent 30 000 hommes sur cet horrible champ de bataille, qui marqua l'agonie du parti de la république. Le vainqueur rentra à Rome en triomphateur (45).

Dictature et mort de César. — Le sénat tremblant décerna à César, comme précédemment à Cicéron, le titre de Père de la patrie ; il le nomma

---

1. Aujourd'hui Ciudad-Ronda, au sud de l'Espagne.

dictateur perpétuel et l'investit de toutes les magistratures. Rome n'était plus libre ; mais, du moins, le maître qu'elle s'était donné avait conçu des projets dignes de son génie, dont l'exécution devait assurer la prospérité et la grandeur de la république.

César n'eut pas le temps de réaliser ses vastes desseins. Déjà, il avait ouvert le sénat aux Gaulois et donné le droit de cité aux étrangers ; il avait fondé des bibliothèques, amélioré les impôts, commencé un temple au Champ de Mars et réformé le calendrier ; il avait bien d'autres projets en vue. Mais un certain nombre de républicains, à la tête desquels étaient **Brutus** (pourtant son fils adoptif) et **Cassius**, n'avaient pas confiance en lui ; ils accueillaient ses promesses avec défiance ; ils ne lui pardonnaient pas d'avoir montré devant le peuple des opinions démocratiques avancées lorsqu'il voulait obtenir le pouvoir, et de confisquer les libertés publiques maintenant que son ambition était satisfaite. Le croyant décidé à rétablir la royauté à son profit, ils formèrent un complot contre sa vie et l'assassinèrent en plein sénat. Son corps, percé de vingt-trois coups de poignard, alla rouler inanimé au pied de la statue de Pompée (44).

Second triumvirat (43 av. J.-C.). — Le meurtre de César ne marqua pas le retour à la liberté.

L'ambitieux **Antoine** exploita à son profit le mécontentement de la plèbe pour obtenir la place laissée vide par la mort de son ancien général ; mais il vit ses plans renversés par l'arrivée à Rome d'Octave, jeune homme de dix-huit ans, neveu et fils adoptif de César. Après s'être livré sous les murs de Modène une bataille où Antoine fut vaincu, les deux rivaux eurent une entrevue et formèrent le **second triumvirat** en s'adjoignant **Lépide**, général de la cavalerie. Les triumvirs cimentèrent leur union en se livrant mutuellement leurs ennemis ; les proscriptions recommencèrent et furent aussi odieuses et peut-être plus sanglantes encore que celles de Marius et de Sylla.

Bataille de Philippes (42). — Fin de la république. — Cependant **Brutus** et **Cassius** s'étaient retirés en Orient pour se soustraire à la fureur populaire qu'avait déchaînée contre eux le meurtre du dictateur ; ils y avaient appelé toutes les forces du parti républicain et les avaient concentrées à Philippes, en Macédoine. Octave et Antoine les y rejoignirent, leur livrèrent la mémorable bataille qui décida sans retour du sort de la république ; ils avaient 113 000 hommes, et les républicains 100 000. La victoire, longtemps disputée, demeura aux triumvirs. Cassius et Brutus se donnèrent la mort ; la république expira avec eux (42 av. J.-C.).

Lutte entre Antoine et Octave. — Bataille d'Actium (31). — Les deux vainqueurs étaient maîtres du monde, ils se le partagèrent : Octave eut l'Occident ; l'Orient forma le lot d'Antoine ; le faible Lépide reçut la charge de grand pontife.

Mais les duumvirs n'étaient pas faits pour s'entendre longtemps ; leur rupture étant inévitable, Octave se prépara à en profiter.

Antoine ayant voulu se faire reconnaître comme maître indépendant dans l'Orient, Octave marcha contre lui. Les forces des deux adversaires, à peu près égales, s'entrechoquèrent à la bataille navale d'**Actium** (31) ; Antoine fut défait et se donna la mort. Cléopâtre se fit elle-même piquer par un aspic. Le vainqueur réduisit l'Égypte en province romaine (30 av. J.-C.).

QUESTIONNAIRE.

Ne se produisit-il pas une réaction après la mort de Sylla? — Parlez de la guerre des gladiateurs. — Que savez-vous de la conjuration de Catilina? — Que savez-vous de Sertorius? — Qui s'était élevé à la faveur de ces troubles et de ces guerres? — Faites le portrait de Pompée; — de César. — Qu'est-ce que le Rubicon? — Qu'est-ce que Brutus? — De qui se composa le premier triumvirat? — Parlez de la rivalité de César et de Pompée? — Qui fut vaincu à Pharsale? — Où César vainquit-il, en Afrique, les partisans de Pompée? — Où battit-il ses fils? — Parlez de la dictature et de la mort de César. — Dites ce que c'est que Cléopâtre. — Que devint l'Égypte? — Qui forma le second triumvirat? — Parlez d'Antoine. — Qu'est-ce que Lépide? — Qui fut battu à Philippes? — à Actium?

RÉCIT.

Mort de César. — Pendant la route, Artémidore de Cnide, qui enseignait à Rome les lettres grecques et savait une partie de la conjuration, vint pour remettre à César un écrit contenant un avis de ce qui se préparait; mais, voyant César, à mesure qu'il recevait des papiers, les remettre aux personnes de son entourage, il s'approcha le plus près qu'il put, et, remettant lui-même son écrit : « César, dit-il, lis ce billet seul et promptement; il contient un secret important, qui intéresse ton salut ». César le prit à la main et essaya plusieurs fois de le lire; mais il en fut toujours empêché par la foule de ceux qui venaient lui parler. Il entra dans le sénat, le tenant à la main, car c'était le seul qu'il eût gardé....

« Antoine, dont on craignait la fidélité pour César et la force de corps extraordinaire, fut retenu hors du lieu de l'assemblée par Albinus, qui engagea à dessein avec lui une longue conversation. Lorsque César entra, tous les sénateurs se levèrent pour lui faire honneur. Des affidés de Brutus, les uns se placèrent autour du siège de César; les autres allèrent au-devant de lui, pour joindre leurs prières à celles de Tillius Cimber, qui demandait le rappel de son frère; ils le suivirent, en redoublant leurs instances, jusqu'à ce qu'il fût arrivé à sa place. Il s'assit, en rejetant leurs prières; et, comme ils le pressaient toujours plus vivement, il leur témoigna à chacun en particulier son mécontentement. Alors Tillius Cimber lui prit la robe de ses deux mains, et lui découvrit le haut de l'épaule : c'était le signal dont les conjurés étaient convenus. Casca le frappa le premier de son épée; mais le coup ne fut pas mortel; le fer n'ayant pas pénétré bien avant, César se retournant vers lui, saisit son épée. Tous deux s'écrièrent en même temps, César en latin : « Scélérat de Casca, que fais-tu? » et Casca, s'adressant à son frère, en grec : « Mon frère, au secours! »

« Cependant les conjurés, tirant chacun son épée, environnent César de toutes parts; de quelque côté qu'il se tourne, il ne trouve que des épées qui le frappent au visage... Brutus lui-même lui porta un coup dans l'aine. Il s'était défendu, dit-on, contre les autres, et traînait son corps de côté et d'autre en poussant de grands cris. Mais quand il vit Brutus venir sur lui l'épée nue à la main, il se couvrit la tête de sa robe, et s'abandonna au fer des conjurés. Soit hasard, soit dessein formé de leur part, il fut poussé jusqu'au piédestal de la statue de Pompée, qui fut couverte de sang. Il semblait que Pompée présidât à la vengeance qu'on tirait de son ennemi... César fut percé, dit-on, de 23 coups; et plusieurs des conjurés se blessèrent eux-mêmes en frappant tous à la fois sur un seul homme.

Plutarque.

ONZIÈME LEÇON

L'empire.

Sommaire. — L'empire. — Règne d'Auguste. — Réformes et institutions. — Lettres et arts. — Guerres. — Chagrins domestiques et mort d'Auguste. — Naissance de Jésus-Christ. — Tibère. — Germanicus. — Néron. — Première anarchie militaire. — Galba. — Othon. — Vitellius. — Les Flaviens. — Les Antonins.

Puissance d'Octave. — La bataille d'Actium avait fait d'Octave le maître de 120 millions d'hommes. Le nord de l'Afrique, l'Espagne, la Gaule jusqu'au Rhin, une partie de la Bretagne, l'Italie, la Grèce, l'Asie et l'Égypte, c'est-à-dire tout le monde civilisé, reconnaissaient son autorité.

Empereurs de la famille d'Auguste. — La famille d'Auguste donna cinq empereurs ; voici leurs noms : Auguste, Tibère, Caligula, Claude, Néron.

Règne d'Auguste (30 av. J-C. à 14 après). — Octave avait été cruel par ambition : sous le nom d'Auguste, il se montra doux et bon par calcul. D'abord ce prince se garda de prendre le titre de roi, qui était resté odieux aux Romains. Ce peuple autrefois si fier et maintenant si dégénéré subissait volontiers la servitude ; mais il aurait été dangereux de lui rappeler qu'il n'était plus libre. Auguste laissa subsister la forme républicaine et se contenta de concentrer dans ses

Auguste.

mains tous les pouvoirs, de se rendre titulaire de toutes les fonctions, jusqu'à celle de grand pontife. Le titre d'*imperator* (empereur), porté jusque-là par tous les grands généraux, lui fut exclusivement réservé et lui donna dans les camps un pouvoir absolu. Ainsi, sans prendre les attributs du souverain, ce politique habile en eut toutes les prérogatives. Loin de se venger de ses ennemis, il leur pardonna et les traita avec amitié. Sa conduite généreuse envers *Cinna*[1], qui avait voulu l'assassiner, désarma tous ceux qui nourrissaient contre lui des projets criminels.

Réformes et institutions. — Par de nombreuses réformes et des institutions utiles, Auguste fit aimer son gouvernement. Les affranchissements trop multiples avaient donné accès dans la cité romaine à un nombre démesuré de *citoyens*, et ce titre, autrefois si respecté, était porté maintenant par une foule d'individus dégradés; pour remédier à cet abus, l'empereur défendit à tout propriétaire de donner par testament la liberté à plus de cent esclaves.

Un service des postes organisé dans tout l'empire y facilitait l'administration; les rues des villes durent être proprement tenues; Rome s'embellit de monuments superbes. Un plan cadastral fut dressé pour aider à établir une plus équitable répartition des impôts entre les provinces; les travaux publics, le commerce et l'industrie reçurent un grand développement.

Lettres et arts. — Par la protection qu'il accorda aux lettres et aux arts, Auguste mérita, comme Périclès à Athènes, de donner son nom à son siècle. C'est au siècle d'Auguste qu'appartiennent : **Cicéron**, auteur des *Catilinaires* et le plus grand orateur de l'antiquité, après le Grec Démosthène ; — **César**, auteur des *Commentaires*, dans lesquels il raconte sa guerre des Gaules ; — les poètes *Lucrèce*, *Ovide*, **Virgile** et **Horace** ; les historiens *Salluste*, *Tite-Live*, *Trogue-Pompée*,

---

[1]. Il le fit nommer consul.

Denys d'Halicarnasse ; l'architecte *Vitruve*, le géo-

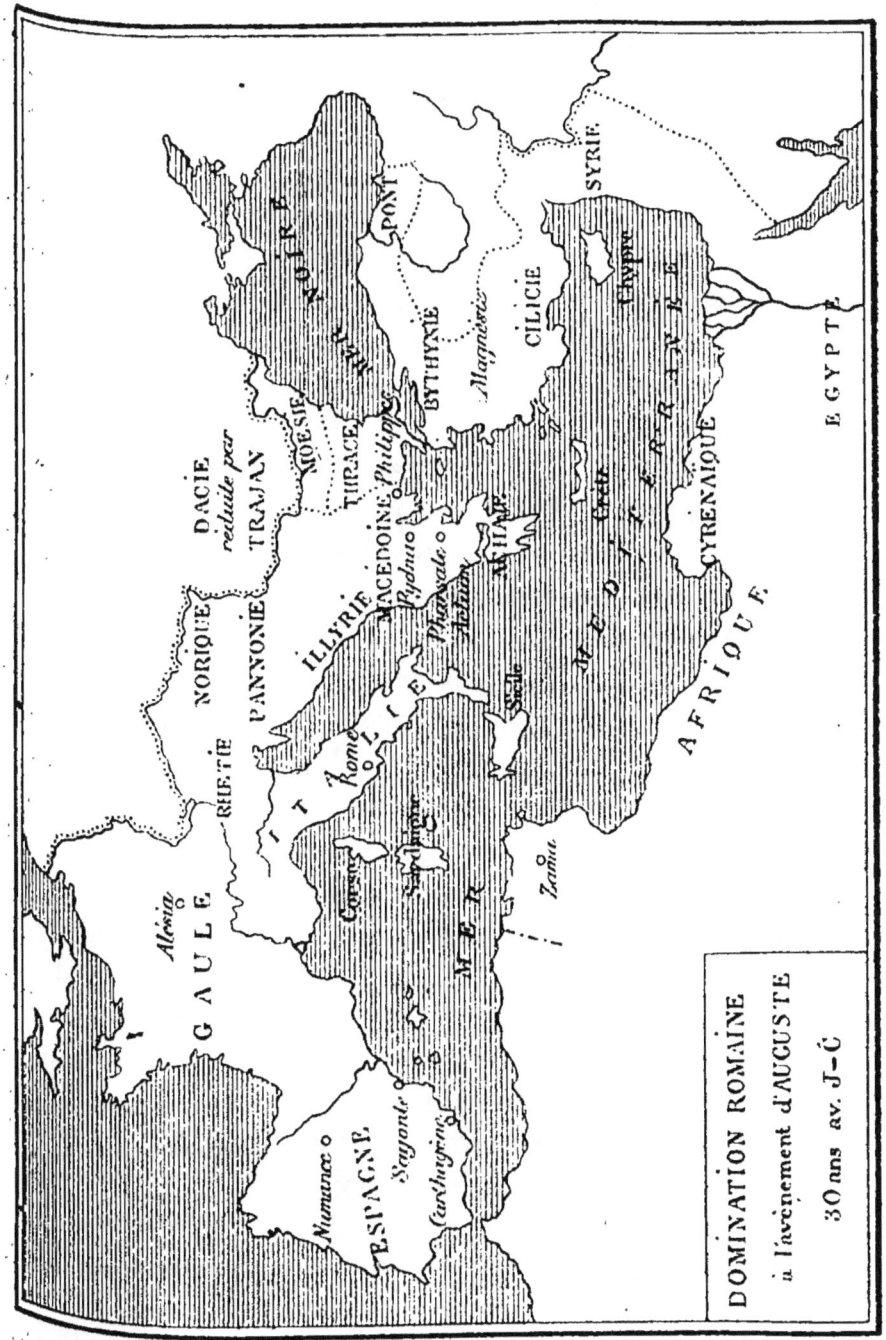

graphe *Strabon* et un grand nombre d'autres artistes ou écrivains de talent, qui vécurent pour la plupart dans la société du prince et de **Mécène**, son ami et leur protecteur.

Guerres. — Auguste trouvant l'empire démesurément étendu renonça à faire d'autres conquêtes; il se borna à assurer la soumission des vaincus. En Espagne, il réprima une révolte des Cantabres. Mais, en Germanie, ses armées subirent un sanglant échec : son général **Varus** périt avec quatre légions entières en combattant les peuplades belliqueuses et à demi sauvages de cette contrée, que leur chef vénéré **Arminius** avait appelées à l'indépendance.

Caractères du gouvernement. — La sagesse d'Auguste fut d'accaparer tous les pouvoirs en respectant les habitudes des Romains. Aucune magistrature ne fut supprimée, mais Auguste se réserva tous les pouvoirs et confia les fonctions devenues honorifiques à des amis sûrs. Il entoura les sénateurs de respect, mais leur enleva leurs prérogatives. En partageant les provinces, il se réserva le gouvernement de celles qui avaient besoin d'être surveillées, ce qui lui donnait la direction des forces militaires. Il confisqua les libertés des Romains, mais sans leur faire violence, et il les leur acheta chèrement par des jeux, des distributions et des constructions fastueuses : « J'ai trouvé une ville de briques, avait-il coutume de dire, et j'en laisse une de marbre [1]. »

Chagrins domestiques et mort d'Auguste. — Auguste ne fut pas heureux dans sa famille. Il perdit tous ses héritiers directs et se vit obligé d'adopter *Tibère*, fils de Livie, sa seconde femme.

---

[1]. A rapprocher de la politique de Napoléon qui, jusqu'en 1807, alors qu'il était souverain absolu, maintint sur les monnaies et les actes officiels les mots de *République française*.

Tibère adopta lui-même son neveu Germanicus.

Naissance de Jésus-Christ. — Sous le règne d'Auguste, **Jésus-Christ** naquit à Bethléem, ville de la tribu de Juda. Après sa mort, arrivée pendant que Tibère était sur le trône, le **christianisme** commença à se répandre dans l'empire ; il y devint sous Constantin la religion de l'État, après avoir triomphé de neuf persécutions sanglantes sous les empereurs Néron, Domitien, Trajan, Marc-Aurèle, Septime-Sévère, Maximin, Valérien, Aurélien et Galère.

Tibère (14-37). — Les empereurs de la famille d'Auguste apportèrent sur le trône la cruauté d'Octave. Après avoir été vertueux et sage pendant dix ans, Tibère commit des crimes honteux, et sa vie privée offrit l'exemple des plus criminelles passions. Ce n'en fut pas moins un homme d'État remarquable. **Séjan**, son ministre, âme corrompue et perverse, fut son mauvais génie avant de devenir sa victime.

Germanicus envoyé en Germanie pour venger les légions de Varus s'y couvrit de gloire. La popularité et les vertus de ce grand homme firent ombrage à l'empereur, qui le rappela et l'envoya en Asie où il le fit empoisonner. Tibère se retira à Caprée (île située dans le golfe de Naples) ; et c'est là que *Macron*, un de ses flatteurs, le fit étouffer entre deux matelas.

Après **Caligula (37-41)**, fils de Germanicus, qui fut débauché et cruel comme Tibère et, de plus, extravagant, les prétoriens proclamèrent **Claude (41-54).** — Claude devint le jouet de sa femme, l'odieuse *Messaline*, et de courtisans dépravés comme elle. Quand elle fut tombée sous le poignard de l'affranchi Narcisse, Claude la remplaça par *Agrippine*, sa nièce, fille de Germanicus et déjà mère de Néron ; mais l'ambitieuse Agrippine réussit, à force d'intrigues, à faire adopter Néron aux dépens de Britannicus, puis elle empoisonna Claude afin de s'emparer du pouvoir pour le compte de son fils.

Néron (54-68). — Élève du philosophe *Sénèque* et de l'austère *Burrhus*, Néron donna d'abord de grandes espérances.

Agrippine corrompit cette nature disposée au bien. Devenu un cruel tyran, il ordonna la mort : de sa mère, qui voulait le dominer ; de Britannicus, en qui il voyait un rival ; de Sénèque, le guide de son enfance ; de sa femme Octavie, fille de Claude. Un jour, à la suite d'une orgie, il incendia un quartier de Rome pour se distraire et fit retomber sur les chrétiens la responsabilité de ce crime. Néron ordonna contre eux la première persécution ; il se donnait le plaisir barbare d'illuminer ses jardins avec ces malheureux, dont il faisait allumer le corps vivant, préalablement enduit de poix.

Après avoir paradé sur les théâtres de Rome et de Grèce comme un histrion, il fut condamné par le sénat au dernier supplice. Néron se tua en prononçant ces paroles ridicules : *Quel artiste le monde va perdre!*

Première anarchie militaire (68-69); Galba, Othon, Vitellius. — Après une anarchie militaire pendant laquelle Galba, Othon, Vitellius se disputèrent tour à tour l'empire les armes à la main, Vespasien monta sur le trône.

Mœurs et idées. — Ce premier siècle marque un progrès considérable dans les idées philosophiques et sociales. Les mœurs s'adoucirent ; les idées de charité et de justice apparurent. Déjà la vie d'un esclave compte pour quelque chose. La législation se perfectionne et devient moins dure aux petits. Deux doctrines philosophiques se partagent les classes éclairées : l'*épicurisme*, dont on a exagéré les défauts, qui eut le tort de détourner de bons citoyens de la politique, mais qui leur apprit à bien mourir, et le *stoïcisme* qui enseigna aux hommes à souffrir sans plaintes, à vivre sans passions et à faire leur devoir. Abstiens-toi et soutiens-toi, disait leur maxime favorite.

Les stoïciens et en particulier Sénèque, le plus grand d'entre eux, plaidèrent la cause des esclaves qui sont nos frères et écrivirent de belles pensées sur l'amitié et la fraternité. Mais le stoïcisme, qui en bien des points, fut la préface du christianisme, eut le tort de faire l'apologie du suicide et de présenter la mort comme le remède légitime à tous nos maux.

Les Flaviens : Vespasien. — Titus. — Domitien.

Vespasien (69-79). — Vespasien fut un empereur énergique. Sous son règne, son fils Titus détruisit le temple de Jérusalem après un siège resté fameux, dans lequel périrent 1 300 000 Juifs. En Gaule, *Civilis* et *Sabinus* avaient appelé leurs compatriotes à l'indépendance; Vespasien les vainquit. En Grande-Bretagne, **Agricola**, le général le plus capable de l'empire, prépara la soumission définitive de ce pays.

Administrateur actif et habile, Vespasien opéra d'utiles réformes dans les finances; il encouragea les lettres et les arts, embellit Rome et fit construire le **Colisée**, immense amphithéâtre destiné aux combats des gladiateurs; il mit fin aux discordes civiles, releva l'autorité du sénat et procura à l'empire un repos et un bien-être qu'il n'avait pas connus depuis Auguste.

Titus (79-81), fils de Vespasien, vécut trop peu pour le bonheur de l'empire. Rome le surnomma les *délices du genre humain*. Son règne fut attristé par l'épouvantable éruption du Vésuve, qui ensevelit sous un amas de laves les villes de *Pompéi*, d'*Herculanum* et de *Stabies*. C'est dans cette catastrophe que périt Pline le Naturaliste.

Domitien (81-96). — Domitien[1] rappela par sa cruauté Tibère et Néron; il fit périr les citoyens les plus illustres: Agricola, qui venait d'achever la conquête de la Grande-Bretagne, ne fut pas épargné. L'impératrice fit poignarder Domitien pour échapper elle-même à la rage de ce tyran.

Les Antonins : Nerva. — Trajan. — Adrien. — Antonin. — Marc-Aurèle. — Commode.

Trajan (98-117). — La dynastie des Antonins rappelle l'époque la plus prospère de l'empire. Le vertueux **Nerva (96-98)** devint par le choix du sénat le successeur de Domitien. Le dernier acte et non le moins méritoire de son règne de deux années fut l'adoption de **Trajan**.

Rome ne compta guère de prince plus illustre que celui-ci. Guerrier habile il soumit la nation belliqueuse des Daces et réduisit leur pays en province romaine. (La Dacie était formée de la Moldo-Valachie actuelle.) En Asie, il rejeta les Parthes loin des frontières romaines, qu'ils violaient sans cesse, et y rattacha la Mésopotamie et l'Arabie.

A l'intérieur, Trajan fit régner partout une éton-

---

[1]. Les historiens désignent sous le nom de *Douze Césars* Jules César et les onze empereurs qui ont régné après lui jusqu'à Domitien.

nante prospérité. Par ses soins, de nouvelles routes furent tracées, des ponts jetés sur les fleuves en facilitèrent la traversée, des écoles s'ouvrirent et néanmoins les charges publiques diminuèrent ; une vigilance paternelle et ferme, sans cesse exercée sur les gouverneurs des provinces, prévint ou corrigea les abus ; le sénat, qui depuis longtemps n'était plus qu'un corps asservi, retrouva avec une certaine indépendance une partie de son ancien prestige. L'agriculture et le commerce reçurent des encouragements ; le *port d'Ancône* fut creusé, et à Rome la *colonne Trajane*, élevée sur le **Forum** (grande place publique), rappela les exploits de l'empereur. La gloire de ce prince serait sans tache si, s'élevant au-dessus des préjugés de ses contemporains, il avait su épargner aux chrétiens les horreurs d'une troisième persécution. Il mourut à Sélinonte, en Asie Mineure.

Adrien (117-138). — Adrien ayant été un des meilleurs généraux du règne précédent, on aurait pu craindre que le plaisir qu'il trouvait à la guerre ne lui fit entreprendre de nouvelles conquêtes. Il n'en fut rien. Adrien se borna à assurer la paix à l'intérieur de l'empire et à en protéger les frontières contre les barbares. En Grande-Bretagne, il fit construire un mur de 27 lieues de long pour mettre la province romaine à l'abri des continuelles incursions des Pictes (Écossais). En Judée, une révolte des Juifs entraîna la destruction totale de Jérusalem, bientôt reconstruite par l'empereur ; 600 000 Juifs périrent et les survivants de la dernière catastrophe de ce peuple infortuné furent vendus ou dispersés dans l'empire.

Sous l'administration bienfaisante d'Adrien, l'agriculture, le commerce, l'industrie, les travaux publics, les écoles reçurent une vive impulsion. La Gaule, en particulier, se couvrit de monuments magnifiques. C'est à Adrien que sont dus les arènes de Nîmes et le Pont du Gard. Ce prince parcourait lui-même les provinces, disant qu'un empereur *devait imiter le soleil, qui éclaire toutes les régions de la terre.* Le grand historien **Tacite** vécut de son temps.

Marc-Aurèle (161-169). — Après le paisible Antonin, Marc-Aurèle monta sur le trône. Ce prince fut surnommé le *Philosophe,* et si ce surnom signifie ami de la sagesse et de la vertu, il faut reconnaître que peu d'hommes dans l'antiquité méritèrent plus que lui de le porter. Scrupuleux observateur de ses devoirs d'homme privé et de souverain, sévère dans ses mœurs, Marc-Aurèle avança très loin dans la voie de la perfection humaine. Son livre intitulé *Pensées de Marc-Aurèle* est une œuvre admirable.

Ce grand prince fit respecter, en Europe, les frontières de l'empire pendant qu'en Asie ses lieutenants infligèrent aux Parthes un châtiment mérité et détruisirent Séleucie et Babylone. Marc-Aurèle mourut à Vienne, au retour d'une expédition victorieuse contre les Barbares.

Les Antonins s'étaient succédé par adoption, et non par l'hérédité, chacun choisissant pour régner après lui l'homme qui lui paraissait le plus digne du rang suprême. Marc-Aurèle eut la faiblesse de transmettre l'empire à son fils, l'indigne Commode, qui rappela les plus mauvais successeurs d'Auguste et fit perdre en quelques années tous les fruits d'un siècle de bon gouvernement.

QUESTIONNAIRE.

Que fit Octave quand il fut seul maître de la république? — Combien dura l'empire? — Quels pays comprenait-il? — Citez les empereurs de la famille d'Auguste. — Pourquoi dit-on le siècle d'Auguste? — Qu'arriva-t-il à Varus? — Quel fut le plus grand événement du règne d'Auguste? — Que savez-vous de Tibère? — De qui Caligula était-il fils? — Que savez-vous de cet empereur? — Parlez de Néron. — Qu'arriva-t-il après la mort de Néron? — Qu'est-ce que l'anarchie militaire? — Citez les empereurs flaviens. — Que savez-vous sur chacun d'eux? — Nommez les Antonins. — Que savez-vous de Trajan? — d'Adrien? — de Marc-Aurèle? — Que se passa-t-il après le dernier Antonin?

RÉCIT.

L'éruption du Vésuve. — Au moment de l'éruption, une foule épaisse dut se heurter dans les rues de Pompéi; les uns venant de la campagne pour se réfugier dans la ville, les autres fuyant les maisons incendiées pour chercher leur salut sous le ciel ouvert. Un des premiers tomba en avant, les pieds tournés vers la porte d'Herculanum; un autre sur le dos, les bras levés : il portait à la main cent vingt-sept pièces de monnaie d'argent et soixante-neuf pièces d'or. Un autre, également sur le dos ; fait étrange, ils moururent en regardant le Vésuve. Une femme tenant un enfant dans ses bras s'était abritée dans une tombe que l'éruption mura sur elle ; un soldat fidèle au devoir était resté debout à son poste devant la porte d'Herculanum, une main sur sa bouche, l'autre sur sa lance : il périt ainsi bravement. La famille de Diomède s'était réunie dans la cave où 17 victimes, des femmes, des enfants et la jeune fille, dont la gorge s'incrusta dans la cendre, furent ensevelies vivantes, serrées les unes contre les autres, tuées violemment par l'asphyxie, ou peut-être par la faim! Arrius Diomède s'était sauvé seul, abandonnant sa maison et n'emmenant avec lui qu'un esclave qui portait sa bourse : il tomba foudroyé devant son jardin. Que de malheureux encore dont nous savons la dernière heure! Le prêtre d'Isis qui, enveloppé par les flammes et ne pouvant se sauver dans la rue incendiée, perça deux murs avec sa hache, et, devant le troisième, exténué sans doute ou terrassé par le déluge, jeta son dernier râle en tenant toujours sa hache à la main. Et ces pauvres bêtes attachées, qui ne purent échapper : le mulet de la boulangerie, les chevaux de l'auberge d'Albinus, la chèvre de Siricus, qui alla se blottir dans le four de la cuisine où on l'a retrouvée récemment, sa clochette au cou. Et les prisonniers de la caserne des gladiateurs, rivés au râtelier de fer qui leur étreignait les jambes.

Marc Monnier.

DOUZIÈME LEÇON

Fin de l'empire.

Sommaire. — Les trente tyrans. — Dioclétien (284-306). — Ses réformes. — Augustes et Césars. — Abdication de Dioclétien. — Constantin le Grand. — Ses réformes. — Siège de l'empire à Byzance. — Edit de Milan. — Décadence irrémédiable de l'empire. — Successeurs de Constantin. — Julien l'Apostat. — Théodose le Grand. — Partage de l'empire.

Après une deuxième anarchie militaire pendant laquelle plus de trente rois (Valérien, Aurélien, Probus, etc.) passèrent sur le trône impérial, Dioclétien s'empara du pouvoir et répara le mal causé par une suite de guerres civiles.

Dès qu'il eut revêtu la pourpre, ce prince opéra une refonte complète des institutions impériales. Il subordonna tous les pouvoirs au pouvoir du souverain et entoura celui-ci d'un prestige que n'avaient pas eu jusque-là les empereurs. La cour de Dioclétien fut organisée sur le modèle des cours asiatiques : elle les égala par le faste et la magnificence ; lui-même se rendit d'un abord difficile, et s'il parut en public, ce fut toujours revêtu des insignes du souverain pouvoir.

Afin d'assurer l'inviolabilité des provinces contre les incursions incessantes des Barbares et d'y maintenir l'ordre, Dioclétien s'adjoignit pour collègue **Maximien** et lui donna le titre d'Auguste, qu'il avait pris lui-même. Mais Dioclétien, jugeant que ce n'était pas encore assez, voulut que chacun des deux Augustes s'associât un *César*, qui deviendrait son héritier présomptif : Galère fut le César de Dioclétien, et Constance Chlore (le Pâle) celui de Maximien.

L'empire fut alors divisé en quatre grandes parties : Dioclétien garda pour lui l'Asie et l'Égypte ; Maximien reçut l'Italie et l'Afrique ; Galère eut la Grèce, la Macédoine et les provinces illyriennes, et Constance Chlore l'Occident. Rome cessa d'être la capitale de l'empire : Dioclétien se fixa à Nicomédie, Maximien à Milan. L'Italie, qui jusqu'alors avait joui du privilège de ne payer aucun impôt, eut sa part des charges publiques, comme les autres provinces.

Abdication de Dioclétien (305). — Trouvant qu'il avait assez de gloire, Dioclétien descendit volontairement les degrés du trône et jeta son manteau de pourpre sur les épaules de Galère, impatient de régner ; Maximien le suivit, non sans quelque regret, dans la retraite, et les deux Césars prirent le titre d'Augustes.

Constantin le Grand (324-337). — Le lendemain même de la mort de Dioclétien, les inconvénients de sa réforme capitale, celle qui consistait à faire reposer le pouvoir sur plusieurs têtes, apparurent gros de dangers. Chacun des quatre nouveaux maîtres de l'empire voulut dominer ses collègues sans s'imposer à eux par des talents supérieurs, comme avait pu le faire Dioclétien. On vit, à un moment donné, jusqu'à six Augustes se disputer la suprématie les armes à la main (305-323). Au milieu de cette sanglante anarchie, cinq périssent sur les champs de bataille ou sont forcés de se donner la mort, laissant **Constantin**, fils de Constance Chlore, seul maître de l'empire.

Constantin.

Rome perdit sans retour son titre de capitale. L'empereur pensa qu'il ne pouvait sans imprudence et sans danger faire d'une ville qui conservait encore de nombreux souvenirs de liberté le centre de son gouvernement personnel : il transporta sa capitale sur les bords du Bosphore, à Byzance, qui, agrandie et embellie par ses soins, devint **Constantinople (330)**. Constantin acheva dans cette ville nouvelle son plan de réorganisation : il s'entoura d'un **conseil des ministres** ; créa une nouvelle noblesse et établit une hiérarchie sociale, la croyant indispensable dans un État monarchique. Son activité et ses victoires lui firent donner le surnom de **Grand** ; mais, esprit soupçonneux, âme cruelle et perfide, il mérita peu ce titre.

Le Christianisme. — Constantin protégea ouvertement le *Christianisme*. Par l'**Édit de Milan (313)** il mit la religion chrétienne au nombre des religions de l'empire. Le premier concile de Nicée, réuni par ses soins, en 325, condamna l'hérésie d'*Arius*, prêtre d'un district d'Alexandrie, qui niait la divinité de Jésus-Christ, et rédigea le *Symbole de Nicée*, qui fixa les dogmes de la foi catholique. L'empereur se fit lui-même chrétien et reçut le baptême quelque temps avant sa mort[1].

Décadence irrémédiable de l'empire. — Les essais tentés par Dioclétien et par Constantin pour régénérer l'empire étaient restés infructueux. Ce corps, que la corruption avait usé beaucoup

Arc de triomphe de Constantin.

plus que les siècles, n'était plus susceptible d'être rajeuni; il se mourait peu à peu sous l'influence de plusieurs causes fatales que le génie de quelques princes n'avait pu faire disparaître; indiquons-en quelques-unes :

1° C'était d'abord la trop grande étendue de l'empire, sans cesse en butte aux attaques des

---

1. A cette époque, le Christianisme avait déjà fait des progrès considérables dans l'empire, principalement dans les villes ; il pénétra plus lentement dans les campagnes. On appela **païens** les adorateurs des anciens dieux.

ennemis du dehors et désolé au dedans par la guerre civile.

2° Le système adopté par Dioclétien et par Constantin avait réduit le peuple à la plus affreuse misère, en faisant retomber sur lui un énorme surcroît de charges.

3° Sans cesse à court d'argent, les empereurs recoururent aux moyens les plus violents pour assurer la rentrée des impôts. Le plus désastreux fut celui qui contraignit les **curiales**[1] à se charger des fonctions de receveurs municipaux en les rendant responsables, sur leur fortune personnelle, de la rentrée des deniers publics. Il entraîna ainsi la ruine complète des petits propriétaires. Les colons gaulois, ne pouvant plus vivre de leur travail, se révoltèrent sous le nom de **Bagaudes** et établirent un camp redoutable sur les bords de la Marne (Saint-Maur-les-Fossés) ; ils furent exterminés par l'empereur Maximien.

4° La légion, si redoutable au temps où elle était attachée par intérêt à la patrie romaine, était devenue un mélange formé d'éléments pris un peu partout ; on y avait même introduit des esclaves et des Barbares ; de là étaient nées dans les rangs des armées romaines l'indiscipline et cette facilité avec laquelle les généraux avaient si souvent entraîné leurs soldats à la révolte.

Successeurs de Constantin (337-395). — Constantin en mourant avait partagé l'empire

---

1. Les curiales, dans l'empire romain, étaient des citoyens possesseurs d'au moins 6 hectares de terre ; seuls électeurs et éligibles, ils pouvaient être membres de la curie, c'est-à-dire *magistrats municipaux*. Après la chute de l'empire, le pouvoir municipal, ayant cessé d'être une cause de ruine pour ceux qui l'exerçaient, redevint en honneur ; il survécut aux invasions des Barbares et fut le type de la commune au moyen âge.

L'EMPIRE.

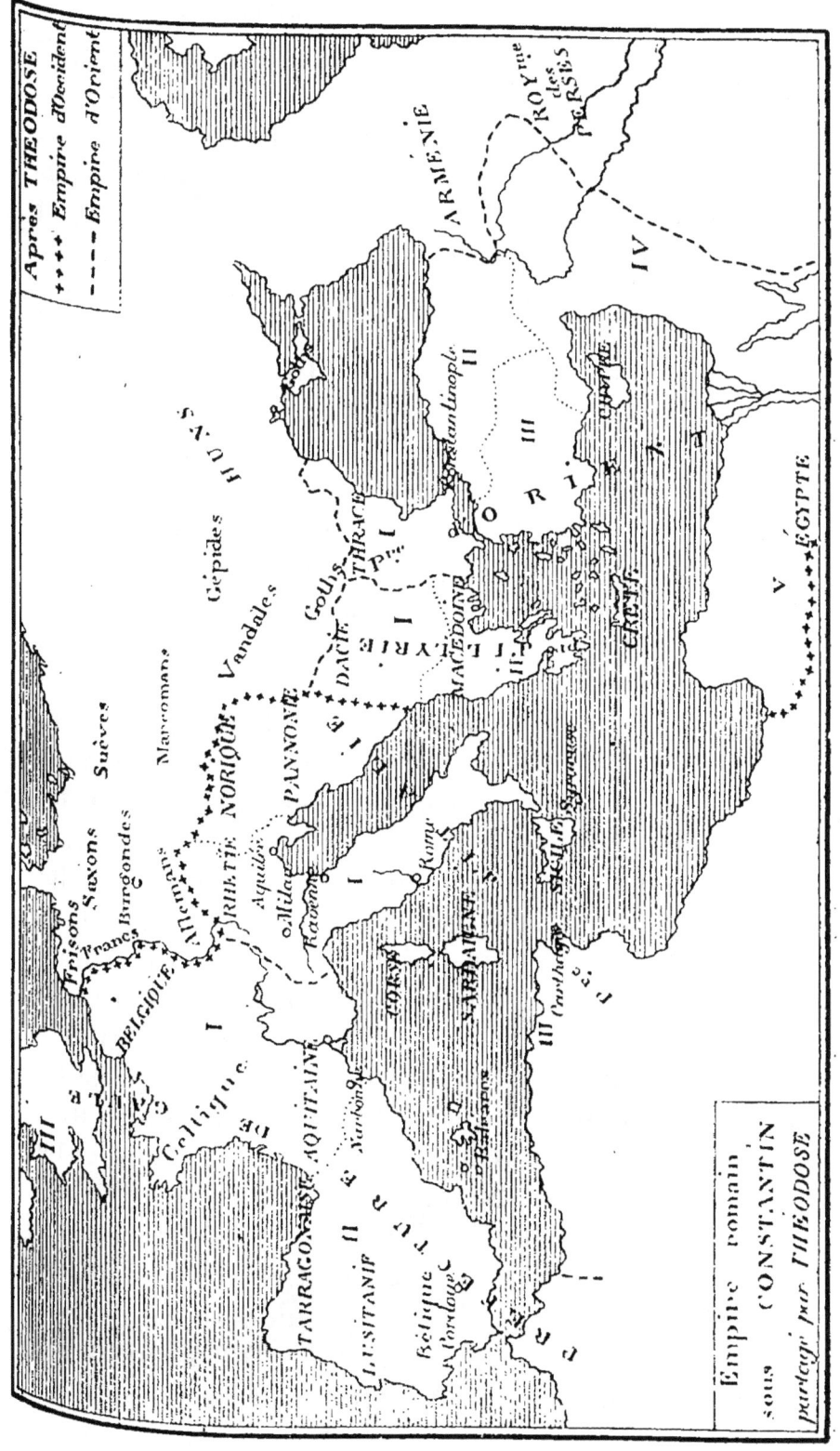

entre ses trois fils et plusieurs de ses neveux. C'était rouvrir l'ère des guerres civiles. Elles se terminèrent trois ans après par le triomphe de Constance, deuxième fils de Constantin. Le vainqueur s'adjoignit pour César *Julien l'Apostat*, son neveu, et le chargea de défendre l'Occident contre les Barbares, tandis que lui-même luttait en Orient contre *Sapor*, roi de Perse.

Les talents militaires de Julien, ses succès contre les Francs et les Allemands, qu'il rejeta derrière le Rhin, et les sympathies hautement avouées des soldats pour leur jeune général inquiétèrent Constance, qui voulut le disgracier. Julien répondit à cette menace en prenant la pourpre à Lutèce (Paris). Constance furieux quitta l'Orient pour marcher contre le rebelle ; il mourut avant d'arriver en Italie en désignant pour son successeur celui-là même qu'il allait combattre.

Julien (360-363) surnommé **l'Apostat** pour avoir renoncé au christianisme et cherché à rétablir dans l'empire le culte des faux dieux, réduisit les dépenses de la cour en supprimant des légions de serviteurs inutiles, et diminua d'un cinquième les impôts qui écrasaient ses peuples. Ce prince montra sur le trône aussi bien qu'à la guerre d'incontestables talents, mais ses efforts pour faire revivre le paganisme, qui n'avait presque plus de croyants, furent de sa part une faute morale et politique inutile. Il mourut, en Orient, dans une guerre contre Sapor.

Après la mort de *Valens*, qui périt à la bataille d'**Andrinople** (378) en combattant les Visigoths, de Valentinien Ier, de Valentinien II et de son secrétaire, le rhéteur *Eugène*, **Théodose le Grand** réunit encore un moment les deux empires

(379-394). Les qualités brillantes que ce prince avait montrées comme général, les talents politiques qu'il déploya sur le trône, et l'appui qu'il trouva dans les chrétiens, dont il protégea la foi, lui avaient permis de prolonger quelques années l'agonie de l'empire; mais il avait dû abandonner aux Visigoths la Médie et la Thrace. A sa mort, arrivée en 395, l'unité de ce vaste ensemble fut définitivement rompue. Il y eut, à partir de ce moment, deux empires bien tranchés : l'**empire d'Orient** et l'**empire d'Occident**. Cet événement mémorable marqua la fin des temps anciens et le commencement du moyen âge.

QUESTIONNAIRE.

Citez quelques-uns des changements opérés par Dioclétien dans le gouvernement. — Qui prit-il pour collègue? — Où se retira-t-il après avoir abdiqué? — Où ce prince se fixa-t-il? — Qu'est-ce qui rendait la décadence de l'empire irrémédiable? — Qu'est-ce que l'édit de Milan? — Que savez-vous de Julien l'Apostat? — Comment Théodose le Grand partagea-t-il l'empire? — Que marque cet événement?

RÉCIT.

Misère générale au IVᵉ siècle. — La misère était donc générale. « Tellement grande était devenue la multitude de ceux qui recevaient, en comparaison de ceux qui devaient payer, telle l'énormité des impôts, que les forces manquaient aux laboureurs, les champs devenaient déserts et les cultures se changeaient en forêts... Je ne sais combien d'emplois et d'employés fondirent sur chaque province, sur chaque ville, *magistri*, *rationales*, vicaires des préfets. Tous ces gens-là ne connaissaient que condamnations, proscriptions, exactions; exactions, non pas fréquentes, mais perpétuelles, et dans les exactions d'intolérables outrages... Mais la calamité publique, le deuil universel, ce fut quand le fléau du cens ayant été lancé dans les provinces et les villes, les censiteurs se répandirent partout, bouleversèrent tout : vous auriez dit une invasion ennemie, une ville prise d'assaut. On mesurait les champs par motte de terre, on comptait les arbres, les pieds de vigne. On inscrivait les bêtes, on enregistrait les hommes. On n'entendait que les fouets, les cris de la torture; l'esclave fidèle était torturé contre son maître, la femme contre son mari, le fils contre son père; et, faute de témoignage, on les torturait pour déposer contre eux-mêmes; et quand ils cédaient, vaincus par la douleur, on écrivait ce qu'ils n'avaient pas dit. Point d'excuse pour la vieillesse ou la maladie : on apportait les malades et les infirmes. On estimait l'âge de chacun; on ajoutait des années aux enfants, on en ôtait aux vieillards, tout était plein de deuil et de consternation. Cependant les animaux diminuaient, les hommes mouraient, et l'on n'en payait pas moins l'impôt pour les morts.

LACTANCE.

DEVOIRS.

Description d'une inondation du Nil. — Influence de l'Égypte sur la civilisation. — Décrire un palais assyrien. — Cyrus. — Exposer l'origine des Hébreux et leur rôle dans l'histoire. — Quels furent les résultats des guerres Médiques? — Périclès. — Démosthène. — Résultats des conquêtes d'Alexandre. — Parlez du gouvernement athénien. — Annibal. — Expliquer les succès des Romains. — Organisation du gouvernement à Rome. — Marius et Sylla. — Le gouvernement d'Auguste. — Les idées et les mœurs au premier siècle. — Origines et influence du Christianisme. — Constantin.

DEUXIÈME PARTIE

MOYEN AGE

TREIZIÈME LEÇON

Les invasions du V᷎ siècle.

Sommaire. — Royaume des Visigoths. — Royaume de Bourgogne. — Royaume des Francs. — Royaume des Vandales. — Invasion d'Attila. — Fin de l'empire d'Occident. — Royaume des Ostrogoths. — Royaume des Lombards. — Fragilité des monarchies barbares.

Les invasions barbares au V᷎ siècle. — Les principales invasions des Barbares dans l'empire d'Occident se produisirent en masse (car elles avaient depuis longtemps commencé sous une forme pacifique) dans le v᷎ et le commencement du vi᷎ siècle, et donnèrent naissance à des royaumes qui n'eurent, pour la plupart, qu'une courte durée. En 406, les peuples germains : Visigoths, Francs, Burgondes, Suèves, Vandales, Alains, débordèrent, comme des torrents, sur l'Italie, la Gaule et l'Espagne. Cinquante ans plus tard, les Huns franchirent, à leur tour, le Rhin, tandis que les Saxons et les Angles descendaient en Grande-Bretagne et y fondaient l'heptarchie anglo-saxonne. En 476, l'empire d'Occident fut renversé par les Hérules, bientôt remplacés, en Italie, par les Ostrogoths et par les Lombards.

Royaume des Visigoths (412-711). — **Alaric**, roi des Visigoths (Goths de l'Ouest, par rapport au Borysthène ou Dniéper), ayant obtenu d'Arcadius, grâce à une invasion en Grèce, la province d'Illyrie, s'y fortifia et, de là, envahit l'Italie (401). Repoussé une première fois par le brave et habile Stilicon, le seul homme d'État de cette triste période, il repassa en Illyrie pour reparaître, en 409, au delà des Alpes, prendre Rome par ruse et la livrer à un affreux pillage. Deux ans après, la mort délivra Honorius de ce redoutable adversaire.

Royaume de Bourgogne (406). — En l'année 406, les Burgondes et d'autres peuples, au nombre de six cent mille, marchant à la suite de **Radagaise**, chef des Suèves, qui envahissait l'Italie, se fixèrent le long de la Saône, du Rhône et en Helvétie, y fondèrent le royaume de Burgondie ou de Bourgogne, qui dura depuis 413 jusqu'à 534.

Ce pays atteignit rapidement un degré de civilisation supérieur à celui des autres royaumes barbares, et son code ou loi Gombette contient des dispositions d'une très grande élévation morale. La Bourgogne fut conquise et rattachée à la monarchie franque par Childebert et Clotaire, fils de Clovis. Au traité de Verdun, en 843, elle fit partie du lot de Charles le Chauve.

Au commencement du IXe siècle, le nord-ouest de la Burgondie s'était séparé du reste de la province pour s'attacher au royaume de France, et avait formé le duché de Bourgogne. Robert Ier, roi de France, abandonna ce duché, à

titre d'apanage, à son fils Robert, qui devint le père
de la première famille capétienne de Bourgogne.

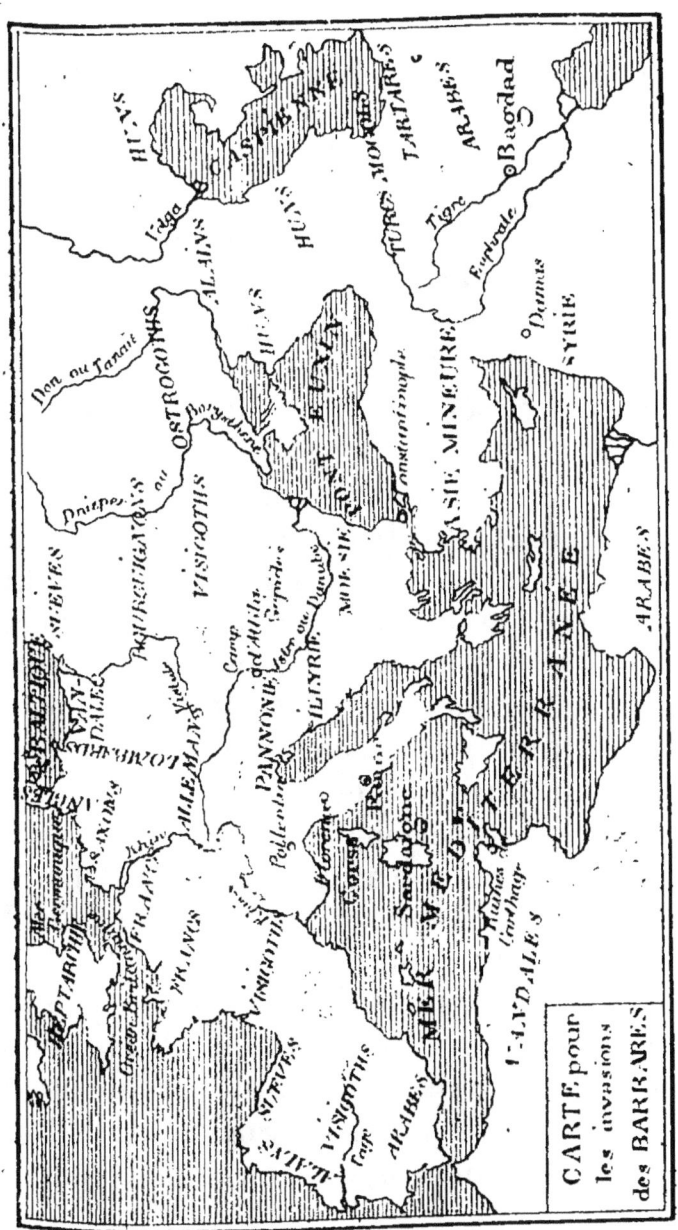

Royaume des Francs. — Les Francs se divisaient en plusieurs tribus; les principales étaient celles des **Saliens**, des Francs Chamaves, et des **Ripuaires**. Les Francs Saliens émigrèrent au IIIe siècle des bords du Weser vers les rives de l'Yssel ou Sala, dans la Batavie (Hollande). Le nom de Saliens leur vint probablement de cette rivière. Les Francs Ripuaires tirèrent leur surnom du voisinage du Rhin, où ils s'étaient établis (*ripa*, rive).

Vers l'an 287, l'empereur Maximien permit aux Francs Saliens de se fixer entre la Moselle et l'Escaut. Moins d'un siècle plus tard, par une faveur de Julien l'Apostat, qui venait de les vaincre, les Ripuaires occupèrent le territoire compris entre le Rhin et la Meuse.

Devenus ainsi les alliés de l'empire, les Francs en protégèrent les frontières contre les autres Barbares; mais, trop faibles pour arrêter la grande invasion, ils se mirent à sa suite et occupèrent le nord de la Gaule, depuis le Rhin jusqu'à la Somme. Ils avaient peut-être alors pour principal chef **Clodion**, qui les commanda de 428 à 448 (voir, pour plus de détails, notre *Histoire de France*, Cours supérieur).

Royaume des Vandales[1] (**406-533**). — Des bords de la Vistule qu'ils habitaient, les **Vandales** firent, pendant le IIIe et le IVe siècle, de nombreuses incursions dans l'empire, principalement dans les provinces de Dacie et de Pannonie. En 406, ils franchirent le Rhin, près de Mayence, précédés par les Alains, les Suèves et les Burgondes qu'ils poussaient devant eux; la Gaule et en-

---

1. Ce peuple ayant détruit, par ignorance et par sauvagerie, dans ses invasions, beaucoup de chefs-d'œuvre, le nom de *Vandales* est resté pour désigner quiconque détruit les œuvres d'art par méchanceté ou parce qu'il n'en comprend pas la valeur.

suite l'Espagne furent mises, par eux, à feu et à sang; ils s'arrêtèrent dans la Bétique, appelée depuis *Andalousie* (de Vandalicie), bientôt augmentée des provinces occupées par leurs compagnons, les Alains et les Suèves.

Franchissant ensuite le détroit de Gibraltar, ils abordèrent en Afrique, où Boniface, gouverneur romain tombé en disgrâce à la suite d'une intrigue de palais, les avait appelés. Leur roi **Genséric** s'empara de Carthage (439) après avoir été arrêté longtemps devant Hippône, héroïquement défendue par saint Augustin; il en fit sa capitale, soumit toute l'Afrique romaine et domina, par ses flottes, dans la Méditerranée. Il voulait, projet grandiose, ressusciter l'antique Carthage et devenir maître de la Méditerranée. Le barbare compléta son œuvre par la prise de Rome; l'ancienne capitale du monde fut saccagée et pillée pour la seconde fois. Les plus beaux chefs-d'œuvre du Capitole allèrent orner la vieille cité de Didon, relevée de ses ruines par Jules César, et redevenue presque aussi florissante qu'au temps des guerres Puniques.

Soixante-dix-huit ans plus tard, **Bélisaire**, célèbre général de Justinien, débarqua en Afrique; il reprit Carthage et fit *Gélimer* prisonnier à la bataille de Tricaméron; le dernier roi des Vandales défila, revêtu d'un manteau de pourpre, dans les rues de Constantinople, derrière le char triomphal de son vainqueur (533).

Les Huns. — Invasion d'Attila. — Les Huns étaient un peuple asiatique d'origine tartare. Après avoir étendu du côté de l'extrême Orient leur domination jusqu'à la Chine, ils étaient revenus vers le centre de l'Europe, où ils avaient soumis les Slaves et les nations germaniques. Ils se distinguaient entre tous les Barbares par leurs mœurs grossières et presque sauvages. Leur chef **Attila**[1], *le Marteau de l'univers* et *le Fléau de Dieu*, comme il se nommait lui-même, se vantait que l'herbe ne repoussait plus partout où son cheval avait passé.

Attila, qui s'était jeté sur l'empire d'Orient pour le rançonner, recula devant la fière attitude de **Marcien**. — *J'ai de l'or pour mes amis et du fer pour mes ennemis*, lui fit dire l'empereur (450). Le barbare n'osa pas engager la lutte ; il se dirigea vers l'Occident, franchit le Rhin au-dessous de Mayence et se jeta sur la Gaule. A son approche, les Parisiens, épouvantés, se préparaient à fuir ; **Geneviève** les retint en leur assurant qu'Attila n'approcherait pas de leur cité ; elle disait vrai : les bandes des Huns se concentrèrent entre la Somme et la Marne et, laissant de côté Paris (Lutèce), allèrent mettre le siège devant Orléans.

Bataille de Châlons-sur-Marne (451). — Tandis que la ville héroïque d'Orléans, excitée à la résistance par son vaillant évêque, saint Aignan, tenait tête aux Barbares, **Aétius**, général romain, s'approchait à la tête de toutes les forces de la Gaule. *Théodoric II*, roi des Visigoths, les Bourguignons, les Armoricains, les Francs Saliens et leur chef **Mérovée** étaient accourus se ranger sous son commandement. Attila alla prendre position dans les plaines Catalauniques, aux environs de **Châlons-sur-Marne**, où sa nom-

---

1. On ne sait au juste quel chemin suivit Attila dans sa marche en Gaule. Il est permis de croire qu'il passa par la Champagne et menaça Troyes, décrivant ainsi un cercle autour de Paris. Mais la chose est contestée. Ce qui ne l'est pas, c'est l'héroïsme des évêques en cette occasion (saint Loup, saint Aignan, etc.).

breuse cavalerie pouvait se mouvoir, et y engagea la bataille ; elle fut horrible. Théodoric y périt, les Huns éprouvèrent des pertes énormes.

Attila, trop affaibli pour pouvoir essayer une revanche, quitta la Gaule et alla se venger sur l'Italie de sa défaite ; il rasa *Aquilée* et mit au pillage le nord de la péninsule ; il accéda cependant aux prières du pape et n'entra pas dans Rome ; les Vénètes, fuyant devant ses hordes, cherchèrent un refuge dans les lagunes de l'Adriatique et y fondèrent Venise.

Le terrible roi des Huns mourut deux ans après dans son camp, en Hongrie (453). Son empire, qui touchait d'une part à la Chine, du côté du nord à la Suède, du côté du sud aux Balkans, ne lui survécut pas.

Fin de l'empire d'Occident (476). — L'empire d'Occident, réduit et affaibli, succomba en 476. **Odoacre**, chef des Hérules, peuple d'origine germaine, se mit à leur tête et envahit l'Italie ; il défit *Romulus Augustule*, dernier empereur de Rome, et l'envoya en exil ; il substitua dans la péninsule la royauté à l'empire, et reçut de l'empereur d'Orient le titre de *patrice* (gouverneur). Ce simulacre d'investiture sauvegardait, pour l'empereur de Constantinople, l'illusion de la suzeraineté sur l'Italie et les lambeaux de territoire qui en dépendaient encore. De plus, il donnait à celui qui en était investi une autorité beaucoup plus respectée sur les populations gallo-romaines de l'Occident.

Royaume des Ostrogoths (493-568). — **Théodoric.** — La monarchie des Hérules ne dura que dix-sept ans. **Théodoric**, chef illustre des Ostrogoths (Goths de l'Est), établis en Illyrie, fondit sur l'Italie avec toute sa nation; il vainquit Odoacre dans plusieurs batailles, l'assiégea dans Ravenne et le fit mettre à mort (493).

La puissance de Théodoric se développa rapidement; à l'Italie soumise il ajouta l'Illyrie, la Panonnie (Hongrie), le Norique (Autriche) et la Rhétie. Après la défaite et la mort d'Alaric II, à la bataille de *Vouillé*, Théodoric devint le chef de toute la nation des Goths et étendit sa domination jusqu'au fond de l'Espagne. L'ancien empire d'Occident lui obéissait presque tout entier; l'empereur d'Orient, le roi des Vandales et d'autres puissants princes s'honoraient de son amitié.

Administration. — Les qualités supérieures que Théodoric avait montrées sur les champs de bataille, il les retrouva pour administrer sagement les peuples qu'il avait vaincus par les armes; il respecta leurs croyances religieuses aussi bien que leur législation et leurs coutumes. « Je veux, disait-il, que les habitants de mon empire regrettent de n'avoir pas toujours été mes sujets. » Il encouragea l'industrie et l'agriculture; les lettres et les arts, bannis par les Barbares, trouvèrent un asile chez les Ostrogoths. *Cassiodore*, ministre de Théodoric, fut auprès de lui comme un nouveau Mécène, toujours prêt à récompenser le vrai mérite; *Symmaque*, l'évêque *Ennodius*, le philosophe *Boèce* jouirent des faveurs de ce prince éclairé.

Théodoric mourut en 526. Après lui, la puissance des Ostrogoths dégénéra rapidement; les deux royaumes goths se séparèrent une seconde fois, et celui que ce grand prince avait fondé en Italie devint, quarante ans après, la proie des Lombards (568).

Royaume des Lombards (568-774). — Sous les derniers successeurs du grand Théodoric, l'empereur d'Orient Justinien avait ressaisi l'Italie et quelques autres provinces occidentales ; mais sa domination dans la péninsule ne devait pas remplacer longtemps celle des Ostrogoths. Le successeur de Justinien ayant disgracié *Narsès*, qui gouvernait l'Italie avec le titre d'*exarque*, celui-ci, pour se venger, appela les **Lombards** au delà des Alpes.

Ces nouveaux Barbares, originaires des bords de l'Elbe et de l'Oder, étaient redoutés pour leur férocité ; on disait qu'ils se faisaient des coupes avec les crânes de leurs ennemis. A leur approche, les populations italiennes, épouvantées, prirent la fuite, les villes se défendirent à peine ; **Alboin**, leur chef, entra dans Pavie et s'y fit proclamer roi.

La puissance des Lombards commença à être redoutable sous *Luitprand* (712-744) ; elle atteignit son apogée avec *Astolphe* (749-756). Astolphe étendit sa domination sur la plus grande partie de la péninsule ; il enleva Ravenne à l'empire d'Orient et mit fin à l'exarchat ; il voulut même s'emparer de Rome, qui avait chassé le gouverneur envoyé de Constantinople et s'était constituée en république, sous la suprématie du pape ; mais il y rencontra Pépin le Bref, accouru au secours du pontife : Astolphe fut vaincu ; il perdit le territoire de Rome et la Pentapole[1], qui devinrent le noyau du pouvoir temporel des papes.

Didier, successeur d'Astolphe, vit succomber la monarchie lombarde. Charlemagne, qu'il avait

---

1. Réunion de cinq villes, dans lesquelles était compris Ancône.

mécontenté en donnant asile aux fils de Carloman, passa en Italie ; il fit Didier prisonnier dans Pavie, l'enferma dans un cloître et plaça lui-même sur sa tête la couronne de fer des rois lombards (774). Il laissa l'administration du royaume à des princes lombards qui furent bientôt remplacés par des comtes francs.

Fragilité des monarchies barbares. — De tous les royaumes barbares fondés en Occident, un seul, celui des Francs, survécut grâce à son alliance avec l'Église. Les autres, chrétiens mais hérétiques, disparurent rapidement, faute de cet appui. Les évêques jouissaient alors d'une grande influence morale ; Clovis, qui était un fin politique, en comprit tout le prix et ne négligea rien pour en bénéficier. Il se fit le défenseur du clergé orthodoxe, et celui-ci, à son tour, réussit à lui gagner la soumission et la sympathie des peuples. Cette union des Francs et de l'Église devait se continuer pendant des siècles.

QUESTIONNAIRE.

En quelle année eut lieu la grande invasion des Barbares ? — Que savez-vous sur les mœurs et les coutumes des Francs ? — Les rois francs étaient-ils puissants en temps de paix ? — Que savez-vous des Huns ? — Quel était leur chef ? — D'où venaient-ils ? — Racontez la mort d'Attila. — En quelle année l'empire d'Occident fut-il détruit ? — Qui le renversa ? — Odoacre resta-t-il longtemps maître de l'Italie ? — Qui l'y remplaça ? — Que savez-vous sur Théodoric ? — Qui appela les Lombards en Italie ? — Parlez des Lombards. — D'où venait la fragilité des monarchies barbares ?

RÉCIT.

Les Huns. — Venus des steppes glacées de l'Asie, et poussant devant eux les hordes effrayées des Barbares, ils s'étaient répandus sur les plaines de la Volga au Danube. Ils traînaient avec eux leurs troupeaux et d'immenses chariots dans lesquels étaient entassés les enfants et les femmes et les ustensiles nécessaires, tels qu'on voit aujourd'hui les bohémiens, réfractaires de la civilisation, traverser nos villages. Affreux avec leurs pommettes saillantes et pointues, leurs yeux profondément enfoncés dans l'orbite, leurs cheveux huileux sur les épaules, la bouche largement fendue, ils ajoutaient encore à l'horrible de leur visage par des entailles profondes destinées à faire reculer l'ennemi. Habiles cavaliers et montés sur des chevaux agiles et petits, ils allaient des jours entiers, vivant en quelque sorte sur leur selle et s'y nourrissant de racines crues et de chair mortifiée sur le dos de leurs chevaux. Avec leurs arcs, leurs lances faites simplement d'un os pointu, ils avaient terrorisé l'Orient et effrayé l'Occident. Sous Attila, ils faillirent devenir les maîtres de l'Europe. Fils de Mundzouk, assassin de son frère, Attila régnait sur ses bandes en maître absolu. L'Allemagne lui livra passage, le Rhin s'ouvrit devant ses chevaux, et, semant derrière lui la mort et la famine, celui qui se vantait de faire manger son cheval sur l'autel de Saint-Pierre, se heurta aux bataillons de la Gaule. Le choc fut terrible, et, s'il fallait en croire les contemporains, les ruisseaux de la plaine roulèrent du sang pendant trois jours. Mais, au soir, tout céda, les Huns étaient vaincus par les Romains, le farouche Odin par Jésus-Christ. Les vainqueurs pénétrèrent pêle-mêle dans le camp barbare qui retentissait des cris horribles poussés par les femmes, mais ils s'arrêtèrent devant un spectacle grandiose. Au sommet d'un bûcher formé de selles de chevaux, Attila se tenait debout ; ses guerriers, rangés au pied, tenaient en leurs mains des torches résineuses pour anéantir à la fois le chef et le camp. Aétius se sentit faible devant ce désespoir sauvage : il laissa fuir les Huns vaincus, qui disparurent dans la nuit en poussant de terribles hurlements.

Rentré dans son *ring* au milieu des plaines de la Hongrie, Attila se disposait à épouser son esclave, Ildicirco, quand la peste brutale pénétra sous les tentes de peaux de bête et acheva l'œuvre d'Aétius : Attila fut un des premiers atteints. Quand le chef fut mort, ses soldats se labourèrent le visage à coups de sabre, et, pleurant ainsi des larmes sanglantes, ils lancèrent leurs chevaux dans des fantasias échevelées à la manière des Orientaux. Attila fut brûlé avec tout ce qu'il possédait sur un bûcher fait de bois odoriférants, et quand la dernière fumée se fut dissipée, la coupe symbolique circula de main en main en l'honneur d'Odin, dieu de la guerre et de la mort, et du nouvel habitant du Valhalla. Mais avec Attila, l'empire des Huns croula : les derniers soldats vécurent entre la Theiss et le Danube, et lorsque, quatre siècles après, sous le nom de Hongrois, ils essayèrent de conquérir à nouveau l'Occident, ils subirent une nouvelle et irrémédiable défaite.

C. G.

QUATORZIÈME LEÇON

Empire d'Orient ou Bas-Empire.

SOMMAIRE. — **Justinien**. — Exploits de Bélisaire et de Narsès. — Conspiration des cochers. — Théodora. — Administration de Justinien. — Codification des lois romaines. — **Héraclius**, ses succès et ses revers. — Décadence de l'empire (527-717).

A Constantinople, Arcadius, empereur d'Orient, jouet de ses ministres, le Gallo-Romain **Rufin**, l'eunuque **Eutrope** et **Gaïnas**, qui se disputèrent ses faveurs, ne joue qu'un rôle effacé. Rufin, jaloux des talents et de l'influence de Stilicon, qui aspirait à gouverner les deux empires, appelle les Barbares. Il périt assassiné par Gaïnas. « Sa tête fut promenée dans les rues de Constantinople. Sa main droite coupée accompagnait sa tête. Un caillou introduit dans la bouche du mort la tenait ouverte, et les lèvres entre-bâillées étaient censées demander l'aumône que la main attendait : satire populaire d'une effroyable énergie contre l'exaction et le pouvoir. »

CHATEAUBRIAND.

Après Théodose II, Marcien se montre ferme devant Attila. Justin, fils d'un paysan, arrivé par ses talents au grade de général, lui succède et prépare le règne glorieux de Justinien, son neveu.

Justinien (525-567). — Justinien a été le plus illustre des empereurs d'Orient. Il attira à lui les hommes de génie et dut en partie l'éclat de son règne à leurs services ou à leurs lumières. Le célèbre général **Bélisaire** détruisit le royaume des Vandales; il commença sur les Ostrogoths la conquête de l'Italie, achevée par Narsès, enleva aux Visigoths une partie de l'Espagne, et reconstitua presque en entier l'empire d'Occident.

En Orient, Bélisaire repoussa les Perses, les Slaves et les Bulgares, ennemis de l'empire. Pour de si éclatants services, ce grand homme ne trouva auprès de son maître que la plus noire ingratitude; il fut disgracié et mourut oublié et misérable. C'est lui pourtant qui avait réprimé en 532 la conspiration des cochers.

Administration. — Justinien eut la gloire incontestable de protéger les arts, de faire codifier les lois romaines et d'opérer, à l'intérieur, d'utiles réformes. Il fit élever la basilique de Sainte-Sophie, qui est encore de nos jours le plus beau monument de Constantinople. C'est là que, pour la première fois, fut employée la forme de la coupole. Partout, dans l'empire, des constructions utiles et magnifiques (pont sur le Danube, théâtres, muraille élevée contre les Slaves) ornèrent les villes ou facilitèrent les relations.

Des jurisconsultes de talent, et en particulier le fameux Tribonien, refondirent et mirent en

6

ordre la législation romaine. Les *Pandectes* ou le *Digeste*, les *Institutes*, les *Novelles* sont restés des monuments de la science du droit. Faites dans l'intérêt du pouvoir despotique des empereurs, les lois romaines se ressentent de l'esprit qui les a dictées. La plupart des législations du moyen âge et des monarchies absolues qui se fondèrent plus tard en Europe étaient calquées sur les lois romaines.

Décadence de l'empire d'Orient. — L'empire d'Orient atteignit sous Justinien l'apogée de sa grandeur. Il comprenait l'Égypte et toute l'Afrique qu'avaient possédée les Romains, la Syrie, toute l'Asie Mineure, la Chersonèse ou Crimée, tous les pays situés à gauche du Danube et de la Saxe, en entier l'Italie et le sud-est de l'Espagne. Il déclina rapidement après ce prince. **Héraclius (610-641)**, son cinquième successeur, lui redonna un éclat momentané, dans la première moitié de son règne. Il repoussa pendant dix ans les Avares, qui menaçaient Constantinople; il poursuivit jusqu'au seuil de leur capitale les rois de Perse Chosroès et Siroès et se fit remettre la vraie croix, que les Perses avaient prise à Jérusalem.

Mais l'empereur, attaqué, à son tour, par les Arabes, sectateurs de Mahomet, et abandonné des siens, se vit forcé, après avoir essuyé une sanglante défaite sur les bords du Yermouk, de leur abandonner la Palestine, la Syrie et l'Égypte. Sa famille occupa jusqu'en 717 un trône déjà méprisé.

QUESTIONNAIRE.

Qui gouverna l'Orient au nom d'Arcadius? — Comment mourut Rufin? — Quel fut le plus illustre empereur d'Orient? — Quel fut le plus célèbre général de Justinien? — Racontez ses exploits. — Racontez la conspiration des cochers. — Parlez de l'administration de Justinien. — Parlez d'Héraclius.

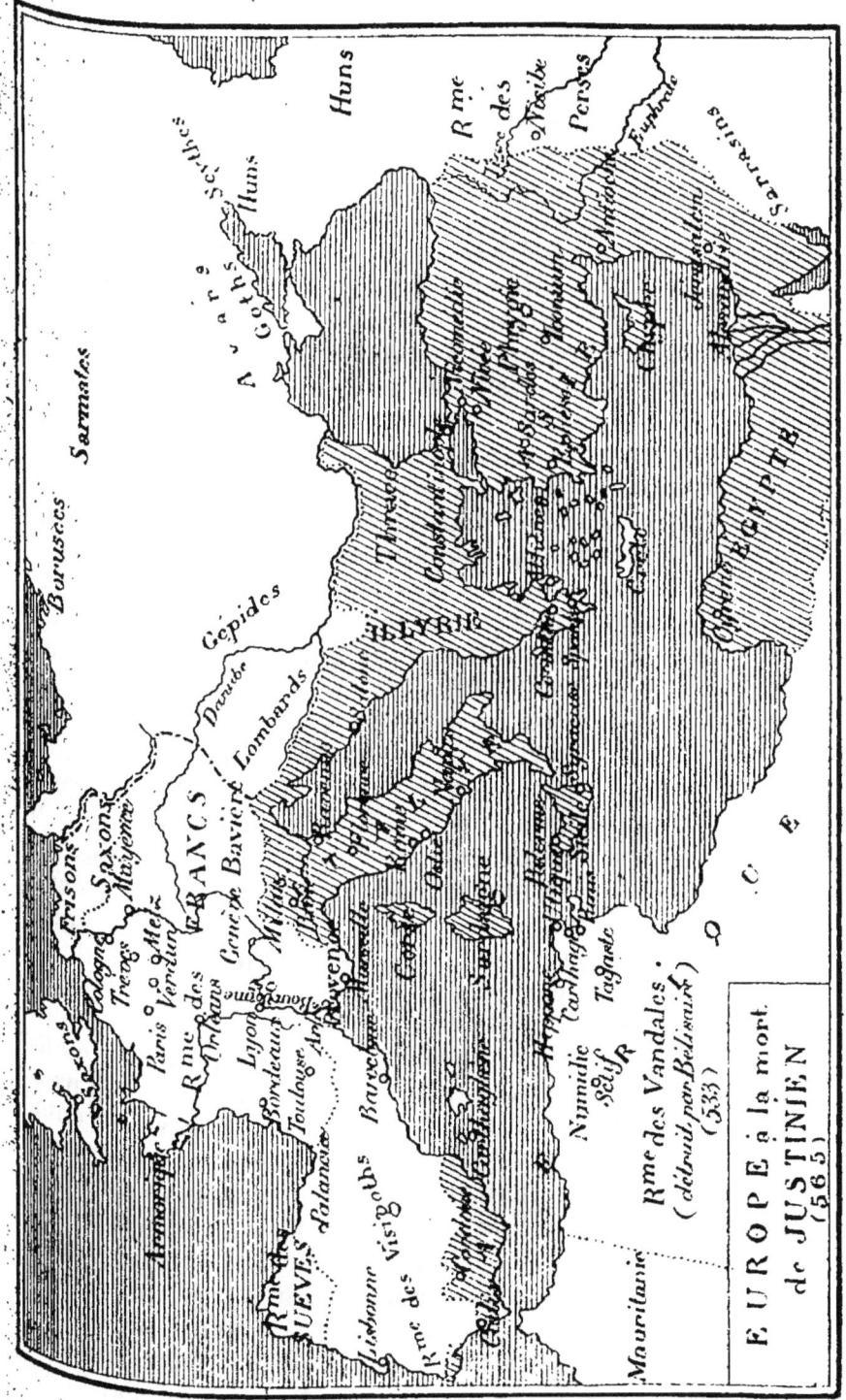

RÉCIT.

La sédition Nika. — « La mauvaise conduite de Justinien, dit Montesquieu, ses profusions, ses vexations, ses rapines, sa fureur de bâtir, de changer, de réformer, son inconstance dans ses desseins, un règne dur et faible, devenu incommode par une longue vieillesse, furent des malheurs réels mêlés à des succès inutiles et à une vaine gloire. » Il fut surtout bien servi. S'il n'avait pas eu des jurisconsultes comme Tribonien, des généraux comme Bélisaire et Narsès, si indignement traités par Théodora, il n'aurait rien fait par lui-même. Sans énergie comme sans grandeur, il se plaisait aux vaines arguties d'école et aux disputes écœurantes des cochers du cirque.

Depuis longtemps, une rivalité existait entre la populace de Constantinople, qui applaudissait les cochers verts, et l'empereur, dont les sympathies étaient acquises aux cochers bleus. Un dimanche que la foule s'entassait sur les bancs de l'amphithéâtre et que Justinien, revêtu des insignes impériaux, présidait dans sa loge aux courses, un conflit s'éleva entre les verts et les bleus. L'empereur prit ostensiblement parti pour ses favoris, et la populace, déjà exaspérée par les impôts qui pesaient sur elle, murmura sourdement. L'empereur s'enfuit dans son palais, suivi de ses gardes, et les spectateurs, livrés à eux-mêmes, descendirent dans l'arène, maltraitèrent et tuèrent les cochers bleus. Puis le nombre des émeutiers s'augmentant peu à peu, la colère publique déborda dans les rues. Mille cris retentissaient ; ce n'était plus de courses ni de théologie qu'il s'agissait. C'est la tête de Justinien qu'on demande. Bientôt l'empire est déclaré vacant ; les riches propriétaires fuient éperdus de l'autre côté du Bosphore ; les palais sont mis à sac, les églises incendiées, et les révoltés entourent déjà le palais impérial de leurs bataillons audacieux. Un neveu de l'empereur, Hypatius, traversait la rue pour se cacher. On s'empare de lui ; on le jette dans une litière, et malgré ses protestations on le proclame empereur. Justinien considérait le trône comme perdu. « Prenons, disait-il à sa femme, nos trésors et fuyons sur notre navire vers l'Asie. » Déjà les serviteurs s'empressent ; mais Théodora qui, sortie des loges du cirque et ancienne gardienne d'ours, débauchée et coquette, avait cependant apporté

EMPIRE D'ORIENT OU BAS-EMPIRE.

sur le trône l'énergie et la dignité qui manquaient à son époux : « Fuyez, lui dit-elle, moi je reste, estimant que pour une impératrice un trône est un glorieux tombeau ». Bélisaire reçut alors l'ordre d'agir vigoureusement. Les révoltés, repoussés de rue en rue, furent cernés dans le cirque, où ils furent massacrés sans pitié. Quant à Hypatius, il paya de sa tête le caprice des habitants de Constantinople.

C. G.

QUINZIÈME LEÇON

L'Islamisme.

SOMMAIRE. — Les Arabes. — **Mahomet**. — Le Coran. — Les premiers califes. — Conquêtes des Arabes. — Morcellement de l'empire musulman. — Les Ommiades. — Les Abbassides. — Califats de Cordoue et de Bagdad. — Civilisation arabe.

Les Arabes. — Mahomet (570-632). — L'Occident sortait à peine du chaos où l'avaient plongé les invasions des Barbares, au moment où Mahomet fondait, en Orient, un empire nouveau, basé sur une religion nouvelle, différente de celle du Christ.

Cet homme extraordinaire naquit à la Mecque, en 570 ; il était issu d'une famille sacerdotale, mais ses parents l'avaient laissé, de bonne heure, orphelin et sans fortune ; son oncle, Abou-Taleb, le recueillit et l'éleva. Longtemps le jeune Mahomet mena la vie errante des Arabes et fut même conducteur de caravanes. A l'âge de dix-sept ans, il rendit un grand service à sa cousine nommée Khadidjah, qui, séduite par ses qualités et sa vive intelligence, le prit en affection et devint sa femme.

La fortune de Khadidjah permit à Mahomet de se consacrer tout entier à son projet de réforme religieuse. Il passa plusieurs années dans la retraite; à quarante ans, il commença ses prédications. Comme tout novateur, Mahomet eut des partisans et des adversaires. Ces derniers, d'abord les plus nombreux, le forcèrent à s'enfuir de la Mecque et à se retirer à Iatreb. Mahomet donna à la ville où il avait trouvé un refuge le nom de *Médine*, c'est-à-dire *la Ville par excellence, la Ville du Prophète*.

L'année de la *fuite* à Médine est restée célèbre parmi les musulmans; elle a conservé le nom d'*hégire* (fuite), et a été prise pour point de départ de leur chronologie. La première année de l'hégire correspond à l'an 622 de notre ère et commence en juillet.

Conquêtes de Mahomet. — Les persécutions exercées contre le prophète grossirent le nombre de ses disciples; il n'eut d'abord comme lieutenants que son cousin Ali et son esclave Zaïd; mais plus tard le célèbre guerrier Omar lui apporta le secours de son épée; il fut bientôt assez fort, après la bataille des puits de Béder, pour rentrer triomphalement dans la Mecque et prendre possession du sanctuaire vénéré de la *Kaabah*, qui devint, à dater de ce jour, le premier temple de l'**Islamisme** (ce mot signifie : la foi qui sauve).

D'autres succès signalèrent les dernières années de Mahomet; l'Arabie tout entière reconnut ses lois, soit volontairement, soit par la force du glaive. L'année de sa mort (632), plus de 100 000 musulmans (vrais croyants) se rendirent en pèlerinage à la Mecque.

Sa doctrine. — Le Coran. — Les dogmes et les préceptes de la religion de Mahomet sont renfermés dans le Coran. En conduisant les caravanes, Mahomet avait eu souvent l'occasion d'échanger des réflexions avec des prêtres catholiques, des rabbins juifs et même des prêtres perses adorateurs du soleil, aussi son livre s'inspire-t-il souvent de la Bible, de la philosophie indienne, de l'Evangile. Il contient de hautes vérités morales, mêlées à des rêveries étranges. *Il n'y a d'autre divinité qu'Allah, et Mahomet est son prophète :* telle en est la maxime fondamentale. Le Coran recommande aux hommes la charité et la loyauté ; il enseigne que tous les *vrais croyants* sont égaux devant Dieu ; mais il en fait des fatalistes, en admettant que tout ce qui doit arriver est arrêté d'avance et que l'homme ne peut rien changer à sa destinée ; il porte atteinte à la famille en permettant la polygamie[1] ; il subordonne la raison et la foi au droit de la force, en recommandant l'emploi du sabre contre ceux qui refusent de croire à la religion du Prophète, mais il enjoint aux parents d'aimer les enfants et aux enfants de vénérer leurs parents : « Le paradis, dit-il, est aux pieds des mères ».

Les califes. — Les califes (vicaires), successeurs de Mahomet, commencèrent la guerre sainte, pour la conversion des infidèles, le lendemain même de la mort du Prophète. Le farouche **Omar**, vainqueur, à la grande bataille du *Yermouk*, des 140 000 Grecs de l'empereur Héraclius, resta

---

[1]. En réalité, Mahomet n'était pas partisan de la polygamie puisqu'il dit expressément dans le Coran qu'il est bien plus beau de n'avoir qu'une femme ; mais il fit ce sacrifice aux vieilles habitudes des Arabes.

maître de la Syrie, de la Palestine et de la Mésopotamie (638); la prise d'Alexandrie, dont il ne détruisit pas, comme on l'a prétendu, la fameuse bibliothèque, lui assura la soumission de l'Egypte. Son successeur, *Othman*, s'empara de la Perse et mit fin au puissant empire des Sassanides (656). Tout l'Orient, jusqu'à l'Indus, était tombé, en un quart de siècle, au pouvoir des Arabes.

Du côté de l'Occident, leurs succès ne furent pas moins rapides; ils s'emparèrent successivement de tout le nord de l'Afrique, renversèrent, en Espagne, en 711, sous le commandement de Mouça et de Tarik, dans la grande bataille de Xérès, le royaume des Visigoths; ravagèrent, vingt ans après, le midi de la Gaule, où les arrêta Charles Martel. Leur puissance atteignait son apogée au moment où Charlemagne fondait l'empire chrétien d'Occident. *Bagdad*, devenue la capitale du califat *arabe*, était alors le centre d'une brillante mais éphémère civilisation.

Morcellement de l'empire musulman. — Après la bataille de Poitiers, l'empire musulman se scinda en deux. Les **Ommiades**, de la famille de Moaviah, dans laquelle le califat était devenu héréditaire, furent égorgés au nombre de 80, par Aboul-Abbas. Un seul, Abd-er-Rahman, parvint à s'enfuir et domina en Espagne. Il y fut le fondateur du califat de Cordoue (756). Les **Abbassides**, partisans d'Aboul-Abbas, allèrent se fixer à Bagdad et y fondèrent le califat d'Orient.

Le morcellement ne s'arrêta pas là. D'autres chefs se rendirent indépendants en Afrique au VIIIe siècle et y fondèrent le califat des Fathimites avec le Caire comme capitale et achevèrent de détruire l'unité de l'ancien empire arabe. Le califat de Bagdad, après avoir eu des sultans célèbres, comme Haroun-al-Raschid, Al-Manzor et Mahmoud, fut renversé, en 1055, par les Turcs Seldjoucides; celui d'Espagne avait succombé vingt-quatre ans plus tôt (1031), sous les coups des chrétiens de la péninsule.

La civilisation arabe. — Les Arabes illuminèrent le moyen âge par leur civilisation. Leurs écoles de Cordoue, de Bagdad, du Caire et de bien d'autres lieux étaient célèbres. Leurs savants traduisirent Ptolémée, Galien, Euclide, Archimède, Aristote; plusieurs se distinguèrent dans la médecine, les sciences physiques, les mathématiques; ils perfectionnèrent et propagèrent l'algèbre, la trigonométrie et la chimie. La littérature, la poésie et la musique furent tenues à la hauteur des sciences exactes chez ce peuple, qui s'honora en donnant asile aux connaissances humaines à une époque où l'Occident les avait oubliées. Les arts et l'industrie, aussi bien que les sciences et les lettres, furent portés en effet par les Arabes à un degré très avancé : témoin la *Mosquée* de Cordoue, l'*Alcazar* de Séville, l'*Alhambra* de Grenade, la réputation qu'ont laissée les cuirs et les lames de Tolède, les armes et les tissus de Damas, etc. Mais cette civilisation n'a pas été originale. Dans les sciences comme dans les arts, ils n'ont fait qu'emprunter aux Grecs, aux Phéniciens et aux Orientaux. Leurs médecins comme Averroès, leurs philosophes comme Avicenne et d'autres encore, ne furent que d'habiles compilateurs, c'est ce qui explique le peu de durée de cette brillante civilisation.

QUESTIONNAIRE.

Racontez ce que vous savez de Mahomet. — Parlez des conquêtes des Arabes. — Où régnèrent les Abbassides? — les Ommiades? — Parlez de la civilisation arabe.

RÉCIT.

La civilisation arabe en Espagne. — En arrachant l'Espagne à la domination des Visigoths, les Arabes la délivrèrent de la barbarie et lui apportèrent toutes les connaissances utiles qui n'avaient cessé de fleurir dans l'Orient. L'agriculture fut cultivée comme une science, l'hydraulique seconda ses efforts éclairés et quintupla les produits du sol par les prodigieux effets d'une irrigation savante; la vigne et l'olivier furent multipliés et leurs fruits rendus meilleurs; le palmier, le cotonnier et la canne à sucre furent introduits dans les provinces méridionales; la soie devint une production commune; les manufactures fournirent à la consommation et au commerce extérieur des tissus de laine, de coton, de soie, des étoffes brochées d'or et d'argent, des tapis imités de ceux venant de la Perse, du maroquin, des armures de fer pour les cavaliers et les chevaux, des boucliers d'airain, des housses traînantes et des selles magnifiques. Un seul exemple démontrera le développement prodigieux que l'industrie avait acquis en Espagne sous l'influence de la civilisation arabe. Au XIIe siècle, on comptait à Séville 60 000 métiers à tisser la soie en pleine activité, il n'y en a pas aujourd'hui 20 000 dans toute l'Espagne...

Le zèle religieux et la puissance royale se manifestèrent sans doute par d'immenses mosquées et de superbes palais; mais l'esprit national des souverains se montra dans cette multitude de constructions qui avaient pour but la prospérité du pays. On peut encore de nos jours en admirer l'exécution, car presque à chaque pas dans le midi de l'Espagne, on trouve des vestiges de ponts, de canaux, de réservoirs, de chaussées, de fontaines, ouvrages qui témoignent de la sollicitude de ces souverains pour les peuples qu'ils gouvernaient. Le pont sur le Guadalquivir, par lequel on entre à Cordoue, est un ouvrage des rois maures; et l'aqueduc qui, pendant six lieues, conduit à Séville l'eau nécessaire à sa population, est encore un de leurs utiles monuments; — ils établirent des chantiers de construction navale à Carthagène, Almeira, Cadix ; enfin, ils rendirent à la circulation les grands chemins militaires de Cordoue à Tolède, de Mérida à Lisbonne ainsi que la voie romaine de Saragosse.

E. RAYMOND.

SEIZIÈME LEÇON

La féodalité en Europe.

État de la féodalité dans les divers pays de l'Europe. — « Le système féodal ne s'établit pas seulement en France, il fut fondé avec une régularité remarquable en Angleterre, après la conquête normande, et l'Écosse l'emprunta à l'Angleterre. Les Normands, qui le transportèrent dans le midi de l'Italie, l'avaient trouvé établi déjà par les Lombards de Bénévent. — Au nord et à l'est de l'Europe, dans la Suède, le Danemark, la Bohême, la Hongrie, la féodalité ne jeta pas de fortes racines. Ce fut en France et en Allemagne qu'elle régna surtout ; toutefois elle ne tarda pas à y donner des résultats divers. En France, le pouvoir royal, qu'elle faillit anéantir, se releva bientôt et soutint contre cette redoutable rivale une lutte perpétuelle, mais marquée aussi par ses perpétuelles victoires. En Allemagne, l'autorité souveraine, unie et forte à l'avènement de la dynastie saxonne, pendant qu'elle était si divisée, si impuissante en France sous les derniers Carolingiens, se maintint quelque temps avec tout l'éclat de la dignité impériale, et l'empereur put se réserver le privilège de concéder à son gré les hautes dignités, héréditaires en France. Mais, au moment où la royauté se relevait dans notre pays, tout était déjà changé au delà du Rhin. » (ANSART et RENDU.) Cette différence de destinée s'explique par ce fait que Hugues Capet et ses successeurs empêchèrent la monarchie de devenir élective, malgré les tentatives des seigneurs, tandis que les nobles allemands réussirent à maintenir les souverains dans leur dépendance.

Il est également digne de remarque que les résultats de la féodalité furent tout autres en Angleterre qu'en France. En voici la raison : chez nous les rois durent s'unir aux communes pour vaincre le pouvoir féodal ; la nation gagna à cette alliance de hâter son unité ; mais elle y perdit pour de longs siècles la liberté ; car la royauté, devenue forte, ne se souvint du peuple que pour l'opprimer.

Les choses ne se passèrent pas ainsi en Angleterre. En créant, au milieu de l'ancienne population anglo-saxonne, une féodalité normande, Guillaume le Conquérant exigea que tous les possesseurs de fiefs, grands et petits, lui rendissent directement hommage, et ne reconnussent d'autre suzerain que le roi. Là fut le point capital qui distingua le régime féodal dans les deux pays : en France, la royauté, avons-nous dit, dut s'appuyer sur les communes pour combattre l'influence aristocratique ; en Angleterre, les grands et le peuple unirent leurs forces pour échapper à l'oppression du pouvoir suprême. Cette différence explique aussi comment l'Angleterre eut de bonne heure et sans secousse violente un gouvernement constitutionnel alors que la France n'a eu le sien que beaucoup plus tard, et au prix d'une grande révolution.

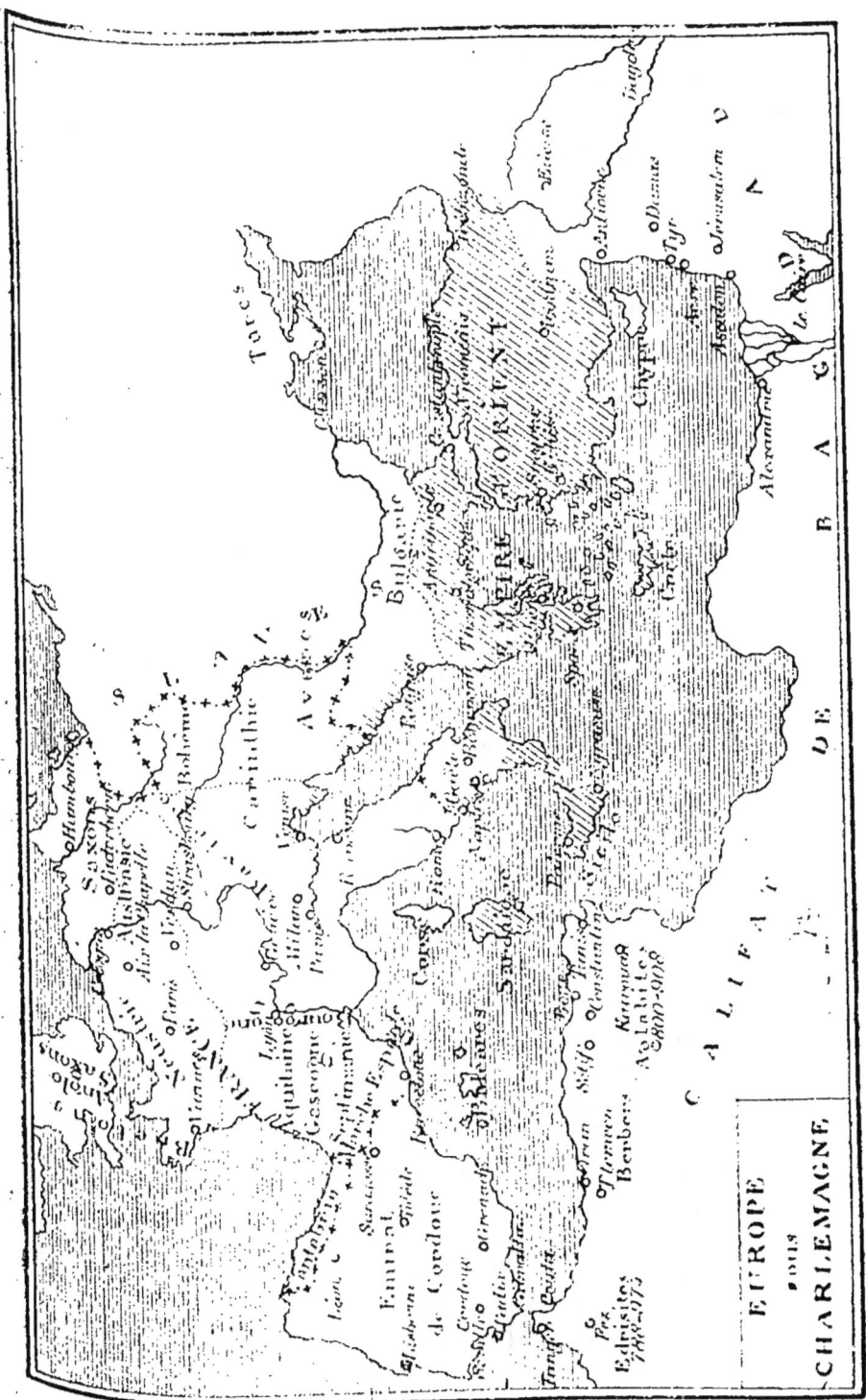

QUESTIONNAIRE.

Quels furent les caractères de la féodalité en Europe? en Allemagne? en Angleterre? — Quelles furent les causes de la faiblesse des empereurs d'Allemagne?

RÉCIT.

Situation de l'empereur en Allemagne. — A la fin du neuvième siècle, l'Allemagne et la France, presque également submergées sous le flot germanique qui avait porté Charlemagne, n'offraient encore dans leur constitution intérieure nulle différence bien marquée. Toutefois, dans les années qui suivirent, le contraste se trancha profondément. En France, le génie gallo-latin se dégagea. On vit poindre la tendance à la fusion des races victorieuses ou vaincues qui couvraient le territoire : la grande œuvre de l'unification nationale commençait son cours. L'Allemagne offrit précisément le contraire de cet esprit. Quand la fortune de la politique ou de la guerre lui adjoignit les Bourguignons à l'ouest, au midi les Lombards, au levant les peuples slaves de Bohême ou d'Autriche, elle maintint durement ces nouveaux venus au-dessous d'elle comme *États indépendants*. Le même caractère d'insociabilité se révéla entre ses propres éléments constitutifs. Les cinq tribus nobles, Franconiens, Saxons, Souabes, Lorrains et Bavarois, s'obstinèrent à se gouverner séparément par leurs ducs nationaux électifs. L'association commune n'est qu'un lien; l'autorité du chef suprême, choisi légèrement, et qu'on décora depuis Othon le Grand du titre rajeuni d'empereur, fit l'unité apparente. Mais la magnificence du nom ne couvrait en lui que l'insuffisance du pouvoir, tant les défiances et les jalousies étaient fortes. L'action légale de ce soi-disant héritier des Césars consistait uniquement à donner l'investiture aux ducs margraves, landgraves, évêques et abbés, élus sans son intervention; à provoquer la réunion des diètes, enfin à exécuter leur décision — s'il le pouvait. La force personnelle, en effet, lui avait été systématiquement interdite. Ainsi l'empereur n'avait pour soldats que les intéressés à l'exécution des décrets de la diète. Les finances n'étaient ni moins restreintes, ni moins précaires. Elles provenaient seulement du revenu des immeubles et des douanes de la couronne, des droits *réguliers* sur les bénéfices ecclésiastiques, de l'impôt ordinaire appelé matricule, et, quand il s'agissait d'une expédition en Italie, de la contribution temporaire connue sous le nom de *mois romains*.

CH. ROLLAND.

DIX-SEPTIÈME LEÇON

Conquêtes des Normands.
Les croisades.

SOMMAIRE. — Conquête de l'Angleterre par les Normands. — Les Normands dans l'Italie méridionale. — Fondation du royaume de Portugal par un prince bourguignon. — Les croisades. — Concile de Clermont. — Première croisade. — Prise de Jérusalem (1099). — Royaume chrétien féodal de Syrie. — Ordre de chevalerie. — Résultats des croisades. — Progrès des chrétiens en Espagne.

Les Normands en Angleterre. — Les Normands conquirent l'Angleterre par la bataille d'Hastings, mais la lutte n'en fut pas complètement terminée, comme on le croit communément. Elle dura six ans. Les Saxons, réfugiés dans les bois, opposèrent aux vainqueurs une résistance désespérée. Sous le nom d'*outlaws* (hors la loi) ils poursuivaient impitoyablement l'armée normande, interceptant les convois, assassinant les retardataires, enlevant les arrière-gardes. Pour venir à bout de ces sauvages partisans de l'indépendance, Guillaume le Conquérant prit une série de mesures atroces. Par la loi d'*anglaiserie*, il déclara que tout cadavre normand serait vengé par l'exécution de dix Saxons; par la *loi de chasse*, il priva les vaincus de leurs armes; par la loi de *couvre-feu*, il les força à rester dans leurs masures, sans lumière, à partir de huit heures du soir. Il expulsa les propriétaires de leurs domaines plus brutalement que l'avaient fait, en Gaule, les Barbares du ve siècle, et partagea l'Angleterre entre ses soldats, proportionnellement aux services rendus. Il dressa même un état authentique de cette spoliation, sous le nom de *grand terrier*, que les Saxons désignèrent, par une cruelle ironie, du nom de *livre du jugement dernier*. Enfin Guillaume éleva au milieu de la capitale la sombre masse de la Tour de Londres, menace perpétuelle pour les révoltés. L'Angleterre fut écrasée, mais non soumise, et pendant longtemps les vainqueurs furent dans leurs châteaux, comme des soldats sous leurs tentes, toujours prêts à la moindre alerte. Cette aristocratie anglaise, si fière aujourd'hui de ses privilèges, sortit ainsi des soldats de Guillaume, rudes combattants, mais de basse origine, les Guillaume-Touchebœuf, Thibault le tailleur, Beaubouvier, etc. Sous les successeurs de Guillaume, qui mourut à Rouen en 1087, Guillaume II le Roux, violent et cruel, et Henri Beauclerc, qui s'empara traîtreusement de la couronne, la conquête s'organisa. Ce dernier accorda à ses sujets une taxe libérale et obtint leur secours contre son frère Robert.

Progrès des chrétiens en Espagne. — Après la lutte sanglante que les Orientaux livrèrent aux Abbassides, **Abdérame**, dernier survivant de la famille des Ommiades, resta maître de l'Espagne et régna à Cordoue (756-787). Sous son gouvernement et celui de ses successeurs, l'Espagne jouit d'une incroyable prospérité jusqu'au règne du grand **Abdérame III** (912-961); les arts, les sciences, l'agriculture y firent des progrès surprenants ; la population augmenta et l'université de Cordoue, devenue le grand foyer des études en Occident, montra à quel degré élevé était parvenue la civilisation arabe.

Cependant, malgré les splendeurs de cette civilisation, les chrétiens de la péninsule ne se résignèrent jamais à être les sujets dociles des émirs. Après 711, **Pélage**, descendant du roi visigoth Récarède, s'était retiré dans les Asturies, avec les débris des chrétiens que la bataille de Xérès avait épargnés ; il y fut proclamé roi et y maintint son indépendance. Son deuxième successeur, **Alphonse le Catholique** (739-757), avait conquis la Galice et Oviédo au moment où l'apparition de Charlemagne au delà des Pyrénées fit trembler l'empire musulman.

Les successeurs d'Alphonse, continuant de lutter avec avantage, s'avancèrent en Portugal, en Aragon et en Navarre ; **Alphonse le Grand** (866-910) poussa ses succès jusqu'au Tage et remporta sur les musulmans la grande victoire de **Zamora** (904), mais Abdérame III vint arrêter les progrès des chrétiens, qui ne reprirent qu'après la chute du califat (1031).

Le partage du califat de Cordoue entre dix-neuf princes musulmans redonna l'avantage aux chrétiens. **Sanche le Grand**, qui mourut en 1035, laissa à ses trois fils les royaumes de Castille (avec Léon et les Asturies), d'Aragon, de Navarre. Soixante ans plus tard, **Henri de Bourgogne** entra au service d'Alphonse VI, roi de Castille, s'illustra contre les Maures, obtint la main de la fille d'Alphonse VI et le titre de comte de Portugal (1095). Son fils **Alphonse le Conquérant**, non moins brave que lui, fut proclamé roi de Portugal par ses soldats sur le champ de bataille d'**Ourrique** (1139), où il mit en déroute cinq princes musulmans.

L'union des royaumes chrétiens aurait hâté sans aucun doute la fin de la domination musulmane en Espagne; leurs divisions furent cause que la lutte se prolongea longtemps encore. Alors se couvrirent de gloire en combattant les Almoravides, accourus d'Afrique au secours de leurs frères (1086), le Cid Campéador (Rodrigue Diaz de Bivar), compagnon d'armes d'Alphonse VI, et les chevaliers français conduits par Raymond et Henri de Bourgogne. Cependant, en 1212, les rois chrétiens firent taire un moment leurs jalousies pour faire face à une furieuse attaque des sectateurs du Prophète. Cinquante mille croisés, partis de France et d'Italie, étaient accourus à leur secours. Les adversaires se rencontrèrent près de **Tolosa**, et s'y livrèrent une bataille acharnée. Les Arabes la perdirent et eurent cent mille tués (1212). (Voir notre *Histoire de France*, Cours supérieur).

La défaite de Tolosa fut le coup de grâce donné à la puissance des musulmans en Espagne. Seul le royaume de Grenade, au midi, conserva son indépendance.

QUESTIONNAIRE.

Parlez de Guillaume le Conquérant. — Quel fut le résultat de la conquête de l'Angleterre par les Normands? — Racontez l'effet produit par ces mesures. — Que firent les chrétiens d'Espagne? — Que savez-vous d'Abdérame? d'Alphonse le Catholique? — Parlez de la fondation du Portugal. — Quelle est la date de la bataille de Tolosa?

RÉCIT.

Le Cid. — Rien de plus populaire en Espagne que la légende du Cid, et rien de plus faux à la fois. Ce guerrier dont le nom est devenu le synonyme de bravoure, de vaillance et de loyauté, qui a été le héros des croisades espagnoles du moyen âge ne fut en réalité qu'un aventurier louche, mettant sa rude épée au service du plus offrant et cherchant à se tailler dans les lambeaux de territoires que se disputaient les chrétiens et les musulmans une principauté à sa guise. C'est en vain que les historiens indigènes nous le représentent comme le rempart de l'Aragon, terrorisant les infidèles par sa seule présence; c'est en vain que Corneille lui a prêté une sorte de consécration officielle; c'est en vain que les poètes nous l'ont représenté renversant ses ennemis

> Comme les cédrats qui tombent
> Sous les flèches de l'été,

le Cid ne mérite pas tous ces hommages. Il s'appelait en réalité Ruy ou Rodrigue Diaz de Bivar, dit le Cid (*syd* veut dire seigneur), et cet héroïque défenseur de la foi du Christ avait commencé par combattre avec les musulmans contre ses alliés de demain. Mais c'était l'époque où les Espagnols reprenaient l'avantage; le Cid passa de leur côté et fut battu d'abord en 1091. Sa défaite eut même comme conséquence de laisser tomber les villes de Séville et de Grenade dans les mains du terrible Yousef. Mais le Cid reprit bientôt l'offensive. Accompagné de ses soldats fidèles qu'on appelait les *Campeadores* (de là le nom de Cid Campéador), il se réfugia (comme autrefois les Lusitaniens en armes contre les Romains) sur le sommet d'un roc qu'on appelle aujourd'hui encore la Roche du Cid et du haut de cette citadelle naturelle attaqua les musulmans. Valence fut repris, mais le Cid manqua à la foi promise, chose rare chez les chevaleresques Espagnols, et livra à la torture le maître de la ville, le cadi Ahmed, à qui il avait promis la vie sauve. Il chercha partout les trésors qu'on disait être cachés dans la ville et la ravagea tout entière pour satisfaire sa cupidité. Il se signala encore par d'autres exploits, déshonorant son héroïsme et ses talents militaires par ses vices et ses appétits, et mourut à Valence en 1099, laissant après lui une réputation imméritée.

C. G.

DIX-HUITIÈME LEÇON

Allemagne : lutte du Sacerdoce et de l'Empire.

Sommaire. — Henri IV et Grégoire VII. — Les réformes de Grégoire VII. — Querelle des investitures. — Concordat de Worms (919-1122).

Féodalité allemande. — Les seigneurs allemands virent leur autorité grandir en acquérant le droit de nommer leurs rois. La lutte du Sacerdoce et de l'Empire, en affaiblissant leurs souverains, ajouta encore à leur puissance. Aussi la féodalité allemande, née en même temps que la féodalité française, survécut-elle au moyen âge; elle fit de l'Allemagne un État fédéral et empêcha l'unité de ce pays, qui ne s'est faite que de nos jours.

Empereurs germaniques. — Dynastie saxonne. — Henri Ier l'Oiseleur (919-936). — Après le règne insignifiant de Conrad de Franconie, qui avait succédé à Louis l'Enfant, les grands seigneurs allemands, réunis en Assemblée ou **Diète**, élurent Henri Ier, duc de Saxe. Il fut surnommé **l'Oiseleur** parce qu'il reçut à la chasse la nouvelle de son élection.

Les descendants de Charlemagne, en Allemagne comme en France, avaient souffert que leur pouvoir fût presque annulé par les grands feudataires, en tête desquels se plaçaient les ducs de Saxe, de Souabe, de Bavière et de Franconie. Henri Ier releva le prestige de la royauté. Il sut, au dedans, la faire respecter des grands et repousser les Hongrois dans leurs cantonnements entre la Theiss et le Danube. La dynastie saxonne dut à ce prince et surtout à son fils une gloire éclatante.

Othon le Grand (936-973). — Le fils de Henri l'Oiseleur, **Othon**, surnommé **le Grand**, réprima rigoureusement les révoltes de ses grands vassaux, les ducs de Souabe, de Franconie, de Bavière et de Lorraine ; il remporta sur les Hongrois une grande victoire à Augsbourg et mit fin à leurs incursions ; en Italie, il s'empara du nord et du centre de la péninsule, détrôna le pape Jean XII et le remplaça par Léon VIII.

Othon avait soumis les deux tiers de l'Italie ; il s'était acquis des droits sur le reste en mariant son fils Othon II avec une fille de l'empereur de Constantinople ; il avait placé la papauté sous l'influence des empereurs d'Allemagne et assuré pour toujours la couronne impériale à ses successeurs, en se faisant couronner, à Rome, souverain du Saint-Empire germanique.

Othon II, Othon III et Henri II suivirent en Italie la politique de leur illustre prédécesseur, sans pouvoir toutefois conquérir la partie méridionale de la péninsule, qui demeura aux Grecs et aux Sarrasins. Avec Henri II finit la dynastie des princes saxons (1024).

Maison de Franconie. — La maison de Franconie succéda à la dynastie saxonne et occupa pendant un siècle le trône impérial (1024-1125). Elle eut pour représentants Conrad II, Henri III, Henri IV et Henri V.

Conrad II (1024-1039). — Le couronnement de Conrad II comme empereur eut lieu à Rome avec une grande pompe. Les envoyés du roi de

France figuraient, dans la cérémonie, à la tête des délégués de plusieurs autres souverains. C'était l'époque brillante de l'empire d'Allemagne. Conrad reçut les hommages du duc de Bohême, des rois de Pologne et de Hongrie; le roi d'Arles, Rodolphe III, le fit son héritier.

Henri III (1039-1056). — Sous Henri III, successeur de Conrad II, l'empire atteignait son plus haut degré de puissance. Henri III donna aux Normands d'Italie l'investiture du territoire qu'ils avaient conquis. A Rome, le scandale continuait, entretenu par l'ambition des prétendants à la tiare. On vit alors trois papes, Benoît IX, Sylvestre III et Grégoire VI, se disputer le trône pontifical. Henri III fit déposer les trois antipapes et les remplaça par Clément II, d'origine allemande, montrant par là que la papauté était bien la vassale de l'Empire. De la Sicile à la Baltique et du Rhône à la Vistule, ce prince exerça une influence sans contrepoids.

Lutte du Sacerdoce et de l'Empire. — Querelle des investitures (1076-1122). — Henri IV (1056-1105). — Grégoire VII (1073-1085). — Mais la mort prématurée de Henri III, arrivée en 1056, devint en Allemagne la source de grands désordres; pour la papauté elle fut le signal d'une prochaine délivrance. Henri IV n'étant encore qu'un enfant en bas âge, la régence fut exercée par sa mère. Les grands seigneurs profitèrent du faible gouvernement d'une femme pour relever la tête; ils usurpèrent à leur profit les bénéfices des charges spirituelles et contribuèrent ainsi à rendre plus inévitable la rupture qui menaçait d'éclater entre la cour de Rome et l'Empire.

Les embarras momentanés du gouvernement impérial permirent au Saint-Siège de se préparer à la lutte. Il était alors dirigé par un simple moine de Cluny, emmené à Rome par Léon IX; on le nommait **Hildebrand**. Génie ardent, homme d'une vertu austère et doué d'une énergie peu commune, Hildebrand prépara la gloire de son pontificat, en travaillant pendant vingt ans, avec le simple titre de cardinal, à réformer l'Église, à épurer les mœurs corrompues du clergé, à fortifier les liens relâchés de la discipline et de la morale ecclésiastiques. Puis, après avoir rendu à l'Église l'autorité morale qu'elle avait perdue, il l'affranchit en partie de la tutelle de l'Empire, en faisant décider que l'empereur ne prendrait plus une part quelconque aux élections pontificales.

Devenu pape sous le nom de **Grégoire VII**, l'ancien moine poursuivit avec la même ferveur et plus d'autorité la régénération des mœurs ecclésiastiques, frappant de peines sévères les prêtres qui, malgré les bulles d'interdiction, contractaient mariage ou trafiquaient des choses saintes, et les prélats qui continuaient à donner le mauvais exemple.

Mais Grégoire VII soutint, d'autre part, la supériorité du pouvoir spirituel sur le pouvoir temporel, déclara que les rois devaient obéissance au pape, et défendit formellement à l'empereur d'Allemagne, comme à tout laïque, de donner l'**investiture** des fiefs ecclésiastiques. C'était la fameuse question du pouvoir spirituel et du pouvoir temporel nettement et définitivement posée. La solution de ce problème devait se poursuivre à travers des siècles. Qu'il s'agisse de la querelle des investitures, du Sacerdoce et de l'Empire, des Guelfes et des Gibelins, du pouvoir spirituel et du pouvoir temporel, de l'Église et de l'État, c'est toujours la même difficulté qui se pose. Aujourd'hui encore, bien que le pouvoir laïque semble l'emporter pour toujours, certains esprits défendent cependant, comme au moyen âge, la suprématie temporelle des papes.

A de telles prétentions, Henri IV, que l'âge avait soustrait à la tutelle de sa mère, répondit en convoquant, à Worms, un concile d'évêques allemands, qui prononça la déposition de Grégoire VII. Celui-ci, à son tour, lança contre l'empereur une bulle d'excommunication et délia ses sujets de leur serment de fidélité. La guerre était déclarée entre les deux adversaires. Mais l'excommunication était, à cette époque, une sentence terrible. Henri IV vit ses sujets s'éloigner de lui et son pouvoir complètement brisé. Abandonné de tous, menacé dans sa personne, l'infortuné monarque fut réduit à implorer le pardon du pape au château de **Canossa**[1]. Grégoire VII le lui fit attendre pendant trois jours.

Cet excès de rigueur froissa le sentiment national des Allemands, et leur ancienne sympathie pour Henri IV reprit le dessus. Celui-ci, redevenu populaire, songea d'abord à se venger : il franchit les Alpes à la tête d'une armée et marcha sur Rome pour s'emparer de Grégoire VII ; mais le pape avait pris ses mesures pour se ménager une retraite ; après avoir soutenu dans son palais un siège de deux années, il s'enfuit à Salerne, dans les

---

1. *Aller à Canossa* se dit depuis d'un gouvernement ou d'un prince qui s'incline devant les injonctions de la cour pontificale. « Nous n'irons pas à Canossa », disait, il y a quelques années, le prince de Bismarck à la tribune du parlement allemand.

États du Normand Robert Guiscard; il y mourut en 1085.

Concordat de Worms (1122). — La lutte se prolongea encore longtemps entre le Saint-Siège et l'Empire. En 1122, le concordat de Worms, confirmé l'année suivante par le concile de Latran (palais, à Rome), en termina momentanément la période aiguë. Il y fut décidé par Henri V et Calixte II que les papes seraient nommés par les cardinaux, et non plus selon le bon plaisir des empereurs; qu'ils donneraient aux évêques, et ceux-ci à leurs inférieurs, *l'investiture des fonctions spirituelles*, et que *l'investiture des domaines temporels*, possédés à titre de fiefs par les dignitaires de l'Église, serait réservée à l'empereur. On terminait par où l'on aurait dû commencer, si, de part et d'autre, on eût été plus sage. Mais cette solution était trop simple et trop raisonnable pour être acceptée longtemps.

QUESTIONNAIRE.

Qu'est-ce que la féodalité allemande? — Citez les premiers empereurs germaniques. — Racontez le règne d'Othon le Grand. — Qu'est-ce que la querelle des investitures? — Parlez de Henri IV; de Grégoire VII. — Dites quel était son caractère. — Qu'est-ce que la question du pouvoir spirituel et du pouvoir temporel? — Parlez du chemin de Canossa. — Qu'est-ce que le concordat de Worms?

RÉCIT.

Le chemin de Canossa. — Ce fut aux premiers jours de janvier de l'année 1077 que le roi du grand empire d'Allemagne, le successeur de Charlemagne, se mit en route pour la ville de Saint Pierre. Dans ces défilés de montagnes couvertes de neige, aux chemins presque impraticables, il allait presque seul, abandonné de tous, de ses fils même, alors qu'il avait suivi les mêmes routes la lance sur la cuisse, accompagné de ses cavaliers bardés de fer et au son des trompettes retentissantes. Il arrive enfin à Rome, exténué, humilié, transi. Mais son supplice n'est pas terminé. A l'arrivée de son rival vaincu, Grégoire VII, hautain et sans pitié, s'est caché dans le palais de Canossa que lui a donné la comtesse Mathilde, amie de l'Église et du Saint-Siège. Il faut repartir vers la Toscane et frapper en suppliant à la porte de ce château, qui reste muet. Par les fenêtres éclairées, l'empereur, l'oint du Seigneur, voit le pape et ses cardinaux inflexibles, et pendant qu'il piétine dans la neige, un simple vêtement sur les épaules, le pape, réfugié dans son oratoire, remercie Dieu de sa victoire et ne veut pas pardonner. Les serviteurs sont émus, les cardinaux le supplient d'accueillir Henri ; pendant trois jours leurs efforts sont vains. Cependant le pape se décide. Revêtu de ses riches ornements pontificaux, entouré de sa cour, il reçoit l'empereur, le laisse quelques instants prosterné à ses pieds, puis le relève et l'invite à entendre la messe avec lui. Telle était la conviction profonde du fougueux pontife, âgé alors de quatre-vingts ans, qu'au moment de la communion il rompit une hostie en deux, en donna la moitié à son rival, prit l'autre en prononçant ces paroles : « Que mon Dieu m'étouffe à l'instant, si je n'ai pas agi dans l'intérêt de son église ».

Deux ans après, Grégoire VII, vaincu à son tour, assiégé dans le château Saint-Ange, faisait appel aux Barbares normands. Henri était forcé de reculer, mais les Normands emmenaient avec eux le pape Grégoire et le détenaient en captivité. Et celui qui avait gouverné l'Europe et failli faire du trône de saint Pierre le trône unique du monde entier, mourut au milieu de pirates et de guerriers farouches, s'écriant avec amertume : « J'ai aimé la justice et haï l'iniquité, et voilà pourquoi je meurs en exil ». Le sort de Henri IV ne fut pas meilleur. Dépossédé par ses fils, poursuivi par la haine de l'Église, il mourut presque de misère, à Spire, ayant accepté pour vivre une place de sous-chantre à la cathédrale. C'est que ces deux hommes, représentant de deux grands principes, avaient engagé la lutte avec des forces à peu près identiques. Ils ne réussirent dans ce drame terrible qu'à ruiner leur puissance au profit d'un troisième personnage, le peuple.

C. G.

DIX-NEUVIÈME LEÇON

Allemagne. — Guelfes et Gibelins.

Sommaire. — Lutte des Guelfes et des Gibelins. — Frédéric Barberousse et la ligue lombarde. — Le pape Alexandre III. — Bataille de Legnano. — Paix de Constance. — Mort de Frédéric. — Frédéric II, Innocent III et Innocent IV. — Fin de la querelle du Sacerdoce et de l'Empire. — Mort de Frédéric II. — Grand interrègne allemand. — La hanse teutonique. — La papauté (1138-1378).

Dynastie de Souabe. — Guelfes et Gibelins (1138-1250). — La querelle des investitures n'avait présenté qu'une des phases de la lutte qui s'était engagée entre la papauté et l'Empire. Grégoire VII avait dit que les rois devaient être soumis aux papes, et c'était en partie de cette prétention qu'était sortie la guerre que venait de suspendre et non de terminer le concordat de Worms. Si la question des investitures était réglée, il restait à débattre auquel, de l'empereur ou du pape, demeurerait la suprématie temporelle. Cette seconde période de la lutte entre le spirituel et le temporel, qui allait rouvrir pour un siècle les hostilités entre l'Italie et l'Allemagne, est connue sous le nom de **guerre des Guelfes et des Gibelins.**

Voici l'origine de ces deux mots :

A la mort de Henri V, dernier empereur de la dynastie franconienne, deux puissantes maisons féodales allemandes se disputèrent sa succession : c'était celle de **Welfs** (Guelfes) et celle de **Wibeling** (Gibelins). Leur querelle eut un autre théâtre que l'Allemagne ; elle se transporta en Italie, où on appela **Gibelins** les partisans de l'empereur et de la haute noblesse, et **Guelfes** les défenseurs de la papauté, de l'indépendance italienne et de la démocratie.

La couronne finit par appartenir à un prince gibelin, Conrad III, qui fut l'ancêtre des empereurs de la glorieuse maison de Souabe. Outre Conrad, cette maison eut pour représentants sur le trône impérial : Frédéric Barberousse, Henri VI et Frédéric II. Othon IV, le vaincu de Bouvines, du parti guelfe, régna quelque temps après Henri VI.

Les papes les plus célèbres qui, pendant la même période, occupèrent le trône pontifical et se placèrent à la tête des villes italiennes, réunies sous le nom de **ligue lombarde**, pour combattre l'ennemi commun, furent Alexandre III, Innocent III et Innocent IV.

La ligue lombarde fut formée en 1167, par le pape Alexandre III ; elle avait pour but de défendre l'indépendance de l'Italie contre l'empereur Frédéric Barberousse et les Gibelins. Frédéric Barberousse épuisa contre elle ses forces ; il eut beau détruire Milan pour intimider les autres villes confédérées, l'énergique Alexandre III soutint leur courage, et le puissant monarque allemand, vaincu par leur armée, grâce à la trahison de son allié Henri le Lion, à la grande bataille de **Legnano** (Lombardie, 1176), fut obligé de reconnaître leur indépendance à la paix de Constance, en 1183. Il partit quelques jours après pour la troisième croisade et se noya dans une rivière d'Asie Mineure. Il avait été le plus populaire et un des plus puissants empereurs d'Allemagne. Les seigneurs des bords du Rhin qui, juchés dans leurs vieux burgs féodaux, avaient pendant des années pillé les routes le long du fleuve, et dévasté les campagnes avec impunité, se souvinrent longtemps du terrible châtiment que leur infligea le grand empereur.

Frédéric II, Innocent III et Innocent IV. — Le jeune Frédéric II, petit-fils de Frédéric Barberousse, était roi de Sicile lorsque Innocent III l'opposa à Othon de Brunswick. En recevant la couronne impériale, Frédéric avait promis de renoncer à l'Italie; il chercha, au contraire, à affermir son autorité dans ses États du sud de la péninsule, et Innocent III mourut (1216) avec le pressentiment que son protégé allait être un des plus terribles adversaires de la papauté et de l'Italie.

Innocent III fut un des papes les plus remarquables et les plus résolus qui aient occupé le siège pontifical. Il affirma sa souveraineté sur l'Italie, se posa en suzerain des rois, reprit les idées de Grégoire VII, fit décider la quatrième croisade et entreprendre la guerre contre les Albigeois.

Il avait bien jugé Frédéric II. De retour de la sixième croisade, l'empereur attaqua la ligue lombarde et menaça Rome. Innocent IV, ne se trouvant pas en sûreté dans ses États, se retira dans la ville libre de Lyon, chez l'archevêque, et y convoqua un concile œcuménique, qui excommunia l'empereur. Frédéric repoussant toute proposition d'accommodement et jusqu'à l'arbitrage de saint Louis répondit à l'anathème qui le frappait, en mettant l'Italie à feu et à sang. Il mourut en Calabre, en 1250.

Avec lui se termina la longue querelle du Sacerdoce et de l'Empire, qui pendant deux siècles avait passionné l'Europe. La papauté et le parti guelfe triomphaient, tandis que l'Allemagne, chassée de l'Italie, allait encore entrer chez elle dans une période d'anarchie (1250).

Grand interrègne allemand (1250-1273). — La chute de la maison de Souabe fut le point de départ de la décadence de l'Empire. A la mort de Frédéric II, plusieurs prétendants convoitèrent sa succession ; il y eut alors en Allemagne un interrègne de vingt-trois ans et un désordre épouvantable. Les grandes villes, telles que Hambourg, Lubeck, dont le commerce était paralysé par le brigandage des hobereaux, s'associèrent pour leur défense commune, au détriment de l'unité allemande, et formèrent la **ligue des villes du Rhin** pour assurer la libre navigation de ce fleuve, et la **hanse teutonique** ou **ligue hanséatique** (hanse voulait dire *association*). La ligue hanséatique se forma pour protéger l'industrie et le commerce des villes et défendre les cités, où allaient en grand nombre se réfugier les habitants des campagnes, à l'abri des pillages des seigneurs. La hanse comprit jusqu'à quatre-vingts villes, elle eut des flottes de guerre pour protéger son commerce maritime ; elle eut des comptoirs à Paris, à Londres, à Novgorod, et dans un grand nombre d'autres villes. Ce fut elle qui donna une nouvelle impulsion au commerce par l'invention de la lettre de change. Sa prospérité eut à souffrir de la formation des États du Nord et de la découverte du Nouveau Monde. Hambourg, Brême, Lubeck, Cologne, qui furent les principaux chefs-lieux de la ligue, ont gardé jusqu'à nos jours le nom de villes hanséatiques. Dans l'intérieur de l'Allemagne, malgré les efforts faits par l'empereur et par quelques seigneurs pour assurer la justice et la sécurité, les habitants durent se défendre eux-mêmes et instituèrent les tribunaux *vehmiques* qui jugeaient d'après des lois secrètes. C'est en Westphalie que ces sociétés vengeresses se constituèrent le plus solidement, mais elles ne tardèrent pas à dégénérer. Au midi de l'Italie, l'Empire, qui avait conservé le royaume des Deux-Siciles depuis Frédéric Barberousse, perdit encore ce royaume, qui passa aux mains de Charles d'Anjou, frère de saint Louis.

La papauté. — Le triomphe politique de la cour de Rome ne devait pas avoir une longue durée. Au moment où elle put croire que Boniface VIII allait réaliser son rêve de domination, sa puissance fut brisée par Philippe le Bel, et elle reconnut, non sans douleur, qu'elle n'était sortie victorieuse des mains des empereurs que pour tomber vaincue dans celles des rois de France. Clément V, qui devait la tiare à Philippe le Bel, quitta Rome pour venir se fixer à Avignon. Lui et ses successeurs y séjournèrent soixante-dix ans (1309-1378).

QUESTIONNAIRE.

Qu'est-ce que la dynastie de Souabe ? — D'où viennent les mots Guelfes et Gibelins ? — Parlez de la ligue lombarde. — Que savez-vous de Frédéric II ? — Expliquez le caractère d'Innocent III. — Quelles sont les dates du grand interrègne ? — Parlez de la ligue hanséatique. — Contre qui la papauté eut-elle à lutter ?

RÉCIT.

Le grand interrègne. — Pendant cet interrègne, l'Allemagne prit véritablement le caractère d'une confédération, dont l'empereur n'était que le président. Le partage du domaine impérial entre les grands vassaux et le démembrement des duchés de Saxe, de Souabe et de Franconie engendrèrent peu à peu l'établissement de plus de cent cinquante petites souverainetés et l'affranchissement de la plupart des Etats dépendants de l'Empire : la Bourgogne, la Pologne, le Danemark, la Bohême et la Hongrie. Dès cette époque commencèrent à s'élever les familles qui ont donné naissance à plusieurs dynasties de l'Allemagne moderne : la maison de Ballenstedt, divisée en deux branches, celle de Brandebourg et d'Anhalt; la maison de Wittelsbach, qui acquit le palatinat du Rhin; la maison de Schauenbourg, qui s'établit dans le Holstein; celle d'Oldenbourg, investie du pays des Stedinges; la maison de Hohenzollern, à qui échut une partie de la Franconie avec le burgraviat héréditaire de Nuremberg, et la maison de Zaehringen, partagée en deux branches, celle de Bade et celle de Hochberg, souche des ducs de Teck.

Les arrière-vassaux conquirent la même indépendance à l'égard de leurs seigneurs et formèrent la classe moyenne des petits chevaliers ou hommes libres, dont le nombre s'accrut avec une extrême rapidité. Ces représentants de la noblesse inférieure en arrivèrent vite à régner absolument sur leurs possessions et se créèrent des revenus considérables, en extorquant les péages et les droits d'escorte, et en pillant les commerçants et les convois de marchandises. Aucune autorité n'étant assez forte pour réprimer le brigandage organisé dans chaque donjon, les habitants durent songer à s'organiser. Les villes, enrichies par le travail et soutenues par les faubourgs, se fédérèrent militairement et contractèrent entre elles des alliances, afin de défendre à main armée le transport des richesses commerciales contre la rapacité des seigneurs.

D'après P. Gosset.

VINGTIÈME LEÇON

Richard Cœur de Lion, Henri II, Jean sans Terre.

Sommaire. — Angleterre : Henri II, Richard, la Grande Charte et Jean sans Terre; les statuts d'Oxford (1154-1258).

Henri II. — Après le règne d'Étienne de Blois et à la suite d'un accord conclu entre les deux familles, la couronne passa dans la famille des Plantagenets. Mais Henri II s'aliéna le clergé anglais en voulant réprimer les empiétements de l'Église anglaise. Grâce à Guillaume le Conquérant, le clergé jouissait en Angleterre de privilèges considérables, particulièrement en ce qui concerne l'administration de la justice. A l'aide du régime des *constitutions* approuvées par un certain nombre de lords, Henri II essaya de détruire les libertés dangereuses de son clergé. Mais brusquement un de ses anciens compagnons de jeunesse, Thomas Becket, qu'il avait élevé par scandale au siège archiépiscopal de Cantorbéry, prit la défense de ses nouveaux collègues, et combattit les actes de la royauté. Il se réfugia en France où il fut bien accueilli, mais il eut le tort de se fier à la promesse du roi d'Angleterre. Il revint à Cantorbéry et fut assassiné (1170). Une profonde indignation agita toute la chrétienté, et Henri II dut expier ce meurtre par une série d'humiliations. Mais cet échec ne l'empêcha pas d'entreprendre à la même époque la conquête de l'Irlande. Il réussit à s'en emparer et y distribua aux seigneurs de vastes domaines. La fin de son règne fut ensanglantée par la révolte de ses trois fils, qui, à l'instigation du roi de France, prirent les armes contre lui. Dans une dernière lutte, il fut battu et obligé de rendre une partie de ses domaines. Profondément désespéré, il mourut en 1189 et fut remplacé par Richard Cœur de Lion. Celui-ci mena une vie aventureuse en Orient et fut prisonnier de l'empereur d'Allemagne. Délivré par l'intervention du pape, il déclara la guerre au roi de France et alla mourir obscurément au château de Châlus, dans le Limousin.

La Grande Charte de Jean sans Terre. — Le roi d'Angleterre Jean sans Terre qui lui succéda était, sous tous les rapports, un prince méprisable. Il était débauché, fourbe, tyran et cruel. « Ce fut une des figures les plus scélérates de l'histoire. » Pour s'emparer du trône, il avait assassiné son neveu, *Arthur* de Bretagne, bien qu'il fût défendu par le roi de France. Il s'était laissé enlever par Philippe Auguste ses possessions françaises, et la coalition qu'il avait formée pour les ressaisir avait été mise en déroute à la fameuse bataille de Bouvines.

Tant de honte et aussi les exactions et la tyrannie du roi irritèrent la nation anglaise. Les nobles firent appel au concours de la bourgeoisie pour mettre un frein au pouvoir arbitraire de la royauté. L'aristocratie et le peuple, unis, prirent les armes et imposèrent au roi Jean la **Grande Charte**, où il était dit qu'aucun impôt ne pourrait être créé sans leur consentement préalable ; qu'aucun homme libre ne pourrait être emprisonné sans un jugement, ni dépouillé soit de sa propriété, soit de ses instruments ou animaux de travail. Cet acte important est resté la base de la constitution anglaise.

Ces premiers avantages furent augmentés sous le fils de Jean sans Terre, Henri III, le vaincu de Taillebourg et de Saintes. Simon de Leicester, comte de Montfort, se mit à la tête des barons et, avec eux, alla imposer au roi les **statuts ou provisions d'Oxford**, qui renouvelaient la garantie des libertés comprises dans la Grande Charte et introduisaient le *tiers état* dans le Parlement. De cette dernière disposition allait sortir la *Chambre des communes* en Angleterre. Sous Édouard III, en effet, le Parlement anglais forma deux Chambres distinctes : la Chambre haute ou des lords, et la Chambre basse ou des communes. Les ministres furent déclarés responsables. Le gouvernement représentatif était fondé en Angleterre.

Jean sans Terre essaya bien, avec l'appui d'Innocent III, de révoquer la charte et de se retirer à l'île de Wight, mais les barons se soulevèrent contre lui, et au moment où Jean sans Terre mourut, peut-être assassiné, les seigneurs allaient donner sa couronne à Louis VIII, futur roi de France.

QUESTIONNAIRE.

Qu'est-ce qu'Étienne de Blois ? — Racontez le règne de Henri II. — Parlez de Thomas Becket. — Qu'entendez-vous par la Grande Charte de Jean sans Terre ? — par les provisions d'Oxford ? — Sous quel règne le Parlement anglais se forma-t-il en deux Chambres distinctes ?

RÉCIT.

Assassinat de Thomas Becket. — Quelques-uns des chevaliers de l'escorte formèrent un complot pour tuer l'archevêque. Ils partirent en tumulte avec de grandes menaces, la porte fut fermée aussitôt derrière les conjurés. Renaud s'arma devant l'avant-cour, et prenant une hache des mains d'un charpentier, il frappa contre la porte pour l'ouvrir ou la briser. Les gens de la maison supplièrent Becket de se réfugier dans l'église ; mais il ne le voulut point et on allait l'y entraîner de force, quand un des assistants fit remarquer que l'heure des vêpres avait sonné : « Puisque c'est l'heure de mon devoir, dit-il, j'irai à l'église », et faisant porter la croix devant lui, il traversa le cloître à pas lents, puis marcha vers le grand autel...

A peine avait-il le pied sur les marches de l'autel, que Renaud parut à l'autre bout de l'église, revêtu de sa cotte de mailles, tenant à la main sa large épée à deux tranchants et criant : « A moi, à moi, loyaux servants du roi ! » Les autres conjurés le suivirent de près, armés comme lui de la tête aux pieds et brandissant leurs épées. Une voix cria : « Où est le traître ? » Becket ne répondit rien. « Où est l'archevêque ? — Le voici, répondit Becket, mais il n'y a pas de traître ici ; quel est votre dessein ? — Que tu meures. — Je m'y résigne ; vous ne me verrez point fuir devant vos épées, mais au nom de Dieu tout-puissant, je vous défends de toucher à aucun de mes compagnons, clerc ou laïque, grand ou petit. » Dans ce moment il reçut par derrière un coup de plat d'épée entre les épaules, et celui qui le lui porta lui dit : « Fuis ou tu es mort ». Il ne fit pas un mouvement ; les hommes d'armes entreprirent de le tirer hors de l'église. Il se débattit contre eux et déclara fermement qu'il ne sortirait pas...

Renaud dit : « Tu es mort », puis il leva son épée, et d'un même coup de revers trancha la main d'un moine saxon appelé Edward Gryn et blessa Becket à la tête. Un second coup le renversa la face contre terre, et fut asséné avec une telle violence que l'épée se brisa contre le pavé. Un homme d'armes, appelé Guillaume Mautrait, poussa du pied le cadavre immobile, en disant : « Qu'ainsi meure le traître qui a troublé le royaume et fait insurger les Anglais ! »

D'après Michelet.

VINGT ET UNIÈME LEÇON

La papauté.

SOMMAIRE. — Les papes à Avignon. — Grand schisme d'Occident.

Les papes à Avignon. — Clément V avait accepté de transporter à Avignon le siège de la papauté. Ce n'était pas en réalité une captivité complète, comme le dirent les Italiens, qui donnèrent à cette période le nom de *captivité de Babylone*, en souvenir de celle des Juifs qui, elle aussi, avait duré soixante-dix ans; mais il était bien certain qu'avec quelques troupes, le roi de France pouvait cerner Avignon et amener le pape à l'obéissance. Aussi Benoît XIII, qui succéda à Clément, rencontra-t-il une résistance désespérée chez les principales familles italiennes, qui accueillirent l'empereur Louis V avec joie. Celui-ci déclara Benoît hérétique et fit proclamer à sa place Nicolas, moine franciscain. Cependant cette velléité d'indépendance n'eut pas de suite, et toute la chrétienté se soumit à l'autorité de Benoît XIII (1334). Malheureusement Benoît XIII ne se montra pas digne du trône de saint Pierre. Débauché, avare et cruel, il compromit la dignité de l'Eglise par la vénalité, la vente des indulgences. Clément VI alla jusqu'à avancer de cinquante ans un jubilé, pour en percevoir plus tôt les revenus, et Innocent VI fut mal accueilli à son arrivée sur le trône de saint Pierre. Malgré tout, il ne sut pas faire les concessions nécessaires; il exaspéra ses propres partisans par ses appétits et son orgueil, et la catastrophe prévue se produisit.

Grand schisme d'Occident (1378). —

D'ailleurs la récente tentative du tribun **Rienzi**, qui avait tenté de fonder la République romaine et d'écraser la noblesse, prouvait que Rome avait besoin d'un chef pour sauver les institutions et les privilèges chers à la noblesse.

En 1378, les Romains réalisèrent leurs menaces. Aussi donnèrent-ils la tiare à Urbain VI, tandis que Clément VII, élu par un conclave de cardinaux tenu à Anagni, se rendit à Avignon. Le schisme fut alors consommé. Malgré les efforts de l'université de Paris, Benoît XIII résista énergiquement dans Avignon, bien qu'on le menaçât d'un siège, et Boniface IX refusa à Rome d'écouter les conseils de la raison. Toute l'Europe prenait parti dans la querelle. Wiclef, à la faveur du triste spectacle offert par la chrétienté, propageait ses doctrines à la fois sociales et religieuses, et Jean Huss agitait l'Allemagne. Les tentatives du concile de Pise n'eurent pour résultat que de donner à la catholicité trois papes au lieu de deux. Le concile de Constance ne fut pas plus heureux en 1414. Pendant soixante-dix ans, le monde catholique fut partagé en deux camps : l'un obéissait au pape de Rome, l'autre au pape français. Enfin, en 1448, le concile de Bâle rétablit la paix de l'Église. Nicolas V redevint le chef unique de la chrétienté dans la Ville Éternelle.

QUESTIONNAIRE.

Qu'est-ce que Clément V ? — Qui lui succéda ? — Comment les papes furent-ils amenés à Avignon ? — A quelle époque commence le schisme d'Occident ? la date ? — Quel fut le pape opposé à Benoît XIII ? — Qu'est-ce que Wiclef ? — Donnez la date du concile de Constance. — Quel fut le concile qui vint à bout du schisme ? la date ?

RÉCIT.

Les papes à Avignon. — C'est à Avignon que Bertrand de Goth vint établir sa résidence. Cette ville, posée au bord du Rhône, impétueux à cet endroit, était défendue par une ceinture de murailles finement sculptées et qui offraient une résistance suffisante aux machines du moyen âge. Elle communiquait avec l'autre rive par un pont en pierre, bâti, dit la légende, par saint Bénezech, et les papes firent construire de l'autre côté du fleuve le fort Saint-André pour les défendre contre les ennemis Dans cette enceinte accoururent religieux, prêtres, cardinaux, suppôts d'Église. Les monastères s'élevèrent par enchantement, les clochers dressèrent vers le ciel leurs pointes aiguës, des cloches furent établies dans toutes ces niches, et Avignon mérita ainsi le nom de ville sonnante que lui donna Rabelais. Agricol, Saint-Didier, Saint-Pierre se partagèrent les faveurs des fidèles, et sur la plate-forme qui domine la ville s'éleva bientôt un formidable château, masse sombre et grandiose, sans ornements inutiles, mais solidement gardé aux quatre coins par des tours octogones. Ce monument, connu sous le nom de Château des papes, est un des plus beaux modèles de l'architecture militaire du moyen âge.

Sur les murs du château, les artistes de l'époque peignirent des fresques d'une naïveté puissante et que le temps n'a pas réussi à détruire. En face du château fut construit l'hôtel des monnaies, véritable bijou d'art et qui révèle l'ingéniosité d'un Cellini de la pierre. Dans cette résidence embaumée par les lauriers-roses, ombragée par l'olivier méridional, à proximité des vignes de Châteauneuf et des fruits de Cavaillon, les papes menèrent joyeuse vie. Si la religion fut compromise par leur heureuse indifférence ; si les peuples furent pressurés pour satisfaire leurs élégants caprices, la renaissance du XIVe siècle profita largement de ces pontifes à la conscience si large et à l'esprit subtil. L'université d'Avignon compta parmi les plus renommées de l'univers ; des missions à destination de Naples, de l'Orient, de l'Asie augmentèrent le trésor des connaissances humaines. Des poètes chantèrent le long du Rhône ; des savants s'abritèrent au bord de la fontaine de Vaucluse. Mais les Italiens, assombris par leurs luttes civiles et leur situation politique, ne cessaient de gémir et de lancer l'anathème à cette nouvelle Babylone. « Je vois le Christ, disait Dante, prisonnier dans son vicaire, je le vois une autre fois moqué ; je le vois mourir entre deux larrons vivants ». Pétrarque, de son côté, que son amour pour Laure de Noves et son talent enclin à la grâce auraient dû rendre plus indulgent, disait aussi : « On trouve ici tout ce qu'on peut imaginer de confusion, de ténèbres et d'horreur ! c'est ici la demeure des Larves et des Lémures. » Mais la postérité s'est montrée plus indulgente pour les papes d'Avignon, parce que, malgré leurs défauts, ils ont favorisé les progrès de l'esprit humain.

C. G.

VINGT-DEUXIÈME LEÇON

Chute de l'empire d'Orient (1453).

Sommaire. — Affaiblissement progressif de l'empire après Héraclius. — Les iconoclastes. — Schisme de l'Église grecque (1054). — Avènement des Comnène. — Empire latin. — Les Turcs Seldjoucides renversent le califat de Bagdad (1055). — Les Ottomans. — Bajazet (1389-1403). — Bataille de Nicopolis (1396). — Tamerlan (1380-1405). — Bataille d'Ancyre (1402). — Jean Hunyade et Scanderbeg. — Mahomet II (1451-1481). — Appel de Constantin XII aux souverains de l'Occident. — Prise de Constantinople par Mahomet II (1453). — Mort de Constantin XII.

Orient. — Ce furent ses changements géographiques et des causes d'ordre intérieur qui précipitèrent la décadence et finalement la chute de l'empire d'Orient après Héraclius (567).

D'abord les Lombards lui enlevèrent l'Italie, moins Rome, l'exarchat de Ravenne, les deux presqu'îles du sud et la Sicile. Au VIIe siècle, il dut faire une place aux Bulgares et aux Slaves,

CHUTE DE L'EMPIRE D'ORIENT (1453).

qui se répandirent des bords de la Baltique jusqu'au fond de la Grèce, laissant à leur gauche le royaume des Avares, détruit par Charlemagne. Les Arabes lui prirent l'Afrique, et les Visigoths reconquirent les possessions impériales d'Espagne. Au xe et au xie siècle, les Magyars ou Hongrois, après avoir ravagé l'Allemagne, l'Italie et une partie de la Gaule, fondèrent le royaume de Hongrie, auquel fut rattachée, vers la fin du xie siècle, la province de Transylvanie. Alors naquirent aussi les deux royaumes slaves de Pologne (992) et de Bohême (1092).

Les iconoclastes. — A Constantinople, les vices de la cour et les querelles théologiques minèrent autant que les Barbares au dehors l'édifice impérial. **Léon l'Isaurien** ou **l'Iconoclaste**, qui succéda, en 717, au dernier des Héraclius, proscrivit le culte des images et ordonna la destruction dans les églises des tableaux des saints. De là son nom d'**Iconoclaste** (Briseur d'images). Cette mesure sacrilège rencontra des résistances qui obligèrent l'empereur à recourir à la force pour la faire exécuter. Rome fit même une révolution ; elle chassa le gouverneur impérial et se mit en république, sous l'autorité du pape Grégoire II. Ainsi commença le pouvoir temporel des papes, qui fut agrandi et consolidé par les premiers rois carolingiens.

Schisme de l'Église grecque. — L'hérésie des iconoclastes était à peine étouffée que la dispute d'où allait sortir le **schisme** de l'Église grecque éclata. Commencée en 858, sous le règne de Michel l'Ivrogne, qui remplaça le patriarche de Constantinople **Ignace** par le savant **Photius**, la lutte se termina, en 1054, par la séparation définitive de l'Église d'Orient et de l'Église latine.

En 1057, la famille illustre des **Comnène** monta sur le trône avec Isaac Comnène. Ce fut sous un empereur de cette famille, **Alexis le Grand**, que les chrétiens de la quatrième croisade prirent Constantinople et fondèrent l'empire latin. Alexis se retira dans la principauté de Trébizonde, qu'il érigea en empire. L'empire latin fut détruit par Michel Paléologue, en 1261. Il avait duré cinquante-sept ans.

En 1055, les **Turcs Seldjoucides** avaient renversé le califat de Bagdad et s'étaient emparés de l'Asie Mineure. C'était par l'Orient, cette fois, que les disciples de Mahomet allaient menacer la chrétienté. Les croisades arrivèrent à point pour retarder de deux cent cinquante ans leur première descente en Europe.

Les Ottomans. — Cependant il n'était pas réservé aux Seldjoucides de renverser l'empire grec. Leur monarchie, brisée (1294) par les Mongols en quatre sultanies (Mossoul, Perse, Damas et Konieh), fit place à la domination des **Turcs Ottomans**. Ceux-ci quittèrent en 1288 les rives de l'Oxus et firent, sous la conduite d'**Othman** (1294-1326), de rapides conquêtes dans l'Asie occidentale. En 1356, sous Orkhan, ils traversèrent pour la première fois le Bosphore et prirent pied en Europe. Amurat Ier (1360-1389) soumit la Thrace, la Roumélie, attaqua les Serbes et les Hongrois et fut tué en parcourant en vainqueur le champ de bataille de Kossovo (1389).

Bajazet (1389-1403) développa les conquêtes de son prédécesseur. Sigismond, roi de Hongrie, se sentant menacé, appela les Occidentaux à son

CHUTE DE L'EMPIRE D'ORIENT (1453).

secours. Dix mille chevaliers français partirent, sous la conduite du comte de Nevers (Jean sans Peur), pour cette nouvelle croisade et furent taillés en pièces à la bataille de Nicopolis (1396). Bajazet allait profiter de sa victoire pour marcher sur Constantinople, quand un ennemi inattendu l'obligea à repasser précipitamment en Asie.

Tamerlan (1380-1405). — Descendant de **Gengis-Khan**, qui avait fondé, de 1206 à 1227, l'empire des Mongols, rapidement démembré après sa mort, **Tamerlan**, ou **Timour le Boiteux**, surpassa Gengis-Khan par ses exploits et par ses cruautés. Après avoir soumis le Turkestan et la Perse, fait égorger 100 000 prisonniers dans Delhi, il se jeta sur la Syrie, l'Égypte, l'Asie Mineure et les ravagea. A Damas, il fit élever une pyramide avec les têtes de 90 000 captifs.

Bajazet et Tamerlan se rencontrèrent à Ancyre (Angora) en 1402; le premier y essuya une sanglante défaite et fut fait prisonnier. Heureusement pour l'Europe, le vainqueur retourna vers l'orient pour aller conquérir la Chine.

La vaste domination de Tamerlan s'écroula aussi rapidement qu'elle s'était élevée; il n'en resta, dans l'Inde, que l'empire du Grand Mongol, qui fut ruiné au xviiie siècle et passa, depuis, en grande partie aux Anglais.

La diversion opérée par Tamerlan avait laissé à l'empire un moment de répit; mais elle ne l'avait pas sauvé d'une destruction prochaine. **Amurat II (1421-1451)** se présenta devant Constantinople avec 200 000 hommes et força l'empereur Jean Paléologue à lui payer un lourd tribut. **Jean Hunyade**, voïvode de Transylvanie, et l'Albanais **George Castriota** (Scanderbeg) se défendirent avec plus d'énergie; ils furent, au centre de l'Europe, les glorieux remparts de la chrétienté contre les furieuses attaques des propagateurs de l'Islam; mais leurs exploits ne pouvaient plus sauver l'empire grec agonisant.

Mahomet II (1451-1481). — Prise de Constantinople. — La capitale des Césars subit le suprême assaut en 1453. Il lui fut donné par Mahomet II. Constantin XII occupait alors le trône. Sentant que la chute de l'empire était proche, il jeta vers l'Occident un dernier cri d'alarme; mais les nations européennes, encore mal constituées, divisées entre elles ou occupées à se remettre de longues guerres, n'étaient pas prêtes pour une nouvelle croisade.

Abandonné à ses propres forces, réduites à quelques milliers de combattants, Constantin ne put que se préparer à succomber en héros. Il réunit autour de lui les débris de sa garnison, fit face aux assaillants, vingt fois supérieurs en nombre, et tomba glorieusement au milieu des siens, percé de mille coups.

QUESTIONNAIRE.

A quelle époque commença la décadence de l'empire d'Orient? — Que perdit-il du VIIe au XIe siècle? — Qu'étaient-ce que les iconoclastes? — Que se passa-t-il à Rome à cette époque? — Qu'est-ce que le schisme de l'Église grecque? — En quelle année fut-il consommé? — Combien dura l'empire latin de Constantinople? — Par qui l'empire grec fut-il rétabli? — Par qui le califat de Bagdad fut-il renversé? — En quelle année? — Par qui fut brisée la monarchie des Seldjoucides? — Quelle domination s'éleva à la place de la leur? — En quelle année les Ottomans firent-ils leur première apparition en Europe? — Qui gagna la bataille de Nicopolis? — Qu'était-ce que Tamerlan? — Où vainquit-il Bajazet? — Que devint l'empire de Tamerlan? — Citez deux énergiques adversaires des Turcs au centre de l'Europe? — Par qui l'empire d'Orient fut-il renversé? — En quelle année? — Comment finit Constantin XII?

CHUTE DE L'EMPIRE D'ORIENT (1453).

RÉCIT.

Prise de Constantinople. — Mahomet avait hâte d'accomplir les dernières volontés de son père : « Vois-tu ces oreillers? disait-il à son grand vizir. Toute la nuit, je les roule çà et là ; je me suis levé, recouché ; mais le sommeil n'est pas venu. » Aussi les apprêts furent-ils considérables. Il fit étudier les fortifications de la ville et l'assiégea avec 300 000 hommes, 300 navires et des canons de forme inconnue. Constantin ne disposait que de 5000 défenseurs aidés par 3000 Vénitiens et Génois. Attaquée alors pour la vingt-neuvième fois, la ville devait fatalement succomber. Par mer, les musulmans essayèrent de forcer l'entrée du port défendue par des chaînes, mais Mahomet eut recours à un stratagème incroyable. Il ouvrit une route de quatre à cinq milles, y plaça des planches enduites de suif et y fit glisser 80 galères, qui arrivèrent un jour dans le port, à la stupéfaction des Grecs.

L'assaut fut fixé au 29 mai 1453. Mahomet fit appel à l'ambition, au fanatisme et à la cupidité de ses soldats. La lutte fut rapide et Constantin, se voyant perdu, se précipita au milieu des ennemis et y trouva la mort. Les musulmans enlevèrent tout ce qu'ils purent trouver. Ils traînèrent sur les vaisseaux 60 000 captifs de tout âge et de tout sexe. Tableaux, bibliothèques, statues, tout fut saccagé et détruit. Quelques quartiers obtinrent pourtant des conditions convenables.

Lorsque Mahomet entra à Constantinople trois jours après, il fut heureux de sa conquête, mais tant de ruines lui inspirèrent un sentiment mélancolique qu'il traduisit par cette citation d'un poète persan : « L'araignée a tendu sa toile dans la demeure des rois et la chouette nocturne a chanté sur les toits d'Asrasoab ».

Mahomet qui appelait Constantinople un diamant enchâssé entre deux émeraudes et deux saphirs, installa sa résidence sur la colline qu'avait choisie le grand Constantin. Il assura aux Grecs leurs églises et le droit d'y célébrer leur culte. Mais il convertit en mosquées huit églises et en particulier Sainte-Sophie qui devint la cathédrale de l'Islamisme. Il construisit les châteaux des Dardanelles, démolit les murailles de Galata, releva celles de Constantinople et y transporta 5000 familles musulmanes; en outre, chaque fois qu'il prenait une ville aux extrémités de l'empire, il en faisait passer les ouvriers et les artisans sur le Bosphore.

D'après Cantu.

DEVOIRS.

Exposez les établissements des Visigoths et les causes de leur disparition. — Attila. — Justinien et Héraclius. — La civilisation arabe. — Comparez la féodalité française et la féodalité européenne. — La conquête de l'Angleterre par les Normands. — Henri IV et Grégoire VII. — Exposez le pontificat d'Innocent III. — Richard Cœur de Lion. — Racontez la lutte des Ottomans et de l'empire d'Orient, depuis Héraclius jusqu'à la prise de Constantinople.

TROISIÈME PARTIE

TEMPS MODERNES

VINGT-TROISIÈME LEÇON

L'Angleterre de 1421 à 1509.

Sommaire. — Henri VI (1422-1472). — Commencement de la guerre des Deux Roses (1455). — Marguerite d'Anjou. — Le comte de Warwick. — Bataille de Tewkesbury (1471). — Triomphe de la Rose blanche. — Les Tudors. — Henri VII (1485-1509). — Son despotisme (1421-1509).

Les Plantagenets donnèrent à l'Angleterre le gouvernement constitutionnel et les libertés que les autres pays d'Europe ne devaient posséder que beaucoup plus tard. Mais Henri III indisposa les barons anglais par ses échecs contre saint Louis et par ses prodigalités. Les barons réunis rédigèrent des statuts, sous le nom de *provisions d'Oxford*, qui accordaient une part de gouvernement aux représentants de la nation. Il mourut après avoir triomphé de ses ennemis à la bataille d'Evesham (1265). Édouard I*er*, qui lui succéda, fit faire de grands progrès à la puissance anglaise. Il vainquit la résistance des habitants du pays de Galles et imposa sa souveraineté à Jean Baliol, roi d'Écosse (1292). Ceux-ci indignés se soulevèrent, sous la direction de William Wallace, mais ils

furent anéantis à la bataille de Falkirk (1298). Enfin, sous Édouard II, le chef des Écossais, Robert Bruce, finit par triompher de l'Angleterre et conclut avec son adversaire un traité de trente ans. Édouard fut assassiné par l'ordre de sa femme

Isabelle, et Édouard III monté sur le trône s'empressa de punir sa mère et son complice Mortimer.

Édouard III lança son pays dans la guerre de Cent Ans et fut aimé de son peuple tant qu'il remporta des victoires ; ce fut sous son règne que la langue anglaise fut officiellement substituée à la langue française. Richard II, son petit-fils et son successeur, engagea une lutte contre les seigneurs, mais il fut renversé par son cousin Henri de Lancastre, qui prit le nom de Henri IV. Celui-ci s'appuya sur les communes pour gouverner, mais il eut à lutter contre les Gallois, insurgés une fois de plus. Il mourut en 1413, laissant le trône à son fils Henri V, qui reprit la lutte contre les Français et gagna contre eux la bataille d'Azincourt. Mais il mourut prématurément en 1422, et ce fut Henri VI, âgé de quelques mois, qui, à la suite du honteux traité de Troyes, fut proclamé roi de France et d'Angleterre, sous la régence du duc de Bedford. Cependant la dynastie finit par une catastrophe. La famille de **Lancastre**, avec Henri VI, fut attaquée par le représentant de la maison d'**York** ; ce fut, en d'autres termes, une usurpation de la branche cadette sur la branche aînée. La guerre civile éclata et coûta à l'Angleterre ses libertés publiques.

Henri VI (1422-1472). — **Guerre des Deux Roses**. — Cette guerre fut appelée guerre des **Deux Roses** (**1455**), parce que les partisans de la maison d'York portaient dans leur écu une *rose blanche*, et ceux de la maison de Lancastre une *rose rouge*.

Cette guerre affreuse, qui anéantit presque

entièrement les deux familles rivales et l'aristocratie anglaise, fut commencée par Richard d'York, au début des temps modernes et au moment où les défaites de Henri VI, en France, avaient irrité contre lui la noblesse anglaise et affaibli son parti. Elle se continua sous *Édouard IV*, le signataire avec le roi de France Louis XI du traité de Pecquigny, sous Édouard V et sous Richard III. L'héroïne en fut **Marguerite d'Anjou**, femme de l'incapable Henri VI, et fille du roi *René d'Anjou*, souverain de Naples et de Sicile.

Après les défaites de son mari aux batailles de *Saint-Albans* et de *Northampton*, Marguerite releva un moment la fortune de la famille royale, à *Wakefield*, où Richard d'York périt avec un de ses fils. Sa tête, ornée par dérision d'une couronne de papier doré, fut exposée sur les murs de la ville. Mais le second fils de Richard réussit, grâce à l'appui du puissant **comte de Warwick**, surnommé le *Faiseur de rois*, à monter sur le trône (1461). Il écrasa à *Towton* les Lancastriens, enferma Henri VI dans la Tour de Londres, et obligea Marguerite à se réfugier en France auprès de Louis XI. Elle en obtint quelques secours en hommes et en argent, en promettant de lui rendre Calais, et repassa le détroit pour recommencer la lutte. Forcée de quitter une seconde fois l'Angleterre, elle y fut ramenée par le comte de Warwick, qui venait de rompre avec Édouard IV, coupable d'ingratitude à son égard. Warwick prit contre son ancien maître une vigoureuse offensive; il le battit à *Nottingham*, mais, à son tour, il fut défait et tué à *Barnet*. Avec lui la vaillante reine perdit tout espoir de voir triompher sa cause. La bataille décisive de Tewkesbury, où elle tomba au pouvoir d'Edouard IV, avec son fils, qui fut massacré, assura le triomphe de la **Rose blanche (1471)**. Le vainqueur entra dans Londres, restée fidèle à son parti, et y termina dans les plaisirs un règne ensanglanté par seize années de guerre civile. Il mourut probablement assassiné par son frère, le duc de *Glocester*, meurtrier de Henri VI. Marguerite, rendue à la liberté, se retira auprès de son père.

La victoire était restée à la maison d'York ; mais le cruel Richard III, « le Néron anglais », duc de Glocester, frère d'Edouard IV, ayant fait étouffer par un misérable, nommé John Tyrrell, ses neveux, s'empara du trône et s'aliéna le peuple anglais ; il fut vaincu et tué par ses adversaires, à la bataille de Bosworth. Le duc de Buckingham, le plus puissant d'entre eux, appela à lui succéder le jeune Henri de Lancastre, fils d'Owen Tudor. Celui-ci épousa la fille d'Edouard IV, dernier rejeton de la maison d'York, et mit fin, par ce mariage, à la rivalité des deux Roses.

Les Tudors. — **Henri VII Tudor (1485-1509)**. — La guerre civile avait emporté tous les chefs de l'aristocratie anglaise. La nation, épuisée et en deuil, aspirait au repos ; le roi profita de son état de fatigue pour la priver de ses libertés et inaugurer le pouvoir despotique. Mais il lui donna en échange la prospérité intérieure et la gloire extérieure. Ce prince ne sut pas se montrer généreux envers ses ennemis ; le comte de Warwick, dernier rejeton des Plantagenets, fut mis à mort pour avoir fomenté une révolte. Henri VII développa d'ailleurs la marine anglaise et se montra favorable à l'industrie et au commerce. Il conclut avec Charles VIII le traité d'Étaples. Le mariage de sa fille avec le roi d'Ecosse Jacques IV devint l'origine des droits des Stuarts à la couronne d'Angleterre et prépara la réunion des deux pays.

QUESTIONNAIRE.

Quelle fut, en Angleterre, la cause de la guerre des Deux Roses? — Racontez cette guerre. — Parlez de Marguerite d'Anjou. — Citez les principales batailles. — Que savez-vous de Richard III? — Quels en furent les résultats? — Parlez de Henri VII et de l'avènement des Tudors.

RÉCIT.

Warwick. — Tandis que le revenu annuel de la couronne était tombé à 5000 livres sterling, plusieurs familles avaient réuni des fortunes royales par des mariages et des successions. Le seul comte de Warwick, le dernier et le plus illustre exemple de l'hospitalité féodale, nourrissait journellement dans ses terres jusqu'à 30 000 personnes. Quand il tenait maison à Londres, ses vassaux et ses amis consommaient six bœufs par repas. Cette fortune colossale était soutenue par les talents d'un chef de parti. Son intrépidité était étrangère au point d'honneur chevaleresque. Cet homme, qu'on avait vu attaquer une flotte double de la sienne, fuyait souvent sans rougir, lorsqu'il voyait plier les siens. Impitoyable pour les nobles, il épargnait le peuple dans les batailles. Comment s'étonner qu'il ait mérité le surnom de *Faiseur de rois*?

Son orgueil national, si cruellement humilié, commença à chercher un vengeur. Il se rallia à la famille d'York, et après la mort de Richard, prit le jeune Édouard sous sa puissante protection. C'est lui qui le conduisit contre Marguerite d'Anjou à Towton; là, pendant tout un jour, sous une neige épaisse, combattirent les deux partis avec une fureur peu commune, même dans les guerres civiles. Warwick, voyant plier les siens, tue son cheval, baise la croix que formait la garde de son épée, et jure qu'il partagera le sort du dernier des soldats. Les Lancastriens sont précipités dans les eaux du Cork. Édouard défend de faire quartier aux vaincus; 38 000 hommes sont noyés ou massacrés.

Après la victoire, vint le partage des dépouilles. Warwick eut la part principale. Mais il vit succéder à son crédit les parents d'Élisabeth Woodville, la favorite du roi, et le Faiseur de rois ne songea qu'à détruire son ouvrage. Il négocia avec la France, souleva le nord de l'Angleterre, attira dans son parti le frère même du roi et se rendit maître de la personne d'Édouard. Mais Warwick se vit bientôt obligé de fuir avec Clarence et de passer sur le continent.

Il se réconcilie alors avec cette même Marguerite d'Anjou et repasse en Angleterre. Édouard ne se réveilla qu'en apprenant que Warwick marchait à lui avec plus de 60 000 hommes. Mais la trahison de Clarence qui passa à son frère, et l'erreur qui fit confondre le soleil que portait ce jour-là dans ses armes le parti d'Édouard avec l'étoile rayonnante du côté opposé, entraînèrent la perte de la bataille et la mort du comte de Warwick. Ainsi mourut ce redoutable aventurier.

D'après MICHELET.

VINGT-QUATRIÈME LEÇON

Espagne.

SOMMAIRE. — Espagne. — Ferdinand et Isabelle (1479-1516). — Conquête du royaume de Grenade. — Mesures intérieures. — Ximenès. — Unité de l'Espagne.

Espagne. — Ferdinand et Isabelle (1479-1516). — Unité de l'Espagne. — Les quatre royaumes chrétiens, Aragon, Castille, Navarre et Portugal, en guerre les uns contre les autres, s'épuisaient, avons-nous dit ailleurs, à vider par les armes leurs perpétuelles querelles. Pierre le Cruel, roi d'Aragon, fit assassiner son fils aîné, à qui sa mère avait laissé la Navarre par testament, et annexa à ses Etats la partie espagnole de cette principauté. La Navarre française resta indépendante. D'autre part, Henri IV de Castille fut déposé par les grands, qui lui reprochaient ses complaisances coupables pour son favori Bertrand de la Cueva. Il reprit possession du trône, mais à la condition de déshériter sa fille, la *Beltraneja*, et de laisser la succession à sa sœur Isabelle. Le mariage de **Ferdinand** d'Aragon, héritier de Pierre, avec **Isabelle**, héritière de Castille, allait heureusement faire disparaître ces causes de faiblesse en préparant l'unité de l'Espagne. Le jeune couple royal réunissait les qualités qui font réussir dans les grandes entreprises : Ferdinand était habile, Isabelle, héroïque ; l'un et l'autre aimaient la gloire. La fortune favorisa leurs desseins. Ils furent d'ailleurs aidés dans leurs efforts par le cardinal Ximenès, qu'on a appelé le Richelieu de l'Espagne. Ce fut grâce à lui que les souverains suivirent un plan déterminé : 1° assurer l'unité espagnole ; 2° briser la résistance du clergé et des seigneurs ; 3° réaliser l'unité religieuse de la péninsule.

Seul le royaume des Maures restait indépendant. En 1492, Isabelle s'empara de Grenade, défendue par Boabdil, et ajouta ce royaume à la Castille et à l'Aragon ; les débris de la population mauresque furent, par son ordre, transportés en Afrique. Quelques années plus tard, Ferdinand conquit une autre partie de la Navarre sur Jean d'Albret et reçut de Charles VIII le Roussillon et la Cerdagne. Le Béarn demeura à la maison d'Albret. Dès lors, la monarchie espagnole, se trouva fondée ; elle allait être riche, grâce à l'or du Nouveau Monde, et prête à jouer le grand rôle que lui réservait Charles-Quint.

Pour réaliser leur deuxième projet, ils accaparèrent les ordres militaires d'Alcantara et de Calatrava, mirent aux prises les seigneurs et les bourgeois par l'institution de la Sainte Hermandad et détruisirent les Cortès castillanes et la justiza aragonaise, derniers restes de l'indépendance espagnole.

Les brillants succès de Ferdinand et d'Isabelle avaient illustré leur règne ; mais la gloire qu'ils acquirent en créant la nationalité espagnole ne saurait faire oublier leur politique perfide dans les affaires de l'Italie méridionale, ni les rigueurs exercées sous leurs yeux, et avec leur consentement, contre les Maures et les juifs par la terrible **Inquisition**. Ce tribunal odieux devint dans leurs mains un instrument de domination autant que de conversion religieuse ; le nom de **Torquemada**, moine dominicain qui le dirigeait avec le titre d'*inquisiteur général*, rappelle pour l'Espagne une époque de violente persécution. En moins de vingt ans, il périt sur les bûchers plusieurs milliers de personnes. De plus, ces mesures cruelles étaient en même temps impolitiques, car les Maures étaient les meilleurs agriculteurs et les juifs les meilleurs commerçants et industriels du pays.

Jeanne, plus tard surnommée *la Folle*, fille de Ferdinand et d'Isabelle, épousa Philippe le Beau, fils de Maximilien d'Autriche et de Marie de Bourgogne. De ce mariage naquirent *Ferdinand* et *Charles*. Ce dernier devait être Charles-Quint, dont la puissance fut si redoutable à la France et à l'Europe.

QUESTIONNAIRE.

Par qui fut réalisée l'unité de l'Espagne ? — Qu'est-ce que Ximenès ? — Que savez-vous de Ferdinand et d'Isabelle ? — Comment arrivèrent-ils sur le trône? — Racontez la prise de Grenade. — Qu'est-ce que la Sainte Hermandad? — Quels furent les deux enfants de Ferdinand et d'Isabelle?

RÉCIT.

Prise de Grenade. — Grenade obéissait à Boabdil qui avait usurpé le trône aux dépens de son père Muley-Haçan, mais une partie de la population lui était ouvertement hostile, et les Maures ne surent pas oublier leurs discordes intestines en face de leurs impitoyables ennemis. Pourtant Grenade aurait pu opposer une longue résistance. Admirablement défendue par de fortes murailles, pourvue d'eau potable, entourée de délicieux jardins, la « ville aux cent portes » contenait en outre près de 300 000 défenseurs. Mais Isabelle, poussée par le cardinal Ximenès et par son fanatisme religieux, avait juré d'extirper le dernier sultan de l'Espagne. Elle jura, dit la légende, de ne changer de chemise que le jour où la ville ouvrirait ses portes, et elle tint parole. Un incendie ayant dévasté le camp des Espagnols, elle fit construire en face de la ville une autre ville en bois, dans laquelle logea l'armée et qui reçut le nom de Santa Fé.

Malheureusement pour Boabdil, tous les agriculteurs s'étaient réfugiés dans la ville à l'approche de l'ennemi, et malgré les ressources dont disposait Grenade, la disette devint bientôt menaçante. Indisciplinés et furieux, les soldats maures se jetaient, presque chaque jour, sur le camp espagnol, mais ils ne réussissaient qu'à se faire tuer vaillamment et à énerver la défense. Cependant, tant était ardent leur désir de ne pas céder, la résistance dura neuf mois. Mais les adversaires de Boabdil fomentèrent des révoltes; les femmes demandaient à grands cris leur nourriture et il fallut ouvrir les portes. Boabdil obtint un riche domaine dans les Alpujarras. L'histoire raconte que, le lendemain de sa défaite, Boabdil accompagné de sa mère montait lentement les flancs de la montagne pour gagner son lieu d'exil. Arrivé au sommet, il se retourna, et à la vue de Grenade dont les toits étincelaient au soleil couchant, de l'Alhambra qui dressait « ses créneaux festonnés et croulants », de ses 1000 tours qui se découpaient sur l'azur du ciel, et de ses jardins embaumés, il se mit à verser d'abondantes larmes. « Pleure, mon fils, lui dit alors sa mère, pleure comme une femme cette ville que tu n'as pas su défendre comme un homme. »

La prise de Grenade était en même temps l'anéantissement de la puissance maure en Espagne : 80 000 personnes quittèrent la ville et se réfugièrent en Afrique. Quelques-unes se cachèrent dans les gorges obscures des montagnes, mais elles furent décimées et écrasées définitivement en 1610.

C. G.

VINGT-CINQUIEME LEÇON

Italie.

Sommaire. — Venise ; — Gênes ; — Milan ; — Florence. — État de la péninsule à la fin du moyen âge.

Venise. — Du XIII° au XV° siècle, Venise qui, depuis 597, avait secoué la domination des empereurs d'Orient et s'était constituée en république, fut la puissance maritime la plus redoutable du versant méditerranéen. Elle dut en grande partie cette situation prépondérante aux avantages qu'elle retira de la quatrième croisade. Les croisés, auxquels elle avait loué ses vaisseaux pour se rendre en Terre Sainte, manquaient d'argent pour payer le prix de leur passage : elle leur permit de s'acquitter en l'aidant à conquérir la ville de Zara, en Dalmatie ; puis, les détournant entièrement de leur but, elle leur montra l'empire grec, déchiré par la rivalité d'*Isaac* et d'*Alexis Comnène*, comme une proie facile à saisir. Les croisés se dirigèrent vers Constantinople, conduits par les marins vénitiens ; ils la prirent et fondèrent l'empire latin, qui dura cinquante-sept ans (1204-1261), avec la dynastie des Baudouin.

Venise, qui avait payé les frais de cette expédition, se réserva la part du lion dans le partage des dépouilles : elle garda pour elle le tiers de Constantinople, les ports de la mer Noire et de la mer de Marmara, les îles de Candie et de Négrepont, presque toutes celles de l'Archipel et le groupe des Sporades. Aussi son doge prenait-il fièrement le titre de *seigneur d'un quart et demi de l'empire grec*.

Un moment affaiblie au xive siècle par sa lutte contre Gênes, elle atteignit au xve siècle son plus haut degré de puissance. Sa marine marchande comptait 3000 navires, et sa flotte, la plus forte de l'Europe, était montée par 40000 marins. L'Adige, la Brenta, la Piave et le Tagliamento coulaient dans ses possessions continentales; le port de Trieste et la côte de la Dalmatie lui appartenaient. Son commerce et son industrie étaient florissants; elle était sans rivale dans la fabrication des glaces.

En 1173, l'inamovibilité du doge fut supprimée, à la suite d'une insurrection; désormais le premier magistrat de la république partagea ce pouvoir avec un **Grand Conseil** de 480 membres, renouvelables chaque année. La création du Grand Conseil fit passer le gouvernement aux mains de l'aristocratie. Ce gouvernement devint entièrement oligarchique, en 1310, par la création du fameux **Conseil des Dix**, qui s'adjoignit, en 1454, le triumvirat terrible des **Inquisiteurs d'État**.

La découverte de l'Amérique, en donnant une autre direction à l'activité commerciale de l'ouest de l'Europe, celle d'une route maritime vers les Indes par le sud de l'Afrique, et les attaques incessantes des Turcs, maîtres de Constantinople, contre ses possessions dans la Méditerranée, firent déchoir la *dominante* Venise.

Gênes. — Gênes dut aux croisades, comme Venise, le développement de sa puissance maritime. Rivale de celle-ci, elle aida à la chute de l'empire latin et obtint des empereurs grecs, en récompense de ses services, deux faubourgs de Constantinople avec la permission d'établir des comptoirs sur les côtes de la mer Noire et dans les îles de l'Archipel; sa domination sur le territoire maritime de l'empire remplaça celle de Venise et ce fut presque exclusivement par ses caravanes, dont le point de départ et d'arrivée était Azof, que se fit le commerce de l'Europe avec l'intérieur de l'Asie. Elle ruina, par jalousie, la république de Pise, sa voisine, et combla son port.

Mais affaiblie au XIVe et au XVe siècle par sa longue lutte contre Venise, par ses querelles intestines et par la perte de ses possessions en Orient, qui lui furent enlevées par les Turcs, la turbulente république génoise essaya vainement de se placer sous le protectorat de la France. Louis XI la repoussa et elle finit par tomber sous la domination des ducs de Milan. Louis XII ayant conquis le Milanais, les Génois entrèrent dans le parti français et ne s'en détachèrent qu'au moment où l'amiral André Doria se brouilla avec François Ier. François Ier voulut ressusciter Pise, leur ancienne rivale. Ce projet fut cause que l'amiral André Doria, qui commandait notre flotte, passa du côté de Charles-Quint. Après les guerres d'Italie, Gênes, cessant de se mêler aux querelles européennes, vécut dans une demi-obscurité. Cependant, en 1783, Louis XIV la fit bombarder par une escadre conduite par Duquesne, pour avoir prêté des armes et des vaisseaux aux pirates barbaresques. Le doge fut même obligé, en dépit de la constitution, de venir à Versailles pour y faire amende honorable. Elle devint, en 1797, la République ligurienne.

Milan. — Soustraites à la domination impériale, les principales villes du nord de l'Italie tombèrent au pouvoir de seigneurs puissants, dont quelques-uns furent les fondateurs de maisons ducales souveraines [1]. A Milan, la famille des **Visconti** s'empara de l'autorité vers la fin du XIII° siècle. Détruite par l'empereur Frédéric I°', Milan s'était rapidement relevée de ses ruines. Sous le gouvernement des Visconti, elle étendit sa domination sur toute l'Italie septentrionale.

Jean Galéas Visconti ayant pris à sa solde des bandes de *condottieri*, mercenaires qui vendaient leurs services au plus offrant, le chef de ces condottieri, *François Sforza*, épousa, en 1445, la petite-fille de Galéas et s'empara du duché de Milan, sur lequel lui et sa famille régnèrent pendant un demi-siècle.

Florence. — La république de Florence datait de 1250. Déchirée au XIII° siècle par les deux factions rivales des Guelfes et des Gibelins ; plus que décimée au milieu du XIV° par la terrible peste qui lui enleva 100 000 habitants, Florence ne fut réellement une république florissante qu'à l'avènement des Médicis à la suprême magistrature. Sous le

---

1. Maison des comtes de Savoie ; maison d'Este, à Modène ; marquisat de Saluces, etc.

gouvernement paternel et démocratique de ces riches banquiers, dont les plus illustres furent Jean de Médicis, surnommé le *Père des pauvres*, Cosme de Médicis, qui fut proclamé *Père de la patrie*, et Laurent le Magnifique, la capitale de la Toscane devint au xve siècle la cité la plus opulente de l'Italie, grâce à son industrie et à son commerce, et la plus brillante par l'éclat des lettres et des arts. C'est à juste titre qu'elle fut surnommée l'Athènes de l'Italie. Charles-Quint transforma pour la famille des Médicis la république florentine en duché de Toscane.

État de la péninsule à la fin du moyen âge. — Le moyen âge en disparaissant laissait l'Italie partagée en six principaux États et un grand nombre de souverainetés plus petites. Les six États importants étaient : le royaume de Naples, le territoire pontifical, les républiques de Venise et de Florence, les duchés de Milan et de Savoie.

La civilisation dans ce pays favorisé brillait déjà d'un vif éclat alors que dans le reste de l'Europe elle projetait à peine ses premières lueurs. Le xive siècle avait produit à Florence les poètes **Dante** et **Pétrarque** et le prosateur **Boccace**. L'architecture et la peinture faisaient pressentir dès la même époque, par des œuvres remarquables, les splendeurs de la Renaissance italienne, hâtée par l'émigration à Florence et à Rome des savants grecs chassés de Constantinople par les Turcs.

Mais il s'en fallait que l'Italie présentât un tableau aussi satisfaisant sous le rapport politique. Les familles souveraines et princières y étaient en lutte les unes contre les autres ; les rivalités et les haines profondes des Guelfes et des Gibelins avaient à ce point affaibli le sentiment national chez la plupart d'entre elles et même parmi les classes populaires, qu'au moment où l'étranger parut au delà des Alpes il y fut reçu avec satisfaction.

QUESTIONNAIRE.

A quelle époque commence la prospérité de Venise? — Quelle fut l'étendue de son empire? — Parlez de son administration. — Quelle fut la cause de sa décadence? — Où Gênes cherchat-elle à établir ses comptoirs? — Quels furent ses rapports avec Louis XIV? — Que savez-vous de Milan? — Qu'est-ce que les Visconti? — Quel est l'événement qui ruina Florence au xiv° siècle? — Que savez-vous des Médicis? — Quel rôle joua Florence en Italie?

RÉCIT.

Jérôme Savonarole. — Les Médicis semblaient les maîtres à Florence. Ils avaient dépensé plus de 32 millions à embellir la ville, l'avaient dotée de bibliothèques et de musées, avaient assaini les promenades, encouragé les artistes, soulagé les pauvres et pendant des années n'avaient recueilli que les bénédictions de leur peuple. Mais brusquement un moine, à la figure ascétique, à la parole ardente, au geste brusque et aux yeux brillants, se dressa contre eux. C'était un moine de Ferrare, nommé Jérôme Savonarole. Du haut de la chaire dans laquelle il se démenait furieusement, il apostropha violemment les Médicis, leur reprochant leurs dépenses et leurs mœurs dissolues. Puis il s'en prit aux Florentins eux-mêmes, il railla impitoyablement leurs modes et leurs vices, fit le procès de chacun d'eux en l'appelant par son nom, et aux accents de cette voix presque prophétique, chacun courba la tête. Faisant violemment incursion dans la politique, Savonarole reprocha à ses concitoyens leur lâcheté et leur faiblesse. Il leur promit une sorte de théocratie démocratique qui amènerait le règne de la justice et de la vérité, le triomphe de la vertu et une sage répartition des biens. Grâce à lui, les Médicis sont chassés de Florence, et Savonarole reçoit des habitants le gouvernement de leur cité.

D'abord tout alla bien. Les partisans ou frateschi se chargèrent eux-mêmes de la police des rues et désignèrent tout réfractaire à la vengeance du tribunal des moines. Plus de fêtes, plus de joies. Les artistes quittèrent cette ville endormie, et de longues processions traversèrent la cité. Savonarole établit à Florence une république religieuse aussi intolérante, aussi cruelle que celle établie par Calvin à Genève, quelques années après.

Mais Savonarole abusa de son pouvoir. Il versa dans le mysticisme et dans l'hérésie, et le pape dut le sommer de rentrer dans le giron de l'Eglise. Il refusa et fut excommunié. Ses adversaires relevèrent la tête, et le moine eut beau tonner dans les églises, son tonnerre n'effrayait plus les Florentins. En vain disait-il : « O Italie, ô Rome, les Barbares vont venir affamés comme des lions, et la mortalité sera si grande, que les fossoyeurs iront par les rues, criant : « Qui a des morts ? » et alors, l'un apportera son père, l'autre son fils. O Rome, je te le répète, fais pénitence; faites pénitence, ô Venise, ô Milan ! », son parti se désagrégeait chaque jour. La fureur le conduisit aux pires extrémités : « Le temps est arrivé, avait-il dit, un homme viendra qui envahira l'Italie en quelques semaines, sans tirer l'épée. Il passera les monts comme Cyrus, et les rochers et les forts tomberont devant lui. » Aussi ouvrit-il la porte de Florence à Charles VIII. Mais il l'indisposa par sa hauteur, et après la défaite de l'expédition française, les Florentins, obéissant au pape, rappelèrent les Médicis. Savonarole fut condamné à être brûlé vif et à être rayé de l'Eglise. « De la militante, oui, mais de la triomphante, non ! » criait-il au milieu des flammes.

C. G.

VINGT-SIXIÈME LEÇON

Expéditions maritimes.

Sommaire. — Découvertes et expéditions maritimes du xve siècle : Christophe Colomb et Vasco de Gama.

Les temps modernes. — La prise de Constantinople marque, pour les historiens, la fin du moyen âge et le commencement des temps modernes. Aux guerres féodales vont succéder désormais les guerres de peuple à peuple. Le tiers état, né du mouvement communal, va grandir et gagner tout le terrain que la féodalité a perdu. Les populations, heureuses d'échapper à une oppression plusieurs fois séculaire, se réunissent autour des rois et facilitent, en suivant leur impulsion, l'établissement, dans chaque État, de la monarchie absolue, d'où sortiront la force et l'unité nationales. « Le XVe siècle, a dit Michelet, a été le siècle des rois. »

Les découvertes maritimes, celles de Gutenberg et plus tard de Galilée, vont donner aux hommes des idées nouvelles dans la navigation et dans les sciences. Les écrivains et les artistes de la Renaissance préparent l'indépendance de l'esprit; la Réforme, l'émancipation de la conscience; et le perfectionnement de la boussole, en permettant aux marins de se guider sur l'océan, contribuera à une immense révolution économique et commerciale, dont profiteront les peuples et les États.

Découvertes maritimes. — Portugal et Espagne. — Les Portugais et les Espagnols sont les premiers peuples qui se soient élancés au delà des mers. Placés à l'extrémité de l'Europe, séparés des autres pays par les montagnes qui leur font tourner le dos à la Méditerranée, avec des fleuves qui, presque tous, se dirigent vers l'océan, ces peuples devaient être forcément amenés à chercher ce qu'il y avait au delà de cette mer en apparence sans limites. Ils y furent poussés encore : par la découverte du système de Mercator qui permit de représenter approximativement sur une surface plane les contours des pays étrangers; par les légendes qui rapportaient le voyage d'Hannon et énuméraient les richesses des contrées inconnues; par le besoin de numéraire, et surtout par l'influence personnelle de l'infant Don Henri qui, dédaigneux du pouvoir, s'était fixé au cap Palos pour interroger de plus près l'océan. Il ne faut pas oublier non plus le désir de conquérir au catholicisme les barbares adorateurs de faux dieux. Pour beaucoup, les expéditions maritimes ne furent qu'une nouvelle croisade. Les Portugais prennent, d'abord, sur les côtes occidentales de l'Afrique et dans les îles environnantes, les Canaries, l'île Madère, les îles du Cap-Vert, la place des marins dieppois

Vasco de Gama.

du xive siècle, ruinés par la guerre de Cent Ans. Barthélemy Diaz eut, le premier, la gloire de franchir l'équateur et d'apercevoir le cap des Tempêtes (cap de Bonne-Espérance). Enfin, en 1497, **Vasco de Gama**, un de leurs plus célèbres navigateurs, double le cap de Bonne-Espérance, fait voile vers les Indes et aborde à *Calicut*, dans la presqu'île de Malabar. Il jette dans ces parages lointains les premiers fondements de l'empire colonial des Portugais, que l'audace d'Alvarez Cabral, l'habileté d'Almeida et surtout le génie d'**Albuquerque** vont consolider et étendre. Dès le xvie siècle, les colonies portugaises comprenaient : Madère, les Açores, les îles du Cap-Vert, les côtes de l'est et de l'ouest de l'Afrique méridionale, les îles Socotora, au nord-est du cap Guardafui ; quelques établissements sur les côtes de l'Arabie ; les deux côtes de la presqu'île du Dékan, dans l'Inde ; l'île de Ceylan ; le sud de la presqu'île de Malacca ; la moitié de Sumatra ; les îles de la Sonde et la ville de Macao, en Chine : en tout, cinq mille lieues de côtes. L'étendue de cet immense empire, que les Portugais, trop peu nombreux, ne pouvaient défendre, explique, en partie, sa rapide décadence.

Christophe Colomb (1492-1506). — Pendant que Vasco de Gama cherchait par l'est, ainsi que les autres navigateurs, la route des Indes, le Génois Christophe Colomb eut l'ingénieuse idée de la chercher par l'ouest. Convaincu que la terre est ronde, Colomb s'était dit que si on allait de l'avant sur l'océan, on finirait par arriver aux Indes. Les savants de l'époque le prirent pour un fou. Seul un Espagnol, le prieur Juan Pérez, fut convaincu et fit partager à Isabelle sa conviction. Il en obtint trois mauvais vaisseaux, la *Sainte-Marie*, la *Niña* et la *Pinta*, avec quelques hommes d'équipage. Colomb partit de Palos (Andalousie) le 3 août 1492. Après quarante-deux jours de navigation, il eut le bonheur d'apercevoir la terre, non la terre asiatique qu'il cherchait ; mais une terre nouvelle, inconnue. Il venait de découvrir l'**Amérique**. Cependant il faut reconnaître que Colomb n'aborda au continent même que dans son troisième voyage, et qu'il n'atteignit d'abord que les Lucayes et les Antilles. Hispañola, l'île sur laquelle il aborda, est aujourd'hui Haïti. De plus, Colomb mourut sans se douter qu'il avait découvert un continent nouveau. Sa gloire n'en reste pas moins entière.

Comme tant d'autres héros, Christophe Colomb

fut mal récompensé de ses services. Après quatre voyages il fut, sur de fausses accusations, ramené en Espagne chargé de fers. Rendu à la liberté par une protestation énergique du peuple espagnol, ce grand homme n'en mourut pas moins dans la misère, à Séville, oublié de Ferdinand, qui lui devait un empire (1506). Ce fut un autre voyageur, Améric Vespucci, qui eut l'honneur immérité de donner son nom à cette partie du monde. La route une fois trouvée, nombre de voyageurs la suivirent à leur tour. Un soldat nommé **Fernand Cortez** conquit, avec sept cents soldats seulement et dix-huit chevaux, l'immense empire du Mexique,

Christophe Colomb.

qui comptait plusieurs millions d'habitants et qu'avait illustré la brillante civilisation des Aztèques. Montézuma et Guatimozin furent successivement vaincus et condamnés aux plus cruels supplices. Cortez mourut aussi disgracié et pauvre, « après avoir donné à Charles-Quint plus d'Etats que son père ne lui avait laissé de villes ». Quelques années après, un autre aventurier, Pizarre, soumettait le Pérou, détruisait la dynastie des Incas et donnait à l'Espagne ses immenses mines d'or qui devaient enrichir et pervertir l'Europe entière.

A la même époque, Magellan cherchait audacieusement une route au sud de l'Amérique, passait par le détroit qui porte aujourd'hui son nom, et revenait à son point de départ après avoir accompli le premier voyage autour du monde. Les Portugais, troublés dans leurs colonies d'Asie, se plaignirent au pape. Ce dernier, se souvenant qu'Alexandre VI avait tracé sur le globe une ligne imaginaire pour délimiter à l'est la puissance espagnole (ligne de *marcation*), en traça une autre à l'ouest : ce fut la ligne de *démarcation*.

Les Espagnols ne profitèrent pas de leur prodigieuse conquête. Sans doute les mines donnèrent d'abord des produits considérables, mais elles s'épuisèrent vite, et les Espagnols, qui avaient décimé systématiquement la population indigène (1 500 000 Indiens furent tués en moins de vingt ans); qui avaient ruiné l'agriculture et le commerce du pays par l'institution du *pacte colonial* qui forçait les colons à tout acheter en Espagne; qui n'avaient envoyé à ces populations inoffensives que des magistrats coupables, partiaux et cruels, furent complètement ruinés. Il faut lire le réquisitoire éloquent du missionnaire Las Cases contre les atrocités de ses compatriotes. Quand l'Espagne voulut réagir, il était trop tard. Elle était engourdie et habituée à la paresse. Les esclaves qu'elle achetait en Afrique, grâce à l'horrible traite, mouraient à la peine après quelques mois de séjour. Alors les colonies méprisèrent leurs vainqueurs et les détestèrent : aussi les colonies ne furent plus qu'un embarras pour la lamentable monarchie espagnole, et de 1800 à 1826 les colonies espagnoles conquirent, les armes à la main, leur indépendance. Quant au Portugal, outre les causes que nous venons de citer, le petit nombre de leurs soldats et aussi l'impossibilité d'empêcher la contrebande avec quelques vaisseaux sur une aussi grande étendue expliquent suffisamment leur ruine rapide. En réalité, l'Espagne et le Portugal furent détruites par leurs propres conquêtes.

QUESTIONNAIRE.

Que savez-vous sur les temps modernes? — sur les grandes découvertes et les grandes expéditions maritimes du xv° siècle? — Parlez de Christophe Colomb et de Vasco de Gama. — Combien Christophe Colomb entreprit-il de voyages? — Parlez de Pizarre, de Cortez. — Exposez l'administration coloniale à cette époque.

RÉCIT.

Conséquences des découvertes maritimes. — Les conséquences des découvertes du xv° siècle furent considérables. Avant que les vaisseaux eussent ainsi franchi des distances considérables et abordé à des rivages inconnus, tout le commerce se faisait par terre. Les villes maritimes, comme Venise et Gênes elles-mêmes, envoyaient dans les comptoirs de l'Orient leurs marchands pour y attendre l'arrivée des caravanes qui traversaient l'Asie Mineure et la Perse. Tout le commerce allait vers l'Orient, tout y revenait. Avec la découverte du cap de Bonne-Espérance et de l'Amérique, les routes de mer deviennent les plus fréquentées, les anciennes villes sont abandonnées; la partie du monde d'où était partie la civilisation humaine reste solitaire : « Les Vénitiens avaient fait jusque-là le commerce des Indes par le pays des Turcs et l'avaient poursuivi au milieu des avanies et des outrages. Par la découverte du cap de Bonne-Espérance, l'Italie ne fut plus au centre du monde commerçant, elle fut, pour ainsi dire, dans un coin de l'univers et elle y est encore [1]. » (MONTESQUIEU.)

L'exploitation des mines donna aussi à l'Europe le numéraire dont elle manquait. « De 1515 à 1568, dit Bodin, il y eut plus d'or en France qu'on n'eût pu en recueillir auparavant en deux cents ans. » On estime que ces mines apportèrent à la circulation plus de 122 millions de kilogrammes d'argent et de 3 millions de kilogrammes d'or. Aussi

[1]. Cette assertion est inexacte depuis le percement de l'isthme de Suez, qui a ramené les routes commerciales à leur point de départ.

le prix des choses augmenta-t-il rapidement, près de six fois, dit-on, et le bien général en fut accru. Le paysan trouva une rémunération suffisante de son travail, et « pour un gros marchand qu'on trouvait à Paris, à Lyon, à Rouen, du temps de Charles VII, on en trouva cinquante sous Louis XII ».

Autrefois, dans l'antiquité et pendant le moyen âge, la terre était la seule richesse tangible et réelle, et toutes les aristocraties avaient été des aristocraties territoriales. Avec l'argent, tout change. A côté du propriétaire se dresse le marchand, le commerçant, aussi riche et bientôt aussi considéré que le seigneur, plus libre même, puisqu'il peut plus facilement déplacer son argent. C'est le tiers état qui grandit et la féodalité qui disparaît, puisque la terre n'a plus la même valeur qu'autrefois.

Enfin la circulation des monnaies et des échanges, la multiplicité des navires, le grand nombre des voies commerciales et la facilité de voyager créèrent des relations faciles entre les divers peuples et donnèrent à l'Europe une conscience plus grande d'elle-même.

C. G.

VINGT-SEPTIÈME LEÇON

La Renaissance en Europe.

SOMMAIRE. — La Renaissance en Italie, — en France, — en Espagne, — en Portugal, — en Allemagne, — en Angleterre.

Renaissance. — On appelle Renaissance le grand mouvement littéraire et artistique qui se produisit en Europe au XVe et au XVIe siècle. Le goût des arts et de la littérature antiques renaît; on se remet à étudier, d'abord en Italie, puis partout en Europe, les chefs-d'œuvre de la Grèce et de Rome. L'étude des anciens conduit ensuite les écrivains à des œuvres originales et personnelles.

Renaissance italienne. — Comme s'il eût été dans les destinées de l'Italie de dominer par quelque endroit le monde, pendant qu'elle offrait l'affligeant spectacle d'une nation qui perd son indépendance à cause de ses divisions intestines, elle poussait jusqu'à la perfection la culture des lettres et des arts. C'était pour elle la brillante époque de la Renaissance, à laquelle le pape Léon X et sa famille, les Médicis de Florence, ont attaché leurs noms.

La civilisation dans ce pays favorisé brillait déjà d'un vif éclat, alors que dans le reste de l'Europe elle projetait à peine ses premières lueurs. Dès le xiv° siècle, l'Italie avait eu ses poètes et ses écrivains qui avaient parlé la langue nationale et créé des œuvres immortelles. A **Dante**, le grand poète de l'Italie, auteur de la *Divine Comédie*, poème dans lequel il promène le lecteur, sous la conduite de Virgile d'abord et de Béatrix ensuite, dans l'Enfer, le Purgatoire, le Paradis et le ramène sur la terre ; — à **Pétrarque**, le chantre de la Fontaine de Vaucluse et de la belle Laure de Noves, qu'il immortalisa par ses *canzones* (vers lyriques chantés en langue italienne); — à **Boccace**, demeuré le premier prosateur de l'Italie, nous ajouterons : 1° **l'Arioste**, célèbre par son roman héroï-comique *Roland furieux*; 2° **Machiavel**, historien et philosophe, un des hommes les plus grands qu'ait produits l'Italie, mais le plus immoral peut-être, auteur du livre *le Prince*, dans lequel il enseigne aux souverains que toutes leurs actions doivent avoir pour guide l'intérêt, et d'une excellente *Histoire de Florence*; 3° **le Tasse**, auteur de la *Jésusalem délivrée*, remarquable épopée qui, dans le genre épique, place le Tasse à côté d'Homère. Ces trois écrivains appartiennent au xv° et au xvi° siècle, époque où la Renaissance est dans sa splendeur. Pour être complet, il faudrait citer : Pic de la Mirandole qui, à dix-huit ans, avait fait le tour des connaissances humaines ; Marcile Ficin qui célébrait chaque année l'anniversaire de la naissance de Platon ; le cardinal Bembo, le moine Savonarole et d'autres encore, mais tous ces écrivains imitent de trop près la littérature ancienne et ne savent pas affirmer leur originalité. Les savants grecs chassés de Constantinople, auxquels Rome, Florence et d'autres villes italiennes avaient offert un asile, en avaient hâté le développement par leurs propres travaux et les manuscrits qu'ils avaient emportés dans leur exil.

Dante.

La Renaissance artistique, en Italie, fut beaucoup plus brillante et surtout plus personnelle que la Renaissance littéraire. Nous ne citerons ici que les grands maîtres : l'architecte **le Bramante** (1444-1514) ; les peintres et sculpteurs : **Léonard de Vinci** (1452-1519), chef de l'école naturaliste, et **Michel-Ange** (1474-1564), à la fois poète, sculpteur, architecte, peintre et savant, le génie le plus prodigieux du xvi° siècle ; **Raphaël** (1483-1520), le chef admirable de l'école romaine ; **le Titien**, fondateur de l'école coloriste ; **Jules Romain, le Corrège**, qui illustrèrent la peinture religieuse en décadence. Il est impossible de taire les noms de peintres tels qu'André del Sarto et le Pérugin, de ciseleurs comme Benvenuto Cellini, de sculpteurs comme Ghiberti ; mais ceux que nous négligeons, faute d'espace, auraient suffi pour assurer à la même époque la gloire d'un pays.

La Renaissance en France. — (Voir notre *Précis d'histoire de France*, Cours supérieur, p. 207.)

La Renaissance n'eut pas, dans les autres États de l'Europe, une influence aussi considérable qu'en Italie et en France, mais elle s'y fit sentir cependant.

La Renaissance en Espagne. — **En Portugal**. — Les Espagnols avaient trop vu l'Italie pour ne pas suivre le mouvement qui entraînait alors les esprits dans une voie nouvelle. Aussi, dès le milieu du xvie siècle, **Francisco de Villalobos**, médecin de Ferdinand le Catholique et de Charles-Quint, donna-t-il une traduction de Plaute, poète latin du iie siècle avant Jésus-Christ. — **Juan Boscan** imita Pétrarque dans ses vers — **Bermudez**, plus connu sous le nom d'**Antonio de Silva**, s'inspira surtout, dans ses poésies dramatiques, des auteurs grecs et des auteurs romains, et fit paraître des tragédies composées selon les règles des pièces antiques. Le xvie siècle donna encore à l'Espagne le plus grand de ses écrivains : **Michel Cervantes**, l'inimitable auteur du roman de *Don Quichotte*, œuvre d'imagination et de raison, dans laquelle le récit des aventures de don Quichotte et de son compagnon *Sancho Pança* est bien fait pour guérir de leur funeste ambition les gens médiocres qui sont tentés d'abandonner une position modeste, mais sûre, pour courir après des grandeurs et une for-

...une imaginaires. — Enfin, au Portugal naquit **Camoëns**, à qui les découvertes de Vasco de Gama et les gloires militaires de sa patrie inspirèrent l'admirable poème des *Lusiades*.

Becerra et **Berruguete**, sculpteurs, architectes et peintres, comme leur maître Michel-Ange, firent triompher le style classique, après une lutte assez vive contre les partisans du génie gothique. Le palais de l'Escurial, bâti par Philippe II, ne porte aucune trace de l'architecture du moyen âge.

La Renaissance en Allemagne. — L'Allemagne vit aussi, grâce à la Renaissance, disparaître les vieilles formes ogivales et gothiques et leur substitua le style *italique*. Dans l'étude des lettres, elle puisa aux sources antiques; mais ses principaux savants se trouvent surtout dans les rangs des novateurs. — **Ulrich de Utten (1488-1524)**, soldat et poète, disciple de Luther, a fait des poésies latines et publié deux livres inédits de Tite-Live. **Reuchlin (1455-1522)** fut, au commencement du xvi° siècle, l'homme le plus versé dans la connaissance du grec et du latin, qu'il étudia à Paris et qu'il enseigna à Orléans et à Poitiers; rentré en Allemagne, il eut pour élève le savant protestant Mélanchton et lui donna le goût de l'antiquité.

A la même époque, **Érasme** de Rotterdam, l'esprit le plus indépendant de son temps, et qui a eu le plus d'influence sur la littérature du xvi° siècle, publia la *Géographie* de Ptolémée d'Alexandrie, qui vivait au ii° siècle après Jésus-Christ, les *Sentences* de Publilius Syrus, des traductions de Plutarque et plusieurs autres ouvrages. Il mourut à Bâle, en 1536, après avoir enseigné le grec aux universités d'Oxford et de Cambridge.

La Renaissance en Angleterre. — L'Angleterre, en effet, ne fut pas étrangère au mouvement intellectuel qui bouleversa l'Europe au XVIᵉ siècle. Le règne d'Élisabeth rappelle, au contraire, une des époques les plus fécondes de la littérature anglaise. Il nous suffira de citer : **François Bacon (1561-1626)**, grand politique et grand philosophe, mais dont le caractère fut en désaccord avec les principes exposés dans ses livres, a donné, le premier, les règles de la science expérimentale que les savants modernes ont généralement adoptée. **Shakespeare**[1] **(1614-1616)**, le plus grand poète dramatique de l'Angleterre, auteur de *Macbeth*, d'*Othello*, de *Hamlet*,

Shakespeare.

de *Roméo et Juliette* et de vingt autres chefs-d'œuvre ; **Spencer**, l'écrivain de la *Reine des fées*, qui prend place immédiatement après Shakespeare ; le poète Ben Johnson, etc.

Dans les pays scandinaves, la Renaissance n'exerça d'abord qu'une faible influence ; la culture des lettres anciennes y suivit l'introduction de la réforme religieuse. Les premiers essais en langue suédoise coïncident avec la traduction de la Bible : la comédie de *Tobie*, d'Olaüs Pétri, est de 1550.

Dans le XVIᵉ siècle, les sciences firent aussi un nouveau progrès, et aux découvertes sur les ma-

---

1. Prononcez : *Chek-spire*.

thématiques de l'Italien **Tartaglia** et du Français **Viète** s'ajoutèrent celles de l'Écossais **Neper** sur les logarithmes, du Hollandais **Mercator** sur la géographie, et de **Copernic**, de Thorn (Prusse), sur l'astronomie.

Ce réveil de l'esprit humain, qui caractérise si bien le xvie siècle et qu'on a appelé **Renaissance**, ne s'est donc pas borné à l'Italie et à la France, il s'est étendu dans toute l'Europe, en Espagne comme en Scandinavie, en Angleterre comme en Allemagne.

QUESTIONNAIRE.

Qu'est-ce que la Renaissance? — Où commença la Renaissance? — Citez, dans les lettres, quelques grands noms de la Renaissance italienne. — Citez quelques artistes célèbres. — La Renaissance ne se fit-elle pas sentir ailleurs qu'en Italie et en France? — Citez les noms les plus célèbres de la Renaissance en Espagne, en Portugal, en Hollande, en Angleterre.

RÉCITS.

Dante (1265-1321). — Dante Alighieri, né à Florence en 1265, et attaché d'abord au parti guelfe, se signala dans plusieurs expéditions contre les Gibelins d'Arezzo, de Pise et de Bologne. En 1300, il fut nommé prieur, c'est-à-dire qu'il fit partie des magistrats suprêmes de Florence. Mais les Guelfes de Florence ayant abusé insolemment de leur pouvoir, de nouvelles factions divisèrent bientôt les Florentins. Le parti gibelin des Blancs, auquel Dante se rallia, fut écrasé et le poète dut quitter sa patrie pour se dérober à la vengeance des Noirs. Il erra de ville en ville, luttant contre la misère, séjourna à Sienne, à Vérone, à Paris, où il fréquenta l'Université, et se fixa en dernier lieu à Ravenne, où il mourut en 1321.

Dante eut pour maître le célèbre Florentin Brunetto Latini, qui, chassé de sa patrie par les Gibelins, en 1260, se réfugia à Paris où il cultiva et enseigna jusqu'en 1284 les lettres et la philosophie, Brunetto qui fit à la langue française du xiiie siècle l'insigne honneur de la préférer à l'idiome de son illustre disciple, et de s'en servir pour composer son *Trésor de Sapience*, parce que, dit-il, la *parlure* en est *la plus délectable*.

Dante composa dans son exil **la Divine Comédie**, le premier poème de longue haleine écrit en langue italienne, la plus extraordinaire peut-être et l'une des plus sublimes productions qui honorent l'humanité. La *Divine Comédie* est partagée en trois poèmes distincts. Guidé d'abord par Virgile, puis par Béatrix, personnification mystique de la Foi, le poète visite successivement l'Enfer, le Purgatoire et le Paradis; revenu sur la terre, il retrace avec une vigueur de pinceau incomparable cette vision de l'autre monde. La *Divine Comédie* excita à son apparition une admiration universelle. Plusieurs villes créèrent des chaires où elle devait être publiquement expliquée. Aujourd'hui encore, dans toute l'Italie, le nom de Dante est entouré d'une vénération presque religieuse, et son œuvre est considérée comme la plus glorieuse manifestation du génie italien.

DEMOGEOT.

La gloire et l'influence de Shakespeare (1564-1616). — La gloire de Shakespeare devait traverser les vicissitudes de l'oubli presque complet et de l'apothéose aveugle. Jusqu'en 1640 il régna sans conteste sur le théâtre de l'Angleterre, puis la république et le puritanisme le bannirent de la scène; sous Charles II, la frivolité des mœurs et la prédominance du goût français laissèrent peu goûter la force audacieuse, parfois déréglée de ses drames; Addison ne le mentionne point dans le *Spectateur*, et le *Temple de la Renommée* lui est fermé : mais, à défaut de la société des délicats et des lettrés, le peuple lui demeurera fidèle, en attendant qu'un grand acteur, *Garrick*, le remette en honneur auprès de la nation tout entière; que Percy, en publiant les chants populaires de la vieille Angleterre, ramène le goût national en sa voie naturelle; que l'Allemagne surtout, par un culte enthousiaste dont ses plus grands écrivains, Goethe à leur tête, se font les prêtres, et par une traduction incomparable, celle de Schlegel, fasse de l'auteur de *Hamlet* le classique par excellence des races germaniques. Alors on le rapprochera d'Homère, et pour que le parallélisme soit complet, on en viendra même à douter de son existence ou tout au moins de sa personnalité. La place nous fait défaut pour entrer ici dans le détail de cette polémique étrange, et nous avons également le regret de devoir nous interdire l'historique, même en raccourci, de l'influence de Shakespeare en France. Contentons-nous d'indiquer que notre xviie siècle l'a ignoré, qu'on n'y rencontre qu'une allusion à son théâtre, dans une note au bas d'une lettre de Saint-Évremond ; que Voltaire l'a tour à tour adoré et brûlé, pour des raisons où il se mêle peut-être plus d'intérêt et de vanité que d'esprit critique ; qu'acclimaté par les timides imitations de Ducis, le drame shakespearien s'est épanoui sur notre scène dans le triomphe du romantisme, et que de toutes les influences subies en ce siècle par notre littérature, celle de Shakespeare, sans qu'elle en ait toujours conscience, est la plus profonde et la plus puissante.

H. Dietz.

VINGT-HUITIÈME LEÇON

La Réforme en Europe.

Sommaire. — Causes de la Réforme. — La Réforme en Allemagne ; — en Suisse ; — en Angleterre ; — en Écosse ; — dans les Pays-Bas ; — en Suède et en Danemark.

La Réforme en Allemagne, en Suisse, en Angleterre, dans les Pays-Bas, en France, etc. — « Tous les États de l'Europe, dit Michelet, avaient atteint l'unité monarchique ; le système d'équilibre s'établissait entre eux lorsque l'ancienne unité religieuse de l'Occident fut rompue par la Réforme. » Cet événement, le plus grand des temps modernes avec la Révolution française, sépara de l'Église romaine la moitié de l'Europe. L'Europe s'est trouvée, depuis la Réforme, divisée d'une manière qui coïncide avec la division des races. Les peuples de race romaine sont restés catholiques, le protestantisme domine chez ceux de race germanique, l'Eglise grecque chez les peuples slaves.

Causes de la Réforme. — Les causes de la Réforme, nous l'avons dit dans l'*Histoire de France*, furent les désordres de l'Église et les mœurs scandaleuses de quelques pontifes et du clergé en général. Les papes Sixte IV et Alexandre VI (Borgia) déshonorèrent la papauté; les prodigalités de Léon X la ruinèrent. Ce pape, manquant d'argent pour achever la magnifique basilique de Saint-Pierre, à Rome, mit en vente les indulgences et les fit prêcher dans toute l'Europe catholique. Ce furent là les causes immédiates; mais il y en eut d'antérieures; la querelle des investitures; la translation du Saint-Siège à Avignon; les hérésies de Wiclef et de Jean Huss[1]; l'obstination de la cour de Rome à repousser toute réforme de l'Église, malgré les vœux des conciles de Bâle et de Constance, avaient été autant de signes lointains de la révolution religieuse qui allait s'accomplir.

La Réforme en Allemagne. — Le pape Léon X avait chargé les moines dominicains de distribuer les indulgences à prix d'argent dans ce pays. **Martin Luther**, moine augustin, s'éleva avec force contre ce trafic scandaleux. Excom-

---

1. Jean Huss naquit en Bohême, en 1378, d'une famille pauvre; sa vive intelligence lui fit trouver des protecteurs; il reçut une brillante éducation. Jean Huss attaqua plusieurs dogmes de l'Église. Condamné par le concile de Constance, il fut brûlé vif, bien qu'il se fût confié à ses ennemis, en vertu d'un sauf-conduit. Sa mort fit éclater la guerre religieuse des Hussites.

munié par Léon X, il brûla publiquement la bulle qui le frappait, se sépara de l'Église après une longue discussion au concile de Worms. Pour le soustraire aux persécutions dont il était menacé, son protecteur Frédéric le Sage le fit enlever et transporter au château de la Wartbourg où il resta pendant dix mois, inondant l'Allemagne de ses pamphlets, écrits en langue allemande dans un style violent et populaire.

D'ailleurs la doctrine de Luther était simple et séduisante. Le grand réformateur supprimait tous les sacrements de l'Église, excepté le baptême et l'eucharistie; il rejetait le célibat des prêtres, le culte des saints et le dogme de la présence réelle. Ses idées firent de rapides progrès, surtout parmi les princes, qui trouvèrent dans leur adhésion à la Réforme un motif de s'emparer des biens des évêchés compris dans leurs États respectifs; c'est ce qu'on appela la *sécularisation*. Le grand maître de l'ordre Teutonique entre autres, *Albert de Brandebourg*, créa, à son profit, avec les provinces prussiennes des chevaliers teutoniques, une principauté qui fut le berceau de la monarchie prussienne. Mais l'Église de Luther fut à la fois menacée par ceux qui exagérèrent sa doctrine (anabaptistes) et ceux qui restèrent en deçà (les sacramentaires).

Les anabaptistes. — Les paysans, principalement en Alsace, entraînés par les prédications violentes de quelques disciples de Luther qui à la réforme religieuse mêlaient des questions sociales, prirent les armes en demandant un nouveau baptême à l'âge de la majorité (d'où leur vint le nom d'*anabaptistes*), la communauté des biens et l'abolition des classes sociales. Pour réprimer leur révolte et mettre fin à leurs dévastations, les nobles montèrent à cheval à l'instigation de Luther lui-même, et écrasèrent, dans deux ou trois rencontres, cette jacquerie allemande, qui coûta la vie, dit-on, à plus de 50 000 hommes. Ces massacres préludaient déjà aux luttes sanglantes qui devaient précéder le triomphe de la Réforme.

La lutte se prépare. — Catholiques et protestants ne tardèrent pas en effet à former deux partis bien tranchés, prêts à en venir aux mains. Charles-Quint crut les réconcilier en convoquant une Diète à Spire (1529); mais l'empereur, ayant refusé de rapporter les édits contre Luther et enjoint à la Diète de défendre toute innovation nouvelle dans la religion catholique, rendit une entente impossible. Les réformés publièrent contre les décisions de la Diète une *protestation*, qui leur valut le nom de **protestants**.

L'année suivante, dans une seconde Diète, tenue à Augsbourg, l'empereur ne fut pas plus heureux. **Mélanchton**, disciple de Luther, y rédigea le symbole de la *Confession d'Augsbourg*, qui devint la base de la foi protestante.

Charles-Quint, irrité par ces deux échecs, mit les protestants au ban de l'Empire. Ceux-ci formèrent la *ligue de Smalkalde* (Prusse, 1531), dans laquelle entrèrent neuf princes protestants et onze villes impériales, et se fortifièrent de l'alliance de la Suède et du Danemark. La guerre civile, sur le point d'éclater, fut retardée de quelques années par une nouvelle invasion des Turcs et un deuxième soulèvement des anabaptistes, à la voix de *Jean de Leyde*. La ville de Munster fut assiégée par la chevalerie allemande et ne se rendit qu'après plusieurs mois de résistance, pendant lesquels Jean de Leyde et les prophètes commirent des excès sans nombre.

Bataille de Mühlberg. — Mais, en 1547, la lutte s'engagea définitivement. Le concile de Trente (Tyrol), réuni depuis deux ans, sapait le protestantisme dans ses fondements, et Charles-Quint, qui venait de faire la paix avec François 1er, se montrait disposé à soutenir par les armes les décrets du concile. Les protestants se levèrent au nombre de 70 000, sous la conduite de l'électeur de Saxe et du landgrave de Hesse; ils ne surent s'entendre et perdirent la décisive bataille de **Mühlberg (1547)**, dans laquelle leurs chefs furent faits prisonniers.

Cependant la guerre ne fut qu'un moment interrompue par l'*intérim d'Augsbourg*. En 1552, *Maurice de Saxe* abandonna le parti de l'empereur, dans lequel il s'était jeté par ambition, appela tous les protestants à la défense de leur foi et de leur liberté, fit alliance avec Henri II, qui conquit les Trois-Évêchés, et força Charles-Quint à conclure la *trêve de Passau* (Bavière), bientôt confirmée par la **paix d'Augsbourg (1555)**. Cette paix accordait aux luthériens (non aux calvinistes) la liberté de conscience et le libre exercice du culte. Elle dura, malgré de fréquentes violations, jusqu'aux débuts de la guerre de Trente Ans, en 1618.

En Suisse. — Le trafic des indulgences n'eut pas seulement pour adversaire Luther. En Suisse, **Zwingle**, curé de Glaris, le combattit avec une rare énergie et se fit réformateur; il prêcha notamment que la ligne de conduite à suivre par les fidèles leur est tracée par les livres saints, et que l'Écriture ne défend pas aux prêtres de se marier. Mais il ne voulut pas suivre Luther jusqu'au bout, et ses partisans se nommèrent les *sacramentaires*, parce qu'ils conservaient les sacrements. Les cantons suisses se divisèrent et en vinrent aux mains. Les catholiques battirent les réformés à Cappel (1531), où Zwingle fut tué à la tête de ses partisans. La paix entre les adversaires se fit quelque temps après, en laissant à chacun la liberté de ses croyances. Les prédications de Calvin, arrivé à Genève en 1536, assurèrent le triomphe de la doctrine de Zwingle dans plusieurs cantons de la Suisse.

En Angleterre. — En Angleterre, sous le règne de Richard II (1377-1399), **Wiclef** et son disciple Wat-Tyler, en niant l'autorité de l'Église de Rome, en rejetant les sacrements d'ordre et de mariage, la croyance en la présence réelle et en soutenant que le clergé, séculier ou régulier, ne doit posséder aucun bien temporel, avaient déjà préparé la **Réforme de Henri VIII**. Aussi, quelque peu moral que fût le prétexte invoqué par ce prince pour rompre avec le pape, il fut suivi, dans son évolution religieuse, par l'aristocratie et la majeure partie du peuple anglais. Excommunié pour avoir fait prononcer son divorce avec Catherine d'Aragon, tante de Charles-Quint, il répondit à l'anathème en épousant Anne de Boleyn, suivante de Catherine, et en déclarant l'Angleterre séparée du Saint-Siège ; il se proclama lui-même chef de l'Église anglicane et recourut à des rigueurs atroces contre les réfractaires, prêtres, moines ou laïques.

La réforme de Henri VIII fut compromise pendant quelques années par **Marie Tudor**, épouse de Philippe II. Catholique ardente jusqu'au fanatisme, elle réconcilia l'Angleterre avec Rome et mérita par ses cruautés envers les partisans de la Réforme opérée par son père le surnom sinistre de **Marie la Sanglante**.

Mais **Élisabeth**, sa sœur, qui lui succéda, consomma la rupture de son pays avec la papauté et rétablit le protestantisme, un moment proscrit par Marie Tudor. Le bill des **Trente-Neuf Articles** — qui supprimait la messe, le culte des saints et de la Vierge, le célibat des prêtres, la croyance en la présence réelle, substituait l'usage de l'anglais au latin dans les cérémonies du culte, mais conservait une hiérarchie ecclésiastique — devint le symbole du protestantisme anglican.

En Écosse. — Le presbytérianisme, prêché en Écosse par **John Knox**, sous Marie Stuart, était plus démocratique que le culte anglican; il n'admettait pas, comme celui-ci, une hiérarchie et faisait élire les ministres du culte par le peuple. Condamné au bûcher, John Knox prit la fuite et se retira à Genève, auprès de Calvin. Il rentra en Ecosse à l'avènement d'Élisabeth et acheva d'y fonder son Eglise. Quant à Marie Stuart, elle périt sur l'échafaud, à Londres, victime de ses fautes, des rancunes de sa cousine Élisabeth et de son attachement au catholicisme.

Dans les Pays-Bas. — La Réforme pénétra de bonne heure dans les Pays-Bas. Les idées nouvelles y furent propagées par les étrangers qui allaient commercer avec les Flamands et par les soldats de Charles-Quint, dont beaucoup étaient Allemands et luthériens. L'empereur avait introduit dès 1522 l'inquisition dans les Pays-Bas, et recommandé qu'elle se montrât impitoyable envers les hérétiques; elle fit sous son règne plusieurs milliers de victimes. Sous le règne de son fils, les cruautés redoublèrent; on essaya même d'enlever aux Flamands leurs privilèges locaux. Le cardinal de **Granvelle** leur devint tellement odieux que Marguerite de Parme, fille naturelle de Charles-Quint et veuve d'un Farnèse, qui gouvernait les Pays-Bas, dut demander son éloignement. Sous la direction des comtes d'Egmont et de Horn qui furent exécutés sur la grande place de Bruxelles,

les nobles flamands, qualifiés de **gueux** par les Espagnols, « acceptèrent comme un drapeau ce terme de mépris ». Ils parcoururent le pays, en poussant le peuple à la révolte. Ils furent si bien obéis qu'en trois jours quatre cents églises furent détruites.

Marguerite se démit de ses fonctions et Philippe II, pour punir cette violente insurrection, envoya dans les Pays-Bas le féroce duc d'Albe. A son approche, l'épouvante fut si grande dans le pays, que 100 000 Flamands s'expatrièrent; 40 000 de ceux qui restèrent furent livrés aux tribunaux de l'inquisition, appelés « tribunaux de sang », et périrent dans d'horribles supplices.

Le prince Guillaume d'Orange, duc de Nassau, appela ses compatriotes à la vengeance. Après dix ans d'une lutte sanglante, et malgré l'habileté du gouverneur espagnol don Juan d'Autriche, il parvint à former, avec les provinces de Hollande, d'Utrecht, de Gueldre, de Zélande, de Groningue, de Frise et d'Over-Yssel, la république des **Sept Provinces-Unies**, qu'il gouverna sous le nom de **stathouder**. Son fils Maurice consolida, par de nouveaux succès, la jeune république, dont l'Espagne dut reconnaître l'indépendance au traité de Westphalie. Les dix provinces du Sud (Belgique), où la religion catholique s'était maintenue, et dont les habitants n'avaient ni la même origine, ni la même langue, ni les mêmes mœurs, demeurèrent à Philippe II, sous le nom de Pays-Bas Espagnols.

En Suède et en Danemark. — La Réforme fut introduite dans les États scandinaves dès les premières années du xvi⁰ siècle. En 1523, Gustave Vasa, après avoir affranchi la Suède du Danemark, fit du protestantisme la religion de son nouvel État. C'était un acte purement politique, puisqu'il voulait briser, grâce aux sécularisations, le pouvoir absorbant du clergé qui l'empêchait d'établir le pouvoir absolu dans ses États. Deux ans après, **Hans Tausen**, disciple de Luther, prêcha la réforme en Danemark, avec l'appui du roi Frédéric I⁰ʳ.

En France. — En France, la Réforme fut l'œuvre de Calvin. Né à Noyon, en 1509, d'une famille d'artisans, Calvin fit ses études à Paris au collège de Montaigu, où il eut pour condisciple **Ignace de Loyola**. Il étudia le droit à Bourges, et y apprit la doctrine de Luther, qu'il se mit à prêcher, en la réformant. Son éloquence et son talent d'écrivain lui eurent bientôt fait de nombreux partisans. Menacé d'être arrêté, il se retira en Suisse, d'abord à Bâle, où il composa son livre **l'Institution divine**, puis à Genève, où, de 1541 à 1564, il jouit d'une grande influence. Calvin rejetait tout culte extérieur, niait l'intervention des saints et ne conservait de tous les sacrements que le baptême et la cène; il supprimait, comme Knox et Zwingle, les évêques et faisait élire les ministres du culte. Il établit à Genève une république d'esprit étroit et fanatique. Intolérant pour ses contradicteurs, il fit brûler **Michel Servet**, parce qu'il niait la divinité de Jésus-Christ, et exiler **Sébastien Castellion**, parce qu'il prêchait la tolérance.

Caractères de la Réforme. — En Allemagne, la Réforme avait été défendue par les princes et les grands, parce qu'elle s'était faite à leur profit. Elle affecta ce même caractère aristocratique dans la plupart des États du Nord : en Angleterre, en Danemark, en Suède. Les peuples de ces pays rompirent les liens qui les attachaient à Rome, mais en conservant une hiérarchie ecclésiastique.

Il en fut tout autrement en Écosse, dans les Pays-Bas, en Suisse et en France, où la Réforme s'établit malgré les rois et les grands. La réforme populaire, démocratique, celle qui avait ses racines dans l'Évangile, fut accomplie par **Calvin** et **John Knox**.

Sous ses diverses formes, « la Réforme a été l'initiatrice de la liberté moderne : la Renaissance isolée n'eût rien produit, car elle ne touchait pas le peuple, sans lequel il n'y a pas de grands mouvements historiques... Tous les progrès qui ont suivi remontent, par une filiation directe, à l'émancipation du xvi° siècle. Pour que la tolérance pût naître, il fallait qu'il se produisît une force capable de combattre l'unité catholique : la Réforme a été cette force ; elle a fait prévaloir, contre l'autorité religieuse, le principe de la libre détermination, le libre examen dans l'ordre intellectuel, la souveraineté de la conscience dans l'ordre religieux et politique. » (Zévort.)

QUESTIONNAIRE.

Qu'est-ce que la Réforme? — Quelles furent les causes de la Réforme? — Quels furent les chefs de la Réforme? — Parlez de la Réforme en Allemagne, en Suisse, en Angleterre, aux Pays-Bas, en France. — Définissez le caractère de la Réforme.

RÉCIT.

Luther. — Celui qui devait briser à jamais l'unité de l'Église catholique naquit en 1483, le 10 novembre. Son père était un simple ouvrier mineur qui quitta Eisleben, où était né Martin, pour aller s'établir à Mansfeld. Mais c'était une famille pauvre, puisque la mère de famille apportait sur son dos le bois nécessaire au ménage. Cependant le maître d'école remarqua en l'enfant des dispositions extraordinaires ; ses parents lui firent apprendre le latin et l'envoyèrent à l'université, où il dut se nourrir, suivant l'usage assez répandu à cette époque, en mendiant aux portes et en rendant des services matériels aux étudiants plus riches que lui. Les dernières années d'études furent adoucies par la bienveillance d'une veuve, Ursule Cotta, qui le nourrit et le prit sous sa protection. En 1503, il était bachelier de l'université d'Erfurt; en 1505, maître ès arts. Sa vocation religieuse fut déterminée par la lecture de la Bible et un danger qu'il courut un jour d'orage (c'était ce qui devait arriver plus tard à Pascal). Il entra au couvent des Augustins la même année et le prieur ne tarda pas à apprécier les talents de son nouveau frère. « Il avait en effet, d'après Bossuet, de la force dans le génie, de la véhémence dans ses discours, une éloquence vive et impétueuse qui entraînait les peuples et les ravissait, une hardiesse extraordinaire avec un air d'autorité qui faisait trembler devant lui. » En 1508, son ami et admirateur Frédéric le Sage l'appela à professer à l'université de Wittenberg. Il fut, dès lors, une des lumières théologiques de l'Allemagne. Ce fut lui que son ordre délégua à Rome pour soutenir ses prétentions contre celles de l'ordre des Dominicains. Luther avait espéré trouver une ville conforme aux doctrines de l'Évangile et aux enseignements de l'Eglise, il ne vit qu'une capitale luxueuse et débauchée où le pape et les cardinaux donnaient l'exemple des folles dépenses et des constructions fastueuses, d'où le culte était banni, et il revint de son voyage, profondément ébranlé dans sa foi et déjà disposé à la révolte. La vente des indulgences, qui monnayait la pénitence et tirait des lettres de change sur le purgatoire, au profit des vices humains, l'exaspéra et l'éloigna de l'Eglise. Au dominicain Tetzel qui vendait ses indulgences à travers l'Allemagne, il riposta, en 1517, par 95 propositions contre les indulgences, qui furent affichées devant la cathédrale de Wittenberg. Cette déclaration de guerre eut un immense retentissement. En vain les conseillers de Léon X voulurent avertir le pontife, il se contenta de sourire et de répondre : « Ce ne sont là que des querelles de moines ». Le premier pamphlet de Luther le trouva aussi confiant. « Frère Luther, dit-il, est un bien beau génie ». Mais il fallut ouvrir les yeux. Du haut du château de la Wartbourg où il s'était réfugié après sa révolte contre l'excommunication, il inonda l'Allemagne de ses écrits brillants, pleins de verve et de logique, écrits en langue allemande populaire, ce qui rendit ces petits livres accessibles au peuple, aux mineurs et aux ouvriers. L'effet fut immense, et quand Rome se décida à agir, il était trop tard.

C. G.

VINGT-NEUVIÈME LEÇON

Espagne.

Sommaire. — Espagne. — Philippe II. — Il cherche, comme son père, à dominer l'Europe. — Il fait du catholicisme l'instrument de sa politique. — Il perd les Pays-Bas. — L'invincible Armada. — Bataille de Lépante. — Conquête du Portugal. — Alliance avec la Ligue contre le parti protestant en France. — Philippe II conduit l'Espagne à sa décadence.

Philippe II (1556-1598). — Le fils de Charles-Quint consacra toutes les ressources de son vaste empire et de son génie à poursuivre un double dessein : écraser le protestantisme et assurer sa propre suprématie en Europe en faisant du catholicisme un instrument de sa politique. S'il échoua dans ces deux entreprises, ce fut peut-être parce qu'il déploya dans l'une et l'autre un zèle immodéré. « Ce prince, dit un historien, outra toutes choses, la religion, le pouvoir, l'ambition. Son zèle fut du fanatisme, son autorité de la tyrannie, sa passion d'agrandissement une fureur. Ses ennemis l'ont surnommé le *Démon du Midi*, et il faut avouer que, faute de modération dans ses idées, il fut le mauvais génie de son temps, dont il aurait pu être le héros. »

Sous son règne, l'Inquisition ensanglanta l'Espagne et en prépara la décadence.

Philippe II.

On peut dire d'une façon générale, que le règne de Philippe II fut la banqueroute de la puissance de Charles-Quint et de l'idée catholique. Philippe échoua dans toutes ses entreprises.

1° Il voulut faire triompher dans les États scandinaves la famille d'Éric XIV aux dépens de Gustave Vasa. Déjà la réaction avait commencé, déjà

les jésuites s'étaient introduits dans les pays et le fanatisaient. Mais Éric XIV mourut et le protestantisme reprit le dessus.

2° Il voulut introduire l'Inquisition dans les Pays-Bas et les soumettre à son pouvoir absolu. Il échoua piteusement, et en 1609 l'Espagne fut obligée de reconnaître l'indépendance des sept provinces les plus belles sous le nom de Provinces-Unies.

3° Il avait épousé Marie Tudor, reine d'Angleterre, pour unir ses efforts à ceux de cette reine fanatique et pour faire servir la flotte anglaise à l'exécution de ses projets. Marie Tudor mourut en partie du chagrin que lui causa son abandon. Il aurait voulu épouser la catholique Marie Stuart, mais Élisabeth ne lui en laissa pas le temps. Après l'exécution de Marie, il jura de la venger, équipa une flotte telle qu'on n'en avait jamais vu de pareille et en confia la direction au duc de Medina Cœli. Cette flotte, surprise par la tempête, alla s'échouer sur les rochers du Calvados (*Salvador*, vaisseau amiral). Les autres navires furent vaincus par la flotte d'Élisabeth, et des cent cinquante vaisseaux espagnols il n'en revint que quelques-uns. « Monsieur le duc, dit Philippe avec dignité, je vous avais envoyé combattre les Anglais, mais non les vents et les flots. »

4° Il voulut conquérir le Portugal, et de fait il réussit à battre le roi dom Henri. Mais, au lieu de traiter ses nouveaux sujets avec douceur et modération, il les traita en vaincus, les écrasa d'impôts exorbitants, et les Portugais ne songèrent qu'à reconquérir leur indépendance. Ce moment leur parut venu en 1640. Avec l'appui de la France, le Portugal se donna à la maison de Bragance, qui y règne encore aujourd'hui. De la conquête de Philippe il ne resta qu'un souvenir.

5° Il voulut châtier les Turcs et les pirates barbaresques qui infestaient la Méditerranée et rendaient tout commerce impossible. Avec l'appui des vaisseaux génois et de la flotte du pape, il battit les Turcs à la célèbre victoire de Lépante, qui fit la gloire de son fils don Juan d'Autriche. Mais ce fut une victoire stérile : les Turcs reprirent l'offensive, et, trois ans après, Philippe était obligé de signer avec le sultan un traité peu avantageux.

6° Il voulut assurer à sa fille Isabelle-Claire-Eugénie le trône de France et prit part, soit par ses soldats, soit par ses conseils, soit par son argent, à toutes les guerres de religion. C'est le duc d'Albe qui conseilla à la reine Catherine de Médicis l'horrible massacre de la Saint-Barthélemy. Mais il se heurta à Henri IV; les états généraux de 1592 le déboutèrent de ses prétentions; son général, le comte de Fuensaldagne fut battu à plusieurs reprises, et Philippe signa le traité de Vervins qui consacrait la chute de ses espérances (1598).

7° A l'intérieur, le règne de Philippe II fut aussi déplorable. S'il fit construire le château de l'Escurial froid et prétentieux, s'il embellit Madrid, il fit peser sur ses sujets des contributions extraordinaires et ne sut encourager ni le commerce ni l'agriculture. Comme les mines d'or s'épuisaient et que les galions devenaient de moins en moins fréquents, l'Espagne fut en proie à la plus profonde misère. L'Inquisition priva le pays des Maures et des Juifs, qui en faisaient la force et l'activité. Plus de vaisseaux dans les ports; les soldats se répandirent dans les campagnes. Froid et prétentieux, d'une habileté médiocre et d'une jalousie féroce, Philippe II commit faute sur faute et se débarrassa par l'exil ou le poison de ses conseillers les plus fidèles et de ses généraux les plus habiles. Antonio Pérez fut exilé, don Juan empoisonné. En résumé, Philippe II a commencé la ruine matérielle et morale de l'Espagne.

QUESTIONNAIRE.

Dites ce que vous savez de Philippe II. — Que fit-il en Portugal? — dans les Pays-Bas? — en Angleterre? — contre les Turcs? — Parlez de la bataille de Lépante. — Comment pourrait-on caractériser son règne?

RÉCIT.

Le duc d'Albe dans les Pays-Bas. — Après quelques hésitations, Philippe II adopta le système qui lui était proposé par le duc d'Albe, et il envoya, en 1567, ce politique dur et terrible dans les Pays-Bas, avec les troupes et les pouvoirs nécessaires pour y établir la foi et l'obéissance. Cette résolution était inopportune et périlleuse; car, au moment où le duc d'Albe partait avec son armée, la gouvernante des Pays-Bas, secondée par les grands seigneurs flamands eux-mêmes, avait réprimé les sectaires, puni les révoltés, ramené l'ordre, replacé partout les prêtres catholiques.

... Tout sembla réussir d'abord comme Philippe II l'avait espéré. Le duc d'Albe, parvenu en Flandre, distribua ses soldats espagnols, italiens, allemands, dans les villes, qu'il désarma et qu'il contint par des citadelles. Il prit et fit décapiter les comtes d'Egmont et de Horn qui, moins prudents que le prince d'Orange, l'avaient attendu en se reposant sur leurs services et leur innocence. Il dirigea le fameux conseil des Troubles qui proscrivait les hommes les plus importants de la noblesse et de la bourgeoisie, et couvrit de sang les dix-sept provinces; il rétablit les placards, releva l'Inquisition, exigea des impôts excessifs et arbitraires et battit les troupes que les fugitifs des Pays-Bas, à la tête desquels se trouvaient le prince d'Orange et son frère, avaient levées en Allemagne pour marcher au secours de leurs compatriotes opprimés. Dictateur violent, juge impitoyable, général victorieux, il avait gouverné, puni, combattu au gré du maître vindicatif et impérieux qui l'avait envoyé.

Tout paraissait soumis et brisé. Mais bientôt le désespoir même releva les courages, et le signal d'une résistance opiniâtre fut donné par les deux provinces qui, plongées dans la mer, étaient plus à l'abri du duc d'Albe et pouvaient opposer les hardis matelots de la Hollande et de la Zélande

ESPAGNE.

aux soldats espagnols. La prise de Brielle et de Flessingue en avril 1572, par ces héroïques rebelles qu'on appela les *gueux de mer*, amena le soulèvement d'un grand nombre d'autres villes et fit éclater la fureur et l'impuissance du duc d'Albe, qui, après avoir saccagé Naarden et Harlem, vint échouer devant Alkmaer.

MIGNET.

TRENTIÈME LEÇON

La réaction catholique.

SOMMAIRE. — Réformes religieuses. — Les ordres. Les Jésuites. — Le concile de Trente.

Après Luther et Calvin, la papauté comprit qu'il fallait, si elle voulait vivre et résister à l'esprit nouveau, qu'elle se modifiât profondément. Ce fut à atteindre ce but que travaillèrent Paul III, Paul IV, Pie V et Sixte-Quint.

Les cardinaux furent choisis parmi les prélats les plus remarquables et les plus considérés. Une nouvelle Inquisition fut établie ; mais elle eut pour but de frapper les prêtres prévaricateurs, les prélats coupables de simonie, les abbés mariés et beaucoup d'ecclésiastiques. Les idées même furent proscrites. C'est de cette préoccupation que sortit la congrégation de l'Index, chargée d'examiner les livres suspects.

Les moines avaient depuis longtemps abandonné la règle de Saint-Benoît d'Aniane : on les ramena au devoir et à la raison. Aux ordres trop riches et incapables de la propagande active, on substitua des ordres mendiants, les Camaldules, les Barnabites, les Théatins, qui se répandirent dans les campagnes et ramenèrent à l'Eglise, par leur éloquence populaire, bien des réfractaires ou des hésitants. Enfin parut la célèbre corporation des Jésuites, qui devait apporter à la papauté un appui tout-puissant (1534).

Le pape Paul III voulut unifier la doctrine catholique et enlever tout prétexte aux réformateurs. Il provoqua la réunion du fameux concile de Trente, qui devait durer dix-huit ans et où furent discutées toutes les questions qui intéressaient l'Eglise. Le cardinal Caraffa, le jésuite Lainez et saint Charles Borromée exercèrent une influence particulière. Il y eut jusqu'à onze cardinaux, vingt-cinq archevêques, cent soixante-huit évêques, qui tous prirent une part active aux discussions. Si l'on fut d'accord sur la rédaction d'un catéchisme, d'un bréviaire et d'un missel, il y eut désaccord sur la discipline ecclésiastique, et les discussions s'éternisant, le concile fut transféré de Trente à Bologne, puis ramené à Trente par Jules III. Ce fut le pape Grégoire V qui prit contre les prêtres les mesures les plus énergiques (résidence pour les évêques, réclusion pour les moines, repos du dimanche). Enfin Sixte-Quint, un des papes les plus remarquables de la chrétienté, se mit courageusement à l'œuvre. Il poursuivit les pillards de la campagne romaine, remit de l'ordre dans les finances, pourvut d'eau potable la Ville éternelle, construisit la bibliothèque du Vatican et réorganisa le collège des cardinaux. C'est ainsi que l'église catholique se mit en mesure de lutter contre l'invasion du protestantisme. Mais les décrets du concile de Trente ne furent pas acceptés sans protestation; les enseignements des réformés firent leur chemin, et menacée dans sa propre existence, la papauté fut amenée inconsciemment à exagérer ses doctrines et à s'attaquer à l'autorité des rois. C'est de là que naquirent les difficultés du xvii° siècle et les prétentions ultramontaines de l'Église.

QUESTIONNAIRE.

Qu'entendez-vous par réaction catholique? — Rappelez les créations d'ordres religieux au xvi° siècle. — Qu'est-ce que les Jésuites? — Quelles furent les réformes de Sixte-Quint?

RÉCIT.

Les Jésuites. — L'ordre qui jeta le plus d'éclat fut celui des Jésuites. Cette grande société s'est étendue partout, et partout elle a eu des ennemis. Le monde s'est épuisé à en dire du bien et du mal. Son fondateur, Ignace de Loyola, gentilhomme biscaïen, d'un esprit romanesque, traverse l'ascétisme pour arriver à une des plus fortes conceptions politiques qui fût jamais. Il eut l'idée de faire, outre les vœux ordinaires, un quatrième vœu particulier d'obéissance au pape. Les autres ordres se séparaient du monde pour vivre dans le silence et la prière, dans l'ombre et la solitude du cloître : les Jésuites se dispensèrent des pratiques de dévotion faites au chœur en commun, et qui, dans les couvents des autres ordres, prenaient un temps si considérable. Ils ne voulurent pas s'astreindre à porter un costume monacal, ils n'eurent que l'habit ecclésiastique ordinaire ; souvent même ils le déposaient pour prendre celui de marchands dans l'Inde, et à la Chine celui de mandarins. Ils faisaient vœu de pauvreté, mais pour l'individu seulement, non pour la corporation, ce qui permettait à celle-ci d'acquérir. Politique, science, littérature, ils ne négligèrent aucun moyen d'influence, aucune source de pouvoir, rapportant tout à la religion et à l'autorité du souverain pontife. Confesseurs des princes en Europe, et apôtres de la foi en Amérique et aux Indes, ils eurent des savants, des diplomates, des martyrs ; ils eurent aussi d'habiles professeurs, car un de leurs principaux buts fut de conquérir le droit d'élever la jeunesse, et ils se montrèrent souvent dignes de cette mission par leur savoir et par leurs vertus...

L'organisation de la société de Jésus était admirablement combinée. D'abord son général est élu à vie, pour que la même direction préside toujours au gouvernement de la société. Au-dessous de lui sont les *profès*, qui ont fait vœu de chasteté, de pauvreté, d'obéissance absolue, et qui sont chargés des missions partout où elles sont nécessaires, au milieu des hérétiques comme au milieu des barbares ; après eux viennent les *coadjuteurs spirituels*, revêtus du caractère de prêtre, mais voués spécialement à l'instruction publique. Tandis que les profès parcouraient sans cesse le monde pour prêcher, confesser et convertir, les coadjuteurs, fixés dans les localités avec les *scolastiques*, qui formaient la troisième et dernière classe, y gagnaient de l'influence et s'emparaient de l'éducation de la jeunesse..... Enfin, pour qu'aucun soin ne vînt distraire les coadjuteurs et les scolastiques de leurs travaux, les collèges purent avoir des revenus, dont l'administration fut confiée à des *coadjuteurs laïques*.

Duruy.

TRENTE ET UNIÈME LEÇON

Angleterre.

Sommaire. — Henri VIII. — Élisabeth et Marie Stuart. — Suite des Tudors. — Henri VIII (1508-1547). — Sa politique extérieure. — Il fonde la religion anglicane. — Sa rupture avec le Saint-Siège. — Son despotisme envers ses sujets. — Élisabeth. — Gloire de son règne. — Elle affermit le protestantisme en Angleterre. — Elle soutient le parti protestant en France et dans les Pays-Bas. — Mort de Marie Stuart. — La Renaissance en Angleterre sous Élisabeth (1508-1603).

Les Tudors (*suite*). — **Élisabeth et Marie Stuart.** — **Henri VIII (1508-1547).** — La situation de Henri VIII à son avènement au trône était excellente. Sans être assez fort pour diriger lui-même les affaires de l'Europe, il était assez puissant pour faire pencher la balance du côté de de ses alliés. « Qui je défends est maître », avait-il coutume de dire, et le cardinal Wolsey, son habile ministre, réalisa cette politique. Henri battit les Français à Guinegate; il fut ensuite l'allié de Charles-Quint contre François Ier qui l'avait irrité à l'entrevue du camp du Drap d'or; mais après la bataille de Pavie il abandonna l'empereur, dont la puissance l'effrayait, pour se rapprocher de la France. Bientôt des intérêts d'un autre ordre détournèrent, pour un temps, ses regards des affaires du continent. Il voulut faire rompre, sous prétexte de parenté, son mariage avec Catherine d'Aragon, tante de Charles-Quint, pour épouser une dame de la cour, Anne Boleyn; le pape Clément VII, qui venait de faire alliance avec l'empereur, s'opposa à ce divorce. Henri VIII passa outre; il épousa la femme qu'il aimait et se fit reconnaître par le clergé anglais **chef suprême de l'Église anglicane**. Le Parlement anglais sanctionna par une loi la décision des évêques et défendit à l' « évêque de Rome » d'intervenir dans les affaires ecclésiastiques de l'Angleterre. A partir de ce moment, Henri VIII commença à commettre les injustices et les cruautés qui ont souillé son règne. Il supprima les couvents, en confisqua les biens et punit du dernier supplice quiconque, moine, prêtre ou laïque, osa contester la légitimité de son pouvoir spirituel. Edouard VI lui succéda et ne régna que quelques mois.

Élisabeth (1558-1603). — Élisabeth était fille de Henri VIII et d'Anne Boleyn. **Marie Tudor**, qui régna avant elle, prépara à Londres une réaction catholique atroce. Les tribunaux étoilés prononcèrent plus de 30 000 exécutions capitales, ce qui la fit surnommer Marie la Sanglante. Elle épousa Philippe II, mais en fut abandonnée et fut punie de son intervention en France par la perte de Calais. « Si on ouvrait mon cœur, avait-elle dit quelques heures avant sa mort, on y trouverait ce mot : Calais. »

Élisabeth.

Elisabeth gouverna l'Angleterre avec gloire. A l'intérieur, elle développa la prospérité nationale par le grand essor qu'elle donna au commerce et à l'industrie; elle augmenta considérablement la puissance de la marine anglaise, créée par Henri VIII. Elle consomma la rupture définitive de son pays avec le Saint-Siège et rétablit par le bill des 39 articles la religion protestante, un moment proscrite par Marie Tudor. Cruelle comme son père et non moins jalouse de son autorité, elle gouverna despotiquement et se montra impitoyable envers ses ennemis. L'infortunée Marie Stuart, veuve du roi de France François II, était revenue régner en Ecosse, à l'âge de dix-neuf ans. « Elle était douée de beaucoup d'esprit et n'était pas capable d'une habileté suivie. Familière et soudaine, gracieuse et passionnée, se confiant outre mesure aux personnes qui lui plaisaient, s'abandonnant avec fougue aux pensées qui la dominaient, elle avait tous les charmes de la femme, sans posséder suffisamment les fortes qualités nécessaires à une reine. ». (Mignet.)

Elle excita par sa grande beauté la jalousie de sa cousine d'Angleterre; elle encourut sa haine par son attachement outré au catholicisme et en contractant des mariages qui déplurent à celle-ci. Elle ne fut pas soutenue par son peuple, que sa légèreté avait irrité et qui avait été exaspéré par son mariage avec son cousin Darnley ainsi que l'assassinat de celui-ci par le comte de Bothwell, non sans soupçon de complicité de la part de Marie, qui donna sa main au meurtrier. Elle fut obligée d'abdiquer en faveur de son fils et de demander un asile à la reine d'Angleterre. Élisabeth la fit enfermer dans la Tour de Londres; malgré plusieurs complots pour la sauver, elle y resta vingt ans et elle n'en sortit que pour marcher à l'échafaud (1587).

Esprit très cultivé, Élisabeth encouragea les lettres et les arts; sous son règne, l'Angleterre compta deux hommes illustres dans la philosophie et dans les lettres : **François Bacon** et **William Shakespeare**, déjà cités.

Sur le continent, Élisabeth fut constamment l'alliée du parti calviniste : elle le soutint en France contre les Guises, et dans les Pays-Bas contre Philippe II, dont elle brava la puissance et dont elle détruisit, aidée par la tempête, l'*invincible Armada*. Le commerce et l'industrie furent aussi puissamment encouragés. La Bourse de Londres fut fondée; un traité avec la Russie ouvrit aux vaisseaux anglais les ports de la Russie. Enfin les colonies s'augmentèrent en Afrique, et en Amérique, un aventurier nommé Walter Raleigh jeta les fondements de la Virginie, d'où devaient sortir les États-Unis.

Avec cette illustre princesse finit la dynastie des Tudors, qui avait donné cinq souverains à l'Angleterre : Henri VII, Henri VIII, Edouard VI, Marie Tudor et Élisabeth. Élisabeth fut adorée par son peuple, et les Anglais se souviennent encore de celle qu'ils appellent la « grande reine » et qui commença leur puissance actuelle.

QUESTIONNAIRE.

Que pouvez-vous dire de Henri VIII? — d'Élisabeth? — Quelles furent ses principales réformes? — Avec qui contracta-t-elle des alliances? — Qu'est-ce que Walter Raleigh? — Nommez une colonie fondée sous ce règne. — Quelles furent les fautes de Marie Stuart?

RÉCIT.

Supplice de Marie Stuart. — Alors le cortège s'avança. Il était conduit par le shériff et ses officiers : derrière eux venaient Paulet et Drury, et les comtes de Shrewsbury et de Kent; enfin parut la reine d'Écosse, suivie de Melvil, qui portait son manteau. Elle avait revêtu le plus riche de ses habillements, le plus convenable à son rang de reine douairière. Sa démarche était ferme et sa contenance assurée. Elle soutint, sans faiblesse, les regards des spectateurs et la vue de l'échafaud, du billot et de l'exécuteur, et s'avança dans la salle avec cette grâce et cette majesté qu'en des jours plus heureux elle avait si souvent déployées dans le palais de ses pères. Pour l'aider à monter sur l'échafaud, Paulet lui offrit son bras. « Je vous remercie, sir, dit Marie, c'est la dernière peine que je vous donnerai, et le plus agréable service que vous m'ayez jamais rendu. »

La reine s'assit sur un tabouret qu'on lui avait préparé ; à sa droite se tenaient les deux comtes, à sa gauche le shériff et Réal, secrétaire du conseil; en face, l'exécuteur de la Tour, en habit de velours noir, accompagné de ses aides, également vêtus de noir. On fit lecture de la sentence, et Marie, d'une voix sonore, harangua l'assemblée. Elle avait à leur rappeler, dit-elle, qu'elle était princesse souveraine, non sujette à la juridiction du parlement d'Angleterre, mais entraînée dans ces lieux, pour y tomber victime de l'injustice et de la violence... Beaucoup de choses qui semblaient alors plongées dans les ténèbres reparaîtraient à la lumière après sa mort. Mais elle pardonnait de tout son cœur à ses ennemis, et sa bouche ne prononcerait aucune parole qui pût leur causer du préjudice. Ici elle fut interrompue par le docteur Fletcher, doyen de Péterborough, qui, ayant attiré ses regards, commença à la prêcher, et, sous prétexte du zèle, peut-être réel, qui l'animait, n'eut pas honte d'insulter aux sentiments de l'infortunée princesse. Marie le pria plusieurs fois de ne pas se fatiguer ainsi à la tourmenter. Il persista et elle se mit alors de côté : il fit le tour de l'échafaud et s'adressa de nouveau à elle, en face. Le comte de Shrewsbury mit fin à cette scène extraordinaire en lui ordonnant de prier.

Lorsque ses femmes, baignées de larmes, commencèrent à déshabiller leur maîtresse, les bourreaux, craignant de perdre leurs droits accoutumés, se hâtèrent d'intervenir. La reine fit de vives objections; mais se soumettant immédiatement à leur rudesse, elle fit observer au comte de Kent, avec un sourire, qu'elle n'était point habituée à se servir de pareils valets. Les domestiques, à la vue de leur souveraine dans un si déplorable état, ne purent commander à leur émotion; mais Marie, posant un doigt sur ses lèvres, leur ordonna le silence, leur donna sa bénédiction et sollicita leurs prières. Alors elle s'assit. Kennedy, prenant un mouchoir brodé d'or, lui en couvrit les yeux; les bourreaux, la saisissant par les bras, la conduisirent vers le billot, et la reine s'agenouillant répéta plusieurs fois d'une voix ferme : « O Seigneur, je remets mon esprit entre tes mains ». Mais les sanglots et les gémissements des spectateurs troublèrent le bourreau. Il trembla, manqua son coup et ne lui fit qu'une profonde blessure. La reine resta sans mouvement, et au troisième coup sa tête fut séparée du corps. Lorsque l'exécuteur la releva, les muscles du visage s'étaient tellement contractés, que les traits n'étaient plus reconnaissables.....

LINGARD.

TRENTE-DEUXIÈME LEÇON

Guerre de Trente Ans.

SOMMAIRE. — Affaire de la Valteline. — Guerre de la succession de Mantoue. — Guerre de Trente Ans : — période palatine, 1618-23 ; — période danoise, 1625-29 ; — période suédoise, 1630-35 ; — période française, 1635-48 ; — victoires de Condé et de Turenne. — Traité de Westphalie (1648).

Affaire de la Valteline. — Les Espagnols s'étant emparés de la *Valteline*, afin de mettre en communication, par cette vallée italienne, l'Autriche et le Milanais, où l'Espagne dominait, Richelieu la leur enleva et la restitua aux Grisons.

Guerre de Trente Ans (1618-1648). — Cette guerre, ainsi nommée à cause de sa durée, avait éclaté, en 1618, en Allemagne, entre les protestants et les catholiques. L'Autriche avait pris fait et cause pour les catholiques et prétendait absorber, à son profit, les divers États allemands. L'intervention de la France fit tomber ses illusions.

La guerre de Trente Ans comprend quatre périodes : la période palatine, la période danoise, la période suédoise et la période française proprement dite.

La guerre de Trente Ans fut à la fois religieuse, allemande et européenne. Religieuse, parce qu'elle fut amenée par les rivalités des protestants avec les catholiques et des protestants luthériens avec les protestants calvinistes ; allemande parce que tous les États de l'Allemagne y furent plus ou moins mêlés ; européenne, parce que le Danemark, la Suède, la Pologne, la Hollande et la France y prirent une part considérable.

La maison d'Autriche eut une grande part de responsabilité dans cette terrible lutte. A la tolérance de Ferdinand Ier et de Maximilien II, Rodolphe II substitua une politique intolérante et catholique ; Mathias, son frère, après avoir favorisé les prétentions des Bohémiens, fut aussi intransigeant que lui, et Ferdinand de Styrie, élève des Jésuites d'Ingolstadt, exaspéra à ce point les protestants, que la guerre éclata.

Période palatine (1618-1623). — La destruction, en Bohême, de deux temples protestants par les catholiques donna lieu à des représailles sanglantes. Les Bohémiens envahirent le château de Prague et jetèrent par les fenêtres les magistrats qui s'y trouvaient. C'est ce qu'on nomma la **défenestration de Prague**, qui fut le signal de la guerre (mai 1618). Frédéric V, électeur palatin, prince frivole et sans courage, reçut des protestants la couronne d'empereur parce qu'il était le gendre de Jacques Ier et le beau-frère du stathouder de Hollande et qu'on escomptait l'intervention de ces deux princes. Mais ils restèrent neutres, et Frédéric perdit par sa faute la bataille de la **Montagne Blanche**, qui lui coûta le **Palatinat**. Les efforts d'aventuriers comme Ernest de Mansfeld et Christian de Brunswick restèrent infructueux. L'empereur **Ferdinand II** rétablit en Bohême la religion catholique, dépouilla 700 nobles de leurs biens et exila 30 000 familles protestantes. Ces mesures rigoureuses, ratifiées par la trêve de Ratisbonne (1623), terminèrent la première période de la guerre de Trente Ans.

Période danoise (1625-1629). — Les protestants, effrayés de la puissance croissante de l'empereur, s'allièrent avec le roi de Danemark,

Christian IV, et rouvrirent les hostilités. Ils étaient commandés par le duc *Bernard de Saxe-Weimar* et Ernest de Mansfeld ; les armées de Ferdinand et de la ligue catholique avaient à leur tête le célèbre **Waldstein** et **Tilly**, général non moins habile, que le duc Maximilien avait mis au service de l'empereur. Les talents de Bernard de Saxe-Weimar ne purent empêcher une seconde défaite du parti protestant, à **Lütter** (Brunswick), pendant qu'Ernest de Mansfeld était battu au pont de Dessau et allait mourir à Zara. Christian IV rentra dans ses États, et malgré l'échec de Waldstein devant Stralsund, « qu'il avait juré de prendre, fût-elle attachée au ciel par des chaînes de diamant », il dut signer à Lubeck une paix humiliante. L'Allemagne protestante fut livrée à la merci des vainqueurs et dévastée.

Diète de Ratisbonne (1630). — Dans la guerre de la *succession de Mantoue*, l'empereur Ferdinand II voulut faire proclamer son fils roi des Romains, c'est-à-dire héritier présomptif de la couronne impériale. Mais il se heurta à la politique habile du père Joseph du Tremblay, envoyé de Richelieu. Non seulement son fils ne fut pas proclamé roi des Romains, mais encore l'empereur fut obligé de congédier Waldstein, le seul général sur lequel il put compter. « Ce méchant moine, s'écria-t-il, a fait entrer dans son étroit capuchon six bonnets électoraux. »

Période suédoise (1630-1635). — Les progrès de la maison d'Autriche inquiétaient Richelieu, mais les affaires d'Italie le retenaient encore. Moyennant un subside de 20 millions qu'il lui accorda par le secret traité de Bernwald, négocié par Charnacé, le cardinal réussit à lancer sur l'Allemagne le roi de Suède **Gustave-Adolphe**, qui se présenta comme défenseur des libertés du peuple allemand. « Ce roi de neige fondra au soleil impérial », avait dit Ferdinand. Les événements ne confirmèrent pas cette prédiction : Gustave-Adolphe pénétra avec impétuosité dans les États de l'empereur, gagna sur Tilly, qui revenait de piller Magdebourg, la sanglante bataille de **Leipzig** et, après une expédition dans les États du Rhin, livra une bataille sur les bords du Leck à Tilly, qui y fut tué, puis alla se rencontrer à Nuremberg avec Waldstein. Ces deux grands capitaines s'observèrent longtemps avant de s'attaquer, hésitant l'un et l'autre à compromettre leur réputation d'invincibles. L'action s'étant engagée à Breitenfeld, près Lutzen, Waldstein perdit la bataille ; mais elle coûta la vie à son adversaire. Privés de leur illustre chef, les Suédois furent battus à **Nordlingen** (1634) et signèrent la **paix de Prague**.

Période française (1635-1648). — L'Autriche triomphait. Richelieu comprit que le moment était venu pour la France de se montrer sur le champ de bataille. Au début des hostilités, les Espagnols, alliés de l'Autriche, pénétrèrent en Picardie, prirent Corbie et menacèrent Paris. Richelieu voulait que la cour se retirât derrière la Loire. Le peuple de Paris montra plus de courage et de résolution que le ministre ; 40 000 ouvriers et bourgeois s'enrôlèrent, mirent le roi à leur tête et allèrent délivrer Corbie. Le cardinal fit écarteler les généraux qui avaient laissé prendre la place. Ensuite nos armées, secondées par les protestants allemands et commandées par les généraux *d'Harcourt*, *Guébriant* et *Fabert*, et le duc Bernard de

Saxe-Weimar, que Richelieu avait pris à sa solde, enlevèrent aux Autrichiens et aux Espagnols l'Artois, le Roussillon, la Cerdagne et l'**Alsace**.

Richelieu ne vit pas la fin de cette guerre. Épuisé par les fatigues du pouvoir, il mourut en 1642, âgé de cinquante-sept ans. **Mazarin** le remplaça.

La guerre de Trente Ans fut poursuivie avec énergie. **Condé** détruisit à **Rocroi**, en 1643, l'infanterie espagnole. Ensuite il rejoignit **Turenne**, et ces deux grands capitaines triomphèrent ensemble des Impériaux à **Fribourg** et à **Nordlingen**. En 1648, la bataille décisive de **Lens**, où Condé fut vainqueur contre les Espagnols, mit fin aux hostilités. (Pour les détails, voir notre Cours supérieur d'*Histoire de France*.)

Paix de Westphalie (1648). — La guerre de Trente Ans était finie. L'Autriche, humiliée et affaiblie, dut accepter la paix. Elle fut signée à **Münster** pour les catholiques et à **Osnabrück**, en *Westphalie*, pour les protestants. Les conditions furent à la fois, comme l'avait été la guerre, religieuses, allemandes et européennes.

1° *Religieuses*. — Les princes protestants d'Allemagne et même les calvinistes obtinrent la liberté religieuse et leur indépendance politique fut garantie.

Les protestants eurent un certain nombre de places au conseil aulique et à la diète de Ratisbonne.

2° *Allemandes*. — Un huitième électorat fut créé, en faveur du duc de Bavière, et le fils de Frédéric V rentra dans ses États ; le landgrave de Hesse-Cassel reprit possession de sa principauté. L'Allemagne resta partagée en 300 États, ce qui consacrait la déchéance de l'empire romain germanique en y maintenant la confusion pour toujours.

3° *Européennes*. — La neutralité de la Suisse fut

assurée; l'Espagne, sans vouloir d'ailleurs accéder à la paix, reconnut l'indépendance des Provinces-Unies; la Suède obtint l'île de Rugen, la Poméranie occidentale et les bouches de l'Oder, de l'Elbe et du Weser. La France gardait l'Alsace et les forteresses de Philipsbourg, de Brisach et de Fribourg; elle se fit confirmer la possession des Trois-Évêchés et obtint la libre navigation du Rhin. Enfin la Prusse obtenait la Poméranie ultérieure, les évêchés de Magdebourg, d'Halberstadt et de Camin.

Le traité de Westphalie était le couronnement de la politique suivie depuis François Ier. Il assurait la prépondérance de la France sur l'Autriche et aurait fait pour longtemps la grandeur de notre pays, sans les guerres interminables dans lesquelles l'engagèrent Louis XIV et son successeur. Il faisait disparaître, sans retour, la crainte pour l'Europe d'une monarchie universelle, en préparant la ruine de l'Empire. Ce grand État, en effet, restant divisé en près de 300 petites principautés féodales, sans liens politiques entre elles, cessa d'être une force dangereuse et ne tarda pas à devenir, comme l'Italie, le champ de bataille où les autres peuples allèrent vider leurs querelles en essayant de s'indemniser à ses dépens.

QUESTIONNAIRE.

Parlez de la guerre de Trente Ans. — Quelles en sont les quatre périodes? — Que savez-vous de Frédéric V? de Christian IV? — Qu'est-ce que Tilly? — Waldstein? — Racontez la diète de Ratisbonne. — Quelle est la date de la paix de Lubeck? — Citez les hauts faits de Gustave-Adolphe. — Qu'est-ce que l'armée de Corbie? — En combien de parties se divise la paix de Westphalie? — Citez les clauses religieuses, — allemandes, — européennes. — Appréciez les conséquences de la guerre de Trente Ans.

RÉCIT.

Gustave-Adolphe. — C'était, sans contredit, le premier général de son siècle, et le plus brave soldat d'une armée qu'il avait créée lui-même. Familiarisé avec la tactique des Grecs et des Romains, il avait inventé un nouvel art militaire, qui, depuis, servit de modèle aux plus grands généraux. Il diminua les escadrons, incommodes par leur étendue, pour rendre les mouvements de la cavalerie plus faciles et plus prompts : ce fut dans le même but qu'il plaça les bataillons à des distances plus considérables entre eux. Son armée ne formait ordinairement qu'une seule ligne de bataille : il la rangea sur deux lignes, de sorte que la seconde pût avancer lorsque la première était forcée à la retraite. Il sut suppléer au défaut de cavalerie, en distribuant des fantassins entre les cavaliers, ce qui décida très souvent la victoire. L'Europe apprit de lui, pour la première fois, l'importance de l'infanterie dans les batailles. L'Allemagne entière a admiré la discipline qui distingua si glorieusement les armées suédoises sur son territoire. Toutes les fautes y étaient punies avec la plus grande sévérité, mais principalement le blasphème, le jeu, le vol et le duel. La simplicité était recommandée par les lois militaires de Suède. Aussi dans tout le camp, sans en excepter la tente du roi, on n'apercevait ni or ni argent. L'œil du général veillait avec autant de soin sur les mœurs des soldats que sur leur bravoure. Chaque régiment devait se former en cercle autour de son ministre à la prière du matin et du soir et s'acquitter en plein air de cet acte religieux. Le législateur servait en tout de modèle. Une piété vive et sans affectation élevait le courage qui animait son grand cœur. Supportant, comme le dernier de ses soldats, toutes les incommodités de la guerre, présent partout, oubliant la mort qui l'environnait, il se montrait toujours sur le chemin du péril. Sa valeur naturelle lui fit trop souvent perdre de vue ce qu'il devait au général, et la mort d'un simple soldat termina la vie d'un roi.

Schiller.

TRENTE-TROISIÈME LEÇON

Angleterre. — Avènement des Stuarts.

Sommaire. — Jacques Ier. — Charles Ier (1625-1649). — Son despotisme. — Lutte avec le Long Parlement. — Cromwell. — Guerre civile. — Bataille de Naseby. — Mort de Charles Ier. — Le Rump Parlement proclame la république (1649). — L'acte de Navigation. — Guerre maritime avec la Hollande. — Succès des Anglais. — Protectorat de Cromwell (1653-1658). — Son despotisme. — Son influence en Europe. — Sa mort. — La restauration des Stuarts. — Charles II (1660-1685). — Whigs et tories. — La révolution de 1688.

Angleterre. — Les Stuarts. — A la mort d'Élisabeth qui ne s'était pas mariée, la couronne d'Angleterre passa à la famille écossaise des Stuarts. Cette famille donna quatre rois à l'Angleterre : Jacques Ier (Jacques VI d'Écosse), Charles Ier, Charles II et Jacques II.

Jacques Ier, que Henri IV appelait « Maître Jacques » et Sully « le plus sage fou de la chrétienté », fut un roi déplorable. Sa politique extérieure n'était pas conforme aux aspirations de son peuple qui ne comprenait pas ses alliances. A l'intérieur, il voulut organiser le pouvoir absolu et défendit énergiquement les prérogatives de l'Église anglicane : « Pas d'évêques, pas de rois », avait-il coutume de dire. Il voulut défendre ses idées par des livres, se brouilla avec son parlement à propos de finances et mourut à temps pour éviter une révolution. Déjà, en 1603, une conspiration, sous le nom de conspiration des Poudres, avait failli faire sauter le parlement et la famille royale.

Charles Ier (1625-1649) montra, dès son arrivée au trône, des tendances despotiques qui devaient lui être fatales. Il avait épousé Henriette de France, fille de Henri IV et de Marie de Médicis. Henriette s'efforça de ramener l'Angleterre à la religion catholique; elle fit employer sans succès, pour y parvenir, des moyens rigoureux, qui la rendirent odieuse à la nation anglaise et la firent envelopper dans la haine que cette nation voua à son mari.

Celui-ci favorisait les *anglicans*, tandis que par ses vexations il poussait les *presbytériens* d'Écosse à la révolte. On nommait anglicans les partisans de la religion fondée par Henri VIII, lesquels reconnaissaient l'autorité spirituelle d'un épiscopat; les presbytériens, au contraire, repoussaient toute hiérarchie ecclésiastique et n'admettaient que des prêtres égaux entre eux; Charles Ier augmenta ses embarras par son attachement aveugle au duc de Buckingham, détesté de l'aristocratie anglaise à cause de sa légèreté et de son arrogance blessante; il laissa ce favori conduire une flotte au secours de la Rochelle; la défaite du duc, près de l'île de Ré, augmenta, en Angleterre, l'indignation que le roi y avait soulevée en écrasant ses sujets de taxes illégales. Il faut dire que, depuis longtemps en hostilité ouverte avec le parlement, Charles Ier ne le convoquait plus et ordonnait de sa propre autorité, au mépris de la *pétition des droits*, qu'il avait acceptée et qui limitait son pouvoir, les mesures fiscales les plus injustes. Il tira de l'arsenal des vieilles lois tombées en désuétude un règlement, appelé taxe des Vaisseaux (Ship-money), qui lui permettait de percevoir de l'argent sans l'assentiment du parlement. Mais la nation, à l'instigation d'un citoyen nommé Hambden, se souleva, et Charles dut renoncer à son projet.

Son impopularité était même devenue si grande, les impôts arbitraires décrétés par lui seul étaient si mal payés qu'il se vit obligé de faire appel aux représentants de la nation, après s'être passé dix ans de leur concours.

Le Long Parlement (il dura treize ans) se réunit

mais il refusa de voter aucun subside. Les députés étaient profondément irrités contre les deux ministres de Charles : le comte de Strafford et l'archevêque Laud, qui avaient usé de moyens violents pour faire exécuter les ordres du roi. Ils reprochèrent au roi d'avoir gouverné avec tyrannie, au mépris des lois, et le déclarèrent déchu de ses prérogatives. Il ne resta plus à Charles Ier, malgré la faute qu'il commit en abandonnant ses ministres à la rancune populaire, qu'à recourir aux armes pour rétablir son autorité. Le parlement était prêt; sa cause était populaire, ses partisans nombreux, les Écossais ses alliés et l'habile **Olivier Cromwell** son général. La guerre civile commença (1642). Elle se poursuivit pendant trois ans sans assurer le succès définitif de l'un ou de l'autre parti. Mais, en 1645, les batailles de **Naseby**, **Newbury** et **Marston-Moor**, où Charles Ier fut vaincu, assurèrent le triomphe des **Indépendants**, ainsi nommés à cause de leurs idées avancées et républicaines. Cromwell, leur chef, entra dans Londres à la tête de ses troupes; il chassa du parlement les députés qui lui étaient hostiles, et gouverna avec le *Rump Parliament* ou *Parlement Croupion*, réduit à 53 membres. Le malheureux Charles Ier fut jugé par 80 juges (parmi lesquels le poète Milton), condamné à périr sur l'échafaud comme traître et tyran, et conduit au supplice (février 1649).

La République (1649-1660). — Le Rump Parliament proclama la République et la dirigea pendant quatre ans. Il publia l'**acte de Navigation**, qui assura, au mépris des droits les plus légitimes, la supériorité commerciale et maritime de l'Angleterre sur toutes les mers. Aux termes de cet acte important, tout le commerce d'importation et d'exportation de l'Angleterre avec ses colonies de l'Asie, de l'Afrique et de l'Amérique devait se faire avec des navires anglais montés par des marins anglais.

La Hollande, qui avait alors le monopole du commerce maritime, se trouvant lésée dans ses intérêts par l'acte de Navigation, déclara la guerre à l'Angleterre; elle se croyait sûre du succès, ayant une flotte nombreuse commandée par deux amiraux célèbres: *Ruyter* et *Tromp*. Ce fut cependant à sa rivale que la victoire demeura; l'amiral anglais *Blake* battit ses deux adversaires dans la mer de la Manche, et la Hollande fut forcée de signer, en 1654, une paix désavantageuse.

Durant les quatre années de gouvernement du Rump, Cromwell, ministre de la guerre, avait accru sa popularité, grâce à ses succès militaires contre les insurgés de l'Écosse et de l'Irlande; il résolut de s'emparer du pouvoir. Le 20 avril 1653, il envahit avec la force armée le palais de Westminster et en chassa les députés.

Cromwell se fit décerner, sous le titre de **Protecteur**, la première magistrature de la République, qui dura encore sept ans sous son protectorat. Ce fut une période glorieuse pour l'Angleterre. Les souverains de l'Europe recherchèrent l'alliance du Protecteur; la France, qui s'était montrée favorable au parti de Charles Ier, l'eut d'abord pour ennemi; cependant il consentit à s'allier à Mazarin contre l'Espagne, moyennant la cession de Dunkerque et de Mardyck, et Turenne eut, à la bataille des Dunes, 6000 Anglais sous ses ordres; dans les Antilles, l'amiral Blake conquit la Jamaïque sur les Espagnols.

ANGLETERRE. — AVÈNEMENT DES STUARTS.

Dans toutes les cours de l'Europe, le nom de Cromwell était prononcé avec respect, et Louis XIV se découvrait devant son ambassadeur; un mot de lui arrêta le duc de Savoie, qui menaçait les Vaudois d'une nouvelle persécution.

Le Protecteur avait refusé le titre de roi et celui de dictateur; son gouvernement n'en fut pas moins celui d'un souverain absolu; il congédia brutalement le premier parlement nommé sous son protectorat, et asservit l'Angleterre à l'autorité militaire. Avant d'être le maître, il avait, comme général, traité cruellement l'Irlande catholique, qui se montrait réfractaire à la République,

Cromwell.

et en avait terminé la conquête; il avait achevé également la soumission de l'Écosse.

Cromwell donna un grand développement au commerce maritime de son pays et assura la supériorité de la marine anglaise sur celle de la Hollande. Il mourut couvert de gloire, mais avec le regret d'avoir mal assuré son œuvre.

Son fils, *Richard Cromwell*, recueillit sa succession; il n'avait ni les talents ni l'ambition de son père. Les partis recommençant à s'entre-déchirer, il se démit après six mois de protectorat. **Monk**, devenu le général des royalistes après avoir été celui du Protecteur, parut dans Londres à la tête d'une armée, il intimida le parlement et rendit le trône à Charles II, fils de Charles I er.

Charles II (1660-1685) eut un règne agité à l'intérieur ; il vendit Dunkerque à la France pour 5 millions de francs, qu'il eut bientôt dissipés ; ensuite, pour donner satisfaction au sentiment national froissé par cette politique, il se prononça pour la Hollande contre Louis XIV. A l'intérieur, il ne fut pas plus heureux : la peste fit périr plus de 20 000 personnes, et un terrible incendie dévora, en 1666, plus de 300 maisons. Il engagea avec la Hollande une guerre peu glorieuse qui se termina par la paix de Bréda, et, en 1670, signa avec la France, grâce aux négociations de sa sœur Henriette d'Angleterre, le traité de Douvres par lequel il se mettait à la solde de la France. Il la soutint même au début de la guerre de Hollande, mais son despotisme et ses vengeances contre les ennemis de son père, les excès du fameux ministère de la Cabale, ses rigueurs contre l'Ecosse exaspérèrent rapidement les Anglais ; il mourut assez tôt pour n'être pas témoin d'une nouvelle révolution.

Whigs et tories. — Charles II n'ayant pas de postérité, la question de succession envenima même de son vivant la haine des partis. Ceux qui repoussaient la candidature du duc d'York, catholique ardent et opposé aux idées libérales, reçurent le nom de **whigs**, donné, dans ce temps-là, aux rebelles de l'Écosse ; ceux-ci qualifiaient leurs adversaires de **tories**, mot qui voulait dire : bandits et pillards. Les noms de whigs et de tories sont restés pour désigner dans le parlement anglais les **libéraux** (whigs) et les **conservateurs** (tories).

Jacques II (1685-1688). — Le duc d'York, frère de Charles II, lui succéda sous le nom de

Jacques II. La victoire de Cromwell et de son parti l'avait obligé de quitter l'Angleterre ; il vécut à l'étranger pendant toute la durée de la république, servit en France sous Turenne, et en Autriche sous don Juan. Ses concessions au parti catholique, l'influence qu'il laissa prendre aux Jésuites, lui rendirent ses sujets hostiles. Il se forma contre lui une coalition des lords les plus influents, qui offrirent la couronne à son gendre, Guillaume de Nassau, prince d'Orange, stathouder de Hollande.

Guillaume accepta l'offre des seigneurs anglais. Il débarqua en Angleterre, grâce à l'inaction de Louis XIV et à l'aveuglement du roi, à la tête de 16 000 hommes, avec ses étendards déployés, sur lesquels on lisait la vieille devise de sa maison : « *Je maintiendrai* » et au-dessous : « *La religion protestante et la liberté anglaise* ». Jacques II, abandonné de ses soldats et même de ses proches, quitta à la hâte l'Angleterre et se réfugia en France ; Louis XIV lui assigna pour résidence le château de Saint-Germain. Il lui donna même une flotte et une armée pour reconquérir son trône ; Jacques ne sut pas s'en servir et se fit battre sur les bords de la **Boyne**, en Irlande (1690). La défaite de Tourville à la Hogue (1692) acheva de ruiner ses espérances. Il mourut en France, en 1701.

Révolution de 1688. — Quant à Guillaume, il fut accueilli avec enthousiasme dans Londres. Il convoqua alors un parlement qui se montra très embarrassé. Certains députés, c'était le petit nombre, voulaient le retour de Jacques avec des garanties sérieuses ; les autres ne voulaient donner le trône qu'à la fille de Jacques, femme de Guillaume ; enfin quelques-uns voulaient donner le titre de roi à Guillaume d'Orange, tout en laissant celui de *reine*, au sens propre du mot, à la princesse Marie. Ce fut cette théorie qui l'emporta. Les deux souverains furent proclamés et signèrent la déclaration des Droits. Mais, en réalité, Guillaume fut le seul maître, au point que l'on a pu l'appeler : stathouder d'Angleterre et roi constitutionnel de Hollande. La révolution de 1688 fut la dernière dans la Grande-Bretagne. La révolution de 1648 avait avorté, grâce à l'ambition de Cromwell. Celle de 1688 fut le développement logique de la première, et l'Angleterre eut ainsi, avant toutes les nations, son gouvernement constitutionnel.

QUESTIONNAIRE.

Dites comment les Stuarts arrivèrent au trône d'Angleterre. — Parlez de Jacques. — Qu'est-ce qui fit éclater la guerre civile sous Charles Ier? — Où Cromwell défit-il Charles Ier? — Comment mourut ce roi? — Pourquoi le Long Parlement fut-il ainsi nommé? — Qu'appela-t-on Rump parliament ou Parlement Croupion? — Quel gouvernement établit le parlement après le supplice de Charles Ier? — Qu'était-ce que l'acte de Navigation? — Parlez de la guerre avec la Hollande. — Comment Cromwell s'empara-t-il du pouvoir? — Que savez-vous sur son protectorat? — Combien dura la République? — Par qui la royauté fut-elle rétablie en Angleterre? — Quelle est l'origine des mots : whigs et tories? — Qu'entendez-vous par révolution d'Angleterre de 1688? — Quel changement amena-t-elle? — Quel résultat eut-elle pour l'Angleterre?

RÉCIT.

Expulsion du parlement par Cromwell. — Le 20 avril 1653, Cromwell, toujours hésitant, délibérait encore chez lui avec quelques officiers lorsque le colonel Ingolsby accourt : « Il faut se hâter, dit-il : le parlement va voter le bill de dissolution ». Cromwell aussitôt se lève, se rend à la Chambre, y entre, après avoir placé des soldats dévoués aux portes, et s'assied auprès d'Harrison. Vane parlait en faveur du bill de dissolution. Après avoir écouté un instant, Cromwell se lève, et, se tournant vers Harrison : « Voici le moment, il faut agir. — Monsieur,

monsieur », lui dit Harrison, troublé dans sa conscience, malgré son désir de voir enfin fleurir la cinquième monarchie sous l'autorité suprême de Jésus-Christ, « pensez-y! L'œuvre est dangereuse.....

— Vous avez raison », lui dit Cromwell, et il se rassied, attend encore quelques instants. Vane avait fini de parler : la question allait être mise aux voix. Cromwell se lève, ôte son chapeau, commence par rendre hommage au zèle, aux longs et utiles travaux du parlement ; puis, s'animant par degrés, son ton change, devient amer, agressif. Vane proteste ainsi que quelques autres. « Jamais, lui dit Wanworth, le parlement n'a entendu de telles paroles ; paroles révoltantes, surtout de la part d'un homme que la bonté du parlement a élevé si haut! » Cromwell, décidé, se couvre, quitte sa place, fait un signe à Harrison : « Je vais mettre fin à tous ces bavardages », dit-il ; trente mousquetaires entrent. « Vous n'êtes plus au parlement! s'écrie Cromwell ; faites place à de plus honnêtes gens ». Sidney, Vane se récrient : « Ah! sir Henri Vane, sir Henri Vane! s'écrie Cromwell, marchant à grands pas et avec une agitation fébrile, sir Henri Vane, vous n'êtes qu'un jongleur! Le Seigneur me délivre de sir Henri Vane! » Et il apostrophe avec violence les membres placés devant lui. « Otez de là ce joujou! » dit-il en désignant du doigt la masse, symbole des pouvoirs du président et de l'autorité du peuple. Le président lui-même est arraché de son siège. « Vous m'y avez forcé! s'écrie Cromwell, comme s'il sentait en ce moment la protestation intérieure de sa conscience. Nuit et jour, j'ai cherché le Seigneur, je l'ai conjuré de me faire mourir plutôt que de m'employer à une pareille œuvre! » Puis, les derniers membres sortis, Cromwell arrache lui-même l'acte de dissolution des mains du clerc de service, cet acte, justification de la Chambre, condamnation du coup d'État! Et il sort le dernier, après avoir mis les clefs dans sa poche.

Le lendemain, le Journal de Cromwell étalait effrontément ce mensonge : « Le lord général a exposé hier au parlement diverses raisons qui devaient faire suspendre *actuellement* ses séances ; ce qui a été fait. Le président et les membres se sont retirés. Il est probable que les motifs de cet acte seront prochainement rendus publics. »

Ils ne le furent pas ; Cromwell, ayant la force, n'avait plus besoin de se justifier. Sur la porte de la Chambre on mit un écriteau : « Maison à louer, non meublée ». Il est à croire qu'il se trouva des cœurs abjects pour trouver cette plaisanterie charmante et se vautrer avec délices dans leur avilissement.

Eug. Despois.

TRENTE-QUATRIEME LEÇON

Angleterre. — Guillaume III. Anne Stuart.

Sommaire. — Maisons d'Orange et de Stuart. — Jacques II détrôné par son gendre Guillaume III. — La déclaration des Droits. — Ligue d'Augsbourg. — Ligue de la Haye (1701). — Anne Stuart (1702-1714). — Influence de Marlborough. — Sa disgrâce (1709). — Règne glorieux d'Anne Stuart. — Situation de l'Europe en 1715.

Maisons d'Orange et de Stuart. — Guillaume III (1688-1702). — Par ses intrigues, son entente secrète avec les ennemis de Jacques II, Guillaume d'Orange ou de Nassau avait fini par ruiner l'autorité de ce dernier et par le renverser. Son arrivée au trône assura le triomphe définitif du protestantisme anglican et celui du véritable gouvernement représentatif, dont les principes avaient été inscrits dans la Grande Charte au commencement du XIIIe siècle. La **déclaration des Droits**, que Guillaume jura de respecter, portait que le roi n'a pas le pouvoir de suspendre l'exécution des lois; que toute levée d'impôts non votés par le parlement est illégale; qu'il en est de même de la levée d'une armée, en temps de paix, sans le consentement du parlement.

Ennemi juré de Louis XIV, Guillaume forma

contre lui la ligue d'Augsbourg et voulut forcer le grand roi à le reconnaître comme roi d'Angleterre et à abandonner la cause de Jacques II, dont Louis XIV avait entrepris la restauration, mais Louis XIV ne tint pas ses promesses, et Guillaume forma de nouveau contre lui, en 1701, la ligue de la Haye entre l'Angleterre, la Hollande et l'Empire, pour empêcher la réunion de l'Espagne à la France; il mourut en 1702, au début de cette nouvelle lutte de douze ans, dans laquelle il venait d'engager l'Europe.

Guillaume III.

Anne Stuart (1702-1714). — *L'acte de Succession* qui excluait les Stuarts du trône avait, en 1701, assuré la couronne à la princesse **Anne**, fille de Jacques II et belle-sœur de Guillaume III. Anne était mariée au roi George de Danemark, personnage incapable, à qui elle n'accorda aucune autorité; mais, faible de caractère elle-même, elle se laissa dominer pendant la plus grande partie de son règne par lord Churchill, duc de **Marlborough**, son favori, et surtout par sa femme lady Churchill. Jusqu'en 1712, Marlborough jouit d'un pouvoir presque souverain; il s'en montra digne par ses talents, mais il en abusa pour faire une fortune scandaleuse.

L'Angleterre et l'Écosse, nominalement réunies depuis l'avènement des Stuarts au trône d'Angleterre, formèrent sous le règne de la reine Anne le royaume-uni de **Grande-Bretagne**. L'Écosse conserva ses croyances et ses pratiques religieuses, ses lois civiles, mais elle renonça à son parlement particulier, sous la réserve qu'elle serait représentée dans la Chambre des communes par 44 membres et par 16 à la Chambre des lords. Cette union définitive des deux peuples fut négociée par un ministre habile, **Godolphin**, gendre de Marlborough. Guillaume III avait engagé son pays dans la guerre de la succession d'Espagne; le gouvernement d'Anne Stuart poursuivit cette guerre avec énergie et succès. En 1704, Marlborough passa en Allemagne et gagna, avec le **prince Eugène**, la fameuse bataille de Hochstedt, suivie pour nos armes des défaites de Ramillies, d'Oudenarde et de Malplaquet, qui mirent la France à toute extrémité. Le Portugal, battu à la bataille navale de Vigo par la flotte anglaise, s'était vu contraint d'entrer dans la coalition, et l'Espagne avait perdu Gibraltar et Barcelone.

Heureusement, en 1712, la disgrâce de Marlborough fit passer le pouvoir des mains des whigs dans celles des tories, dirigés par Bolingbrooke qui désirait la paix et qui fit des ouvertures à Louis XIV par l'intermédiaire du poëte Prior et de l'abbé Gautier. De son côté, la France délégua à Londres le président Ménager qui négocia un traité secret. Bolingbrooke vint, à son tour, en France où il fut accueilli avec enthousiasme. Le traité secret de Londres, accompagné l'année suivante de la belle victoire de Villars à Denain, amena la paix d'Utrecht (1713). Elle fut tout à l'avantage de l'Angleterre, qui garda Gibraltar et Minorque, dans la Méditerranée, et obtint de la France la démolition des fortifications de Dunkerque, la baie d'Hudson, Terre-Neuve, l'Acadie et Saint-Christophe dans les Antilles.

Glorieux dans la guerre et dans la politique, le règne de la reine Anne fut encore illustré par l'éloquence de Bolingbrooke et du duc d'Hamilton, et par les découvertes de l'astronome Halley et du mathématicien Newton.

État de l'Europe en 1715. — L'Angleterre, qui a entamé à la paix d'Utrecht les colonies françaises, en poursuit la ruine au xviiie siècle et devient la première nation maritime de l'Europe.

Louis XIV, en mourant, avait donc laissé la France, non seulement épuisée à l'intérieur, mais encore affaiblie au dehors. Le mot : « Il n'y a plus de Pyrénées » avait reçu, en 1713, un formel démenti, car l'Espagne était plus que jamais séparée de la France. Nos anciens alliés de l'Est étaient sur le point de déchoir : les défaites de Charles XII conduisaient la **Suède** à la décadence ; le mauvais gouvernement de la **Pologne** et les divisions intestines de ce pays laissaient entrevoir sa ruine prochaine ; la **Turquie**, chassée de Belgrade à la paix de Passarowitz (1718), allait avoir à se défendre contre la puissance naissante de la Russie.

Philippe V avait gardé à la paix d'Utrecht l'Espagne et ses colonies, mais il avait dû abandonner à l'Autriche ses possessions en Italie et les Pays-Bas. L'Espagne, un moment galvanisée par l'activité et le génie du cardinal Alberoni, allait tomber dans une décadence plus profonde que jamais après la paix de Madrid de 1720.

L'Autriche, plus forte en apparence qu'en réalité, à cause de la dissémination de son territoire, était presque à la veille de perdre contre une rivale, de formation récente, une partie de ses frontières : la Prusse, érigée en royaume en 1701, allait, sous Frédéric II, monter au rang de grande puissance. La Russie, enfin, tirée de sa barbarie séculaire par Pierre le Grand, devient en quelques années la monarchie prépondérante à l'orient de l'Europe.

QUESTIONNAIRE.

Qui succéda à Guillaume III ? — Quel fut le favori d'Anne Stuart ? — Marlborough fut-il un grand général ? — En quelle année fut-il disgracié ? — Que gagna l'Angleterre à la paix d'Utrecht ? — Citez les noms de quelques savants du règne d'Anne Stuart. — Dites quelques mots de l'état de l'Europe en 1715.

RÉCIT.

Bolingbrooke. — Henry Saint-John, vicomte de Bolingbrooke, avait montré de bonne heure tout ce qu'on pouvait attendre de lui. La réputation du brillant élève d'Oxford l'avait précédé dans le monde et fut confirmée dès qu'il y parut. Il avait reçu en don tout ce qui peut séduire les hommes, un esprit vif, prompt à concevoir, et tour à tour capable de charmer et de convaincre, une imagination féconde, un goût délicat et fin, une grâce d'élocution à laquelle il était impossible de résister. Les avantages de sa personne relevaient encore les qualités de son esprit et les manifestaient en les reflétant. L'ensemble de sa physionomie marquait une généreuse bienveillance et une exquise distinction. Son vaste front était tout chargé de pensées, et les éclairs de son regard auraient pu faire prévoir la tenace vigueur qu'il déploierait à poursuivre un but. Mais ils ne révélaient d'abord que les troubles de son âme ardente et les passions désordonnées qui contenaient les élans de son génie. Ni les conseils de l'expérience, ni les liens du mariage ne purent contenir cette nature fougueuse, et tant de dons précieux étaient dissipés, quand son père le fit entrer dans la Chambre des communes. Tout aussitôt, et comme s'il avait reconnu le futur théâtre de sa gloire, cet homme prodigieux, chez lequel tout était extrême, les vertus et les vices, se transforme. Sa haine du travail se change en aversion pour le repos. L'ambition s'empare de cette âme et y domine, mais l'ambition patriotique et noble qui est un désir ardent de faire de grandes choses en réalisant le bien de son pays. Il lui consacre toutes ses forces jusque-là dispersées et il acquiert dans le parlement, à la tête des tories, une situation enviée. Il se révèle le plus grand politique de l'époque. La profondeur de ses vues surprend. Son éloquence entraîne. Il attire l'attention du roi Guillaume et fixe celle de la reine Anne. Appelé une première fois au ministère, il s'efforce d'abréger la durée d'une guerre onéreuse. Mais le moment de faire adopter ses plans n'est pas encore venu et il se prépare à la lutte par deux années d'études.

Connaissant profondément les hommes et infatigable dans son dévouement, il sut choisir et conserver ses amis, qui furent presque tous ses adhérents politiques. Le poète Dryden, le célèbre Jonathan Swift, l'habile Prior, Pope surtout, l'immortel auteur de l'*Essai sur l'homme*, forment autour de Bolingbrooke, capable d'inspirer de telles affections, une brillante pléiade dont on ne saurait le séparer et au milieu de laquelle il a le droit de se présenter fièrement à la postérité.

D'après Marius Topin.

TRENTE-CINQUIÈME LEÇON

État des lettres, des arts et des sciences au XVIIe siècle.

Sommaire. — En France. — En Angleterre. — En Allemagne. — En Espagne. — En Italie.

En France. — Au point de vue littéraire, la France occupe le premier rang en Europe, au XVIIe siècle, avec Bossuet, Fénelon, Descartes, Pascal, La Bruyère, Molière, Corneille, Racine, Boileau, La Fontaine. (Voir notre *Précis d'histoire de France*, page 287.)

En Angleterre. — Le second rang appartient peut-être à l'Angleterre. Voici quelques noms des grands hommes qui illustrèrent à cette époque la Grande-Bretagne :

Dans la philosophie, elle produisit : **Hobbes** (1588-1679), littérateur distingué et philosophe rationaliste; **Locke** (1632-1704), philosophe sceptique, adversaire de Descartes, auteur du bel ouvrage qui a pour titre : *Essai sur l'entendement humain*. Ses *Pensées sur l'éducation* sont la préface de l'*Émile* de Rousseau.

Dans les sciences, elle s'enorgueillit à juste titre : de **Newton** (1642-1747), un des plus beaux génies que l'humanité ait produits, auquel sont dues la théorie de la *gravitation universelle*, c'est-à-dire de l'attraction que les corps célestes exercent les uns sur les autres, et la formule algébrique connue sous le nom de **binôme de Newton**; de **Harvey** (1578-1658), célèbre médecin, qui découvrit les lois de la circulation du sang.

Dans la poésie, il faut citer : **Milton** (1608-1674), auteur du *Paradis perdu*, poème émouvant, plein d'imagination et de grâce; *Abraham Cowley* (1618-1667), qui dut à ses *Odes* une immense popularité ; — **Dryden** (1636-1706), poète du genre descriptif, que son talent place immédiatement après Milton. Il faut encore citer **Pope**, dont on relit encore l'*Essai sur l'homme* et l'art poétique, et le célèbre humaniste **Jonathan Swift**, l'auteur inimitable des *Voyages de Gulliver*.

En Allemagne. — L'historien Villers, parlant

de l'état de l'Allemagne après la guerre de Trente Ans, s'exprime ainsi : « Qu'on se figure les dévastations inouïes dont ce malheureux pays devint la proie, les guerres des paysans de Souabe et de Franconie, celle des anabaptistes, celle de la ligue de Smalkalde contre Charles-Quint, enfin la lutte épouvantable qui dura jusqu'au traité de Westphalie. L'Empire fut changé par elles en un vaste cimetière, où deux générations furent englouties, où les villes n'étaient que des ruines fumantes, des monceaux de cendres, où les écoles étaient désertes et sans maîtres, l'agriculture détruite, les manufactures incendiées. Qu'on y ajoute encore que sur cette terre désolée les esprits étaient aigris, désunis, exaspérés par leurs longues divisions. Catholiques, luthériens, calvinistes, anabaptistes, tous s'accusaient les uns les autres et s'attribuaient les douloureuses plaies de la commune patrie, de cette patrie non seulement déchirée par ses propres enfants, mais livrée si longtemps aux bandes de l'Espagne, aux hordes turques, aux armées françaises, suédoises, danoises, qui toutes à l'envi y avaient porté le carnage et la désolation d'une lutte qui avait les caractères d'une guerre civile et religieuse. Il faut à un pays un bien long espace de temps pour se remettre d'une telle commotion et d'une ruine aussi profonde. Aussi voyons-nous la nation allemande, après avoir fait un très grand pas durant la paix, retomber durant une partie du xviie siècle dans une sorte de stupeur, dans une inculture presque totale. »

Après cette guerre affreuse, en effet, elle n'a que deux noms à opposer à ceux de tous les grands penseurs du xviie siècle ; ce sont ceux du célèbre astronome **Kléper** (1571-1631) et de **Leibniz**

(1646-1706), qui se montra également supérieur dans la connaissance des sciences et de la philosophie. Il élabora la théorie de l'optimisme que Voltaire devait si cruellement railler, et écrivit le traité de la *Monadologie*.

En Espagne. — La littérature espagnole produisit au xviie siècle un certain nombre de chefs-d'œuvre. Elle donna à l'Espagne le plus grand de ses poètes : **Michel Cervantes**, l'inimitable auteur du roman de **Don Quichotte**, œuvre d'imagination et de raison, dans laquelle le récit des aventures de don Quichotte et de son compagnon *Sancho Pança* est bien fait pour guérir de leur funeste ambition les gens médiocres qui sont tentés d'abandonner une position modeste, mais sûre, pour courir après des grandeurs et une fortune imaginaires. L'homme est tout entier dans cette histoire d'apparence bouffonne, avec ses contradictions, ses ridicules et ses qualités.

Calderon de la Barca (1600-1687) fut un poète dramatique illustre et fécond, et l'*Histoire de la conquête du Mexique*, d'**Antonio de Solis** (1610-1686), obtint un immense succès et mérita à l'auteur d'être classé par Voltaire au rang des premiers historiens. Les arts se maintinrent, pendant ce siècle, à la hauteur des œuvres littéraires. **Moralès**, surnommé *le Divin*; — **Joseph Ribera**, surnommé l'*Espagnolet*, et **Murillo**, le plus célèbre de tous, produisirent des peintures remarquables.

En Italie. — Réduite à l'état de vassale des Austro-Espagnols, l'Italie, pendant un siècle et demi, ne joue plus qu'un rôle effacé; les lettres et les arts y perdent de leur grandeur, les sciences seules y sont représentées avec honneur au xviie siècle par l'astronome **Galilée**[1] et le physicien **Torricelli**, l'inventeur du baromètre.

QUESTIONNAIRE.

Que savez-vous sur l'état des lettres, des arts et des sciences au XVIIe siècle : — en France? — en Angleterre? — en Allemagne? — en Espagne? — en Italie?

RÉCITS.

Milton (1608-1674). — D'une famille considérable et aisée, John Milton put mûrir et achever par de fortes et brillantes études les heureuses dispositions de son esprit. A l'université de Cambridge, il excellait dans la poésie latine, et à vingt ans il était poète, en anglais, déjà maître de sa pensée et des ressources du vers. Une période de vie paisible, puis de voyages en France et en Italie, en lui permettant de vivre pour lui-même, fortifia son génie naissant, et le prépara aux grandes luttes auxquelles il va appartenir pendant sa maturité. Il prend parti pour la liberté et le parlement et s'attache passionnément à Cromwell. Sa vie privée, toute patriarcale, est en harmonie avec l'austérité de sa vie publique : des deuils, des épreuves de toutes sortes, la cécité, la perte de sa position qu'elle entraîne, sa disgrâce après la restauration, n'altèrent point la sérénité de son inspiration. Après la politique, il revient à la poésie, achève, en 1665, le *Paradis perdu*, publie, en 1671, le *Paradis regagné* et *Samson*, continuant de soutenir dans la retraite, et en poète, la cause pour laquelle il avait combattu naguère, imprimant à sa vie et à son

---

[1] Mathématicien célèbre, né à Pise en 1560, mort à Florence en 1602. Il est l'inventeur du pendule et d'une lunette avec laquelle il découvrit les montagnes de la lune. Ayant soutenu, après Copernic, le mouvement de la terre autour du soleil et l'immobilité de ce dernier astre, il fut mandé à Rome devant le tribunal de l'Inquisition, condamné à une prison perpétuelle et obligé de se rétracter. Il le fit en ces termes : « Moi, Galilée, dans la 69e année de mon âge, ayant devant les yeux les saints Évangiles, que je touche de mes propres mains, j'abjure, je maudis et je déteste l'erreur de l'hérésie du mouvement de la terre ». Une anecdote rapporte qu'en sortant du tribunal, Galilée se serait écrié : « Et cependant, si! elle tourne! »

œuvre le même caractère de force et de vraie grandeur.

« La poésie de Milton charme, élève, purifie, dit Macaulay. Nous plaignons l'homme qui étudiera la vie ou les écrits du grand poète et du grand patriote sans se sentir au cœur l'ambition d'imiter, non sans doute les sublimes ouvrages dont sa poésie a enrichi la littérature, mais son zèle pour la cause publique, son courage à supporter ses malheurs privés, son superbe dédain des tentations et des périls de ce monde, sa haine des bigots et des tyrans, enfin la sévère fidélité qu'il garda à son pays et à sa gloire. »

H. Dietz.

Cervantes. — Miguel de Cervantes naquit à Alcala de Hénarès, petite ville à cinq lieues de Madrid, le 9 octobre 1547. Il suivit à Rome en qualité de secrétaire le cardinal Acquaviva, puis, fatigué de ses fonctions, il prit du service, et se distingua à la bataille de Lépante, où il fut blessé (1571). Après une seconde campagne d'Afrique, il s'embarqua à Naples pour l'Espagne sur une galère qui fut capturée par des pirates barbaresques. Racheté, après cinq ans d'esclavage à Alger, par les Pères de la Merci, il rentra dans sa patrie, fit trois nouvelles campagnes sous le duc d'Albe, et, dégoûté du métier des armes, se retira à Alcala, où il se maria. Il écrivit pour le théâtre des pièces qui ne réussirent pas, remplit successivement les obscures fonctions d'agent des gabelles à Séville, de gérant d'une fabrique de poudre et de salpêtre sur les bords du Guadiana, de receveur du grand prieuré de Saint-Jean, dans la Manche. En 1605 parut à Madrid la première partie de l'*Histoire de don Quichotte*. Accueilli d'abord avec froideur, cet admirable livre fut bientôt mieux apprécié et eut successivement plusieurs éditions, sans que la fortune de son auteur s'améliorât. Après avoir traîné à Valladolid une existence misérable, Cervantes suivit la cour à Madrid, où il publia en 1613 ses *Nouvelles* et en 1616 la seconde partie de *Don Quichotte*. Il mourut l'année suivante, accablé d'infirmités et de misère.

Presque méconnu de ses contemporains, Cervantes est aujourd'hui le plus universellement admiré des écrivains espagnols. Son *Don Quichotte* a été traduit dans toutes les langues de l'Europe ; il est dans toutes les mémoires. Ce serait se faire une idée très fausse de ce chef-d'œuvre, que de le regarder comme une pure plaisanterie, comme une simple satire des romans de chevalerie. L'histoire en apparence burlesque de l'illustre chevalier cache un enseignement profond. C'est le tableau allégorique de la destinée humaine. L'homme y est tout entier avec sa double nature, avec ses contradictions, avec le contraste douloureux et ridicule de ses généreuses aspirations vers ce qui est bon et grand, personnifiées en don Quichotte, et des suggestions prosaïques du bon sens positif représenté par Sancho. Dans le cours d'une vie longue et difficile, Cervantes avait appris à connaître les hommes et à apprécier la société de son temps. Les observations satiriques sur les vices et les ridicules de ses contemporains, qu'il avait recueillies dans son existence aventureuse, se mêlent sans cesse aux bouffonneries inimitables de sa fable principale, sous la forme de réflexions profitables à tous les temps et à tous les hommes, et font de son roman comique un livre de morale pratique comme il y en a peu.

DEMOGEOT.

TRENTE-SIXIÈME LEÇON

Les puissances de l'Europe centrale. Prusse et Autriche au XVIIIe siècle.

SOMMAIRE. — Origines de la Prusse. — Situation de l'Autriche. — Guerre de succession d'Autriche. — Guerre de Sept Ans (1757-63). — Causes de cette guerre. — Alliances. — Rosbach (1757). — Paix de Paris (1763). — Perte de nos colonies. — Frédéric II et Marie-Thérèse. — Paix d'Hubertsbourg.

Puissances de l'Europe centrale. — Prusse. — Un royaume presque inconnu au XVIe siècle, encore très faible au XVIIe siècle, allait entrer directement en lutte avec la maison d'Autriche et imposer à l'Allemagne cette suprématie que les Habsbourg avaient vainement essayé d'y conquérir. Cette puissance était la Prusse.

Vers le milieu du xiie siècle, le seigneur de Hohenzollern était un de ces hobereaux allemands pauvres et affamés qui mettaient leur épée au service du premier venu. Mais pendant que les reîtres allemands dépensaient au jour le jour, les seigneurs de Hohenzollern acquéraient peu à peu des districts importants, le margraviat d'Anspach, celui de Bayreuth, quelques domaines en Franconie, et bientôt le chef de la maison put quitter son burg niché au sommet d'une montagne pour une résidence princière. Par une disposition d'un des margraves de Hohenzollern, Jean l'Ulysse, il fut interdit aux chefs de la famille de partager, comme c'était alors l'usage, leur héritage entre leurs fils; ils durent le réserver à l'aîné, de sorte que cette famille ne cessa de s'enrichir tandis que les autres maisons de l'Allemagne s'effritaient et tombaient en ruines. Enfin, en 1417, Frédéric de Hohenzollern achetait à l'empereur Sigismond, qui ne savait qu'en faire, le pauvre et inculte margraviat de Brandebourg et c'est ainsi qu'il devint un des sept électeurs du Saint-Empire.

A peu près à la même époque, un ordre de moines soldats chassé de la Terre sainte par un retour offensif des Turcs vint s'établir dans les pays abandonnés qui formaient la frontière entre l'Allemagne et la Pologne, conquirent d'immenses territoires aux dépens des populations païennes de la Baltique, les Borusses, et devinrent très puissants. La Pologne, inquiète de ces remuants voisins, leur déclara la guerre et leur imposa la désastreuse paix de Thorn, qui diminua de moitié leurs possessions. Pour sauver le reste, les Chevaliers teutoniques eurent l'idée de choisir, comme grands maîtres, des princes apparentés aux plus redoutables familles de l'Allemagne, et leur vote se porta sur Albert de Hohenzollern. Mal leur en prit, d'ailleurs, car Albert sécularisa à son profit les biens de l'Ordre teutonique sous le nom de duché de Prusse. Les deux tronçons du futur royaume de Prusse furent réunis sous une même autorité par Jean Sigismond, qui épousa la petite-fille d'Albert de Hohenzollern (1618), et en 1619 l'électorat de Prusse s'augmenta encore d'une partie des duchés de Clèves et de Juliers.

La fortune prodigieuse de la Prusse s'accrut à partir de cette date, grâce à une succession de princes qui tous, soit par les armes, soit par la diplomatie, contribuèrent à augmenter son territoire et ses ressources. Frédéric-Guillaume, Grand Electeur (1640-1688), sut admirablement profiter 1° de la paix de Westphalie, pour acquérir la Poméranie ultérieure, l'archevêché de Magdebourg, les évêchés de Minden et de Camin ; 2° de la guerre entre la Pologne et le Danemark, pour imposer à ces deux puissances, par les traités de Labiau et de Wehlau la reconnaissance de son indépendance ; 3° il fit paraître pour la première fois au cœur de l'Europe une armée prussienne dans la guerre de Hollande, et en 1685 profita de la révocation de l'édit de Nantes pour faire défricher par les réfugiés français les solitudes sablonneuses de la Sprée et pour créer les premières usines.

Son fils Frédéric III fit mieux encore. Par sa vanité, son imitation stupide de la cour de Louis XIV, il servit, aussi bien que ses prédécesseurs, les intérêts de la dynastie. Il acheta à beaux deniers le titre de roi en Prusse et prit solennellement la couronne à Kœnigsberg. C'était une concession bien grave arrachée ainsi à l'Autriche, et le prince Eugène voyait clair dans l'avenir quand il disait : « Si j'étais empereur d'Allemagne, je ferais pendre ceux qui m'auraient donné un pareil conseil ».

Au traité d'Utrecht, l'Europe tout entière reconnaissait la nouvelle royauté, et la Prusse s'augmentait encore des principautés de Neuchâtel et de Vallengin. Le roi Frédéric-Guillaume 1er, surnommé le Roi Sergent (1713-1740), donna à la Prusse par son avarice l'argent qui lui manquait et, par son goût des beaux soldats, une forte armée de 80 000 hommes. Perdu dans son *tabagium*, brutal avec sa femme et son fils, sous prétexte que « ce petit-maître français gâterait tout », il prépara la politique de son fils en Pologne, en Russie et en Autriche, organisa l'administration et réforma les mœurs de l'État. « Sous mon père, dit Frédéric II, il n'y eut personne qui eût plus de trois aunes de drap dans ses habits et moins de deux aunes d'épée à son côté ». Il dit ailleurs avec justice : « C'est à lui que nous devons tout ». Frédéric-Guillaume Ier mourut à la veille de la guerre de succession d'Autriche, confiant dans l'avenir et reconnaissant qu'il s'était trompé sur le compte de son fils.

Grâce à ses souverains, la Prusse devint une nation forte et disciplinée, bien qu'elle fût composée d'éléments divers. La volonté du roi et une administration sévère donnèrent à ce pays l'unité qui lui manquait, et comme il était pauvre, la guerre, suivant le mot de M. Lavisse, allait devenir son industrie nationale. Frédéric II devait

LES PUISSANCES DE L'EUROPE CENTRALE.

réaliser avec génie les projets préparés avec prudence par ses prédécesseurs.

Autriche. — Tout autre était la situation de

l'Autriche. Si, en apparence, elle était plus grande et plus riche que la Prusse, elle était, en réalité, morcelée, et les peuples hongrois et bohêmes détestaient profondément les peuples des États héréditaires. Le roi était méprisé par les premiers, peu redouté par les seconds, et la paix de Westphalie lui avait enlevé toute autorité en Allemagne. Les guerres avec Louis XIV l'avaient ruiné; son dernier général, le prince Eugène, était mort, et Charles VI avait mis autant d'acharnement à désorganiser ses États que le Roi Sergent de patience à les fortifier. L'empereur Joseph, en mourant, ne laissait que deux filles, dont l'aînée épousa l'électeur de Saxe et la cadette l'électeur de Bavière. Il donna donc par testament la couronne à son frère Charles à la condition que si celui-ci n'avait, à son tour, que des filles, la couronne reviendrait aux filles de Joseph au détriment de celles de Charles. Charles n'eut en effet qu'une fille, qu'il maria à Joseph duc de Lorraine, plus tard duc de Toscane, et à partir de ce moment son idée unique, dominante, fut de laisser le trône à sa fille aux dépens de ses nièces.

Il promulgua donc une *pragmatique sanction*[1], et pour la faire reconnaître, fit aux États européens toutes les concessions et tous les sacrifices imaginables. Mais, comme le disait le sceptique Frédéric II, « une bonne armée et une caisse bien garnie auraient mieux valu ». A peine Charles VI fut-il mort que les rois de l'Europe oublièrent leurs promesses, et la guerre de la succession d'Autriche commença.

Cette guerre de la succession d'Autriche coûta à Marie-Thérèse la Silésie, qui lui fut enlevée par le Grand Frédéric. Le roi de Prusse, à ce moment, joua habilement la France, qui en cette

---

1. On appelle *pragmatique sanction*, une loi qui a pour but de changer l'ordre légal de succession au trône.

occasion « fit la guerre pour le roi de Prusse ».

Marie-Thérèse essaya de lui reprendre dans la **guerre de Sept Ans** une province *dont la vue d'un habitant faisait couler ses larmes* ; mais elle n'y parvint pas malgré le traité offensif et défensif signé en cette occasion avec la France, grâce à Choiseul et à Mme de Pompadour. Au début de cette nouvelle guerre, le roi de Prusse, qui en fut le héros, enveloppa l'armée saxonne dans son camp de *Pirna* et la força à déposer les armes. Peu de temps après il gagna sur les Autrichiens la sanglante bataille de Prague (1757).

Frédéric II.

Frédéric éprouve à son tour une suite de revers contre les Autrichiens, les Français et les Russes, revers qui le décident à demander la paix ; ses ennemis, le croyant à terre, la lui refusent. Sa constance et son génie lui ramènent la fortune. Il met en déroute, à **Rosbach** (1757), avec 20 000 hommes, l'armée de Soubise, deux fois plus nombreuse ; puis il poursuit les Autrichiens en Silésie et les culbute à **Lissa**, tandis que le duc de Brunswick, à la tête des Hanovriens, défait encore à **Crevelt** les Français (1758), commandés par le comte de Clermont, et à **Minden** (1759), où la jalousie mutuelle des maréchaux de Contades et de Broglie leur fait perdre cette bataille désastreuse.

A l'est et au sud, Frédéric contient avec peine les Autrichiens et les Russes, qu'il ne peut empêcher d'entrer dans Berlin. Il les en chasse, mais il est à bout de ressources. Heureusement ses adversaires sont eux-mêmes fatigués de ces longues hostilités. La Russie rappelle ses troupes à la mort de l'impératrice Élisabeth; la France, à son tour,

dépose les armes. Resté seul aux prises avec l'Autriche, Frédéric II fait un suprême effort contre cette puissance et la chasse de la Silésie. Marie-Thérèse s'avoue vaincue et signe le traité de Hubertsbourg[1] (1763). Par ses exploits le roi de Prusse vient d'élever son petit royaume au rang de grande puissance.

1. Saxe.

Frédéric ne mourut qu'en 1786. Il augmenta encore ses États par le premier partage de la Pologne (1772), par des acquisitions habiles du côté du Rhin et força l'Autriche à devenir une simple puissance orientale (traité de Teschen). C'est à lui que la Prusse doit ses triomphes et sa solide organisation.

QUESTIONNAIRE.

Quelle est l'origine du duché de Prusse? — de la maison de Hohenzollern? — De combien de morceaux le royaume prussien fut-il formé? — Que savez-vous du Grand Electeur? — A quelle époque l'électeur de Prusse devint-il roi? — Parlez de la jeunesse de Frédéric II?— Quel est l'état de l'Autriche au xviiie siècle? — Son unité est-elle menacée? — Qu'est-ce que le roi Charles VI? — Parlez de Marie-Thérèse? — Racontez la guerre de la succession d'Autriche; — celle de Sept Ans? — Quelles furent les autres acquisitions de la Prusse au xviiie siècle?

RÉCIT.

Frédéric le Grand. — Administration colonisatrice. — Le règne de Frédéric le Grand ouvre une période nouvelle dans l'histoire des princes colonisateurs de la Prusse. Frédéric ne se contente pas en effet, comme le Grand Electeur, comme les rois Frédéric Ier et Frédéric-Guillaume Ier, de mettre à profit des circonstances extraordinaires pour acquérir de nouveaux sujets : c'est en vertu d'un plan arrêté d'avance qu'il provoque une immigration régulière dans ses États. Disciple de l'école physiocratique, qui eut au xviiie siècle tant d'illustres adeptes, il professe que « les paysans sont les pères nourriciers de la société », et pour en accroître le nombre dans ses provinces, il fait d'extraordinaires efforts, commencés au début de son règne et poursuivis jusqu'à la dernière minute de sa vie. Avec lui, la colonisation devient une pure affaire économique; aussi ne se met-il pas, comme ses devanciers, en frais de zèle religieux; on ne trouverait dans ses lettres, billets et notes marginales aucune métaphore biblique : ses États sont, non point une terre promise, mais une terre en cours d'exploitation, et comme il sait, à un denier près, le prix de revient d'un colon, pas une fois il ne parle de grâces spéciales octroyées par Dieu à la royale maison de Brandebourg. Certes ses prédécesseurs avaient beaucoup fait pour la colonisation de la monarchie, mais ils lui avaient laissé beaucoup à faire. A son avènement, Frédéric régnait sur un État de 2145 milles carrés, habités par environ 2 500 000 sujets ; or la seule province de Brandebourg, dont la superficie ne mesure que 734 milles carrés, compte aujourd'hui 2 900 000 habitants ! Il restait donc beaucoup de vides à remplir dans les anciennes provinces et dans les nouvelles, dans la Silésie et la Prusse occidentale, ces conquêtes de Frédéric ; la population était si insuffisante et l'élément slave si considérable qu'il fallait une large infusion de sang germanique. Enfin la guerre de la succession d'Autriche et celle de Sept Ans, contrariant et suspendant l'effort de Frédéric, décimèrent ses sujets et le forcèrent à redoubler sa peine pour guérir les maux dont il avait été le témoin, en même temps que pour achever l'œuvre commencée par ses ancêtres.

E. LAVISSE.

TRENTE-SEPTIÈME LEÇON

Les puissances du Nord au XVIIIe siècle. Suède.

SOMMAIRE. — Gustave Vasa (1524-1560). — Gustave-Adolphe (1611-1632). — Ses succès contre les Russes et les Polonais. — Sa mort. — Christine ; — Charles X ; — Charles XI ; — Charles XII : lutte contre les rois de Pologne et de Danemark ; — lutte contre Pierre le Grand. — Mort de Charles XII. — Décadence de la Suède. — Charles XIII adopte Bernadotte.

La Suède. — Gustave Vasa (1524-1560). — Gustave Vasa chassa de la Suède Christian II, roi de Danemark (1524), et introduisit le luthéranisme dans son pays, ce qui lui donna la puissance absolue en diminuant les richesses et l'influence du clergé. Un traité avec François Ier, conclu en 1541, fit entrer la Suède dans le concert des puissances de l'Europe. Le règne de Gustave Vasa fut glorieux ; mais, après lui, la Suède fut occupée par des guerres obscures avec le Danemark et la Pologne, et c'est avec Gustave-Adolphe que commence réellement la grandeur de la Suède.

Gustave-Adolphe (1611-1632). — Ce prince sortit victorieux d'une guerre contre la Russie et la Pologne et leur enleva les provinces de la Baltique. C'est grâce à lui que la Baltique devint, suivant un

Gustave-Adolphe.

mot fameux, un lac suédois. En Allemagne, il soutint, avec le concours de Richelieu, la cause des protestants contre le despotisme politique et religieux de l'Autriche. Sur ce nouveau champ de bataille il étonna ses ennemis par la rapidité de ses mouvements et l'habileté de ses manœuvres. Vainqueur, à *Leipzig*, de Tilly, un des plus grands généraux de l'empereur, il traversa comme un torrent une partie de l'Allemagne et alla remporter à **Lutzen** (1632) une nouvelle victoire qui lui coûta la vie.

La Suède s'accrut sous Gustave-Adolphe de la Carélie et de l'Ingrie, conquises sur la Russie, et de la Livonie, enlevée à la Pologne ; le traité de Westphalie (1648) lui avait donné une partie de la Poméranie et plusieurs îles de la Baltique. Ces agrandissements et la possession entière de la

Finlande en faisaient la première puissance du Nord; elle conserva ce rang élevé sous la savante et licencieuse **Christine**, fille de Gustave-Adolphe, et sous **Charles X** (**1654-1660**), prince belliqueux, qui battit le roi de Pologne, Jean-Casimir, aux portes de sa capitale, enleva les provinces de Scanie, du Halland au roi de Danemark et menaça Copenhague. Une intervention de la Hollande sauva la capitale du Danemark.

Charles XI (1660-1697). — Charles XI n'avait que quatre ans à la mort de son père. Dès qu'il fut majeur, il fit alliance avec Louis XIV et lui fut utile sur le Rhin pendant la guerre de Hollande. Il se fit battre cependant, en 1675, par les Prussiens à la bataille de Fehrbellin. Il obtint à la paix d'Oliva (1660) l'Esthonie et la Livonie; le tsar évacua les villes qu'il occupait dans ces deux provinces. Charles XI diminua les privilèges de la noblesse, réduisit le Sénat à être une Chambre de consultation et gouverna en souverain absolu.

Charles XII (1697-1718). — Ce prince extraordinaire, dont le règne marqua l'époque la plus brillante et le premier déclin de la Suède, monta sur le trône à quinze ans. Après avoir désespéré ses ministres par son inattention et ses caprices, il se ressaisit brusquement au moment où trois puissants rois (ceux de Danemark, de Russie et de Pologne) menaçaient son royaume. Presque aussitôt il quitta Stockholm, qu'il ne devait plus revoir, pour combattre cette triple coalition. Il attaque d'abord le Danemark et le force en six semaines à signer la paix de Traventhal. Puis il fond sur la Russie, triomphe de Pierre le Grand à *Narva* et fait prisonniers 30 000 Moscovites (1700) avec 8000 hommes seulement. Le tsar ne se découragea pas. « Mon frère Charles se flatte d'être un Alexandre, mais il ne trouvera pas toujours en moi un Darius. » On sait qu'il tint parole.

Abandonnant alors un ennemi qu'il a le tort de trop dédaigner, Charles XII se tourne contre Auguste II, successeur de l'illustre Jean Sobieski, le bat, en particulier à la bataille de Pulstuk, lui enlève sa couronne et la donne à Stanislas Leczinski (1702).

Plein de confiance dans sa fortune, Charles XII veut aller dicter dans Moscou la paix à Pierre le Grand; il ne réfléchit pas que les Russes, à force d'être vaincus par les généraux suédois, avaient eux-mêmes appris à vaincre, et que le tsar était maintenant à la tête d'une armée disciplinée et rompue à la fatigue. Au lieu de céder aux conseils de Villars qui était venu lui proposer de reprendre pour son compte le rôle qu'avait joué Gustave-Adolphe en Allemagne, il prête l'oreille aux conseils intéressés de Marlborough et de l'hetman des cosaques Mazeppa. Imprudemment le héros suédois s'avance dans les déserts de l'Ukraine (1703). Pendant que ses soldats y meurent de faim et de maladie, Pierre le Grand marche à sa rencontre et, après avoir détruit l'armée du lieutenant Levenhaupt, livre à Charles XII, sous les murs de **Pultava** (1709), une bataille qui est une éclatante revanche de celle de Narva. Obligé de fuir avec les quelques cavaliers qui lui restent, Charles XII se retire chez les Turcs, à Bender, où il réussit à mettre aux prises le sultan et le tsar. Deux cent mille Turcs arrivent sur les bords du Pruth, enve-

Charles XII.

loppent l'armée russe, mais au lieu de la détruire, le grand vizir Kiupruli cède aux flatteries et aux cadeaux de la tsarine et permet à Pierre le Grand de signer la paix inespérée de Falxen (1711). Ainsi disparaissait le dernier espoir de Charles XII.

Mais pendant que Charles XII s'obstine à ne pas quitter Démotica et se barricade dans sa retraite, ses ennemis, Russes, Polonais, Danois, réparent leurs échecs aux dépens de la Suède, qui perd la plus grande partie de ses provinces continentales. Il rentre enfin dans son royaume, treize ans après l'avoir quitté. Il conçoit alors, à l'inspiration de son ministre le baron de Gœrtz, de nouveaux projets : il veut se rapprocher de la Russie, prendre la Norvège au Danemark, et seconder les projets d'Alberoni contre la France ; enlever la Pologne à Auguste II et y rétablir Stanislas Leczinski. Tandis qu'il négocie de nouvelles alliances, il est tué au siège de Frédérikshald, en Norvège.

Charles XII laissait la Suède déchue, ruinée et dépeuplée ; il avait perdu dans ses guerres 400 000 hommes, le cinquième de la population suédoise. Les États de Suède appelèrent au trône sa sœur **Ulrique-Éléonore** et exigèrent qu'elle fît la paix. Par le traité de **Stockholm (1719)** la Suède rendit : au Hanovre, les duchés de Brême et de Verden ; à la Prusse, Stettin et presque toute la Poméranie ; au Danemark, le Slesvig. Enfin la paix de Nystad (1721) remit la Russie en possession de l'Esthonie, de la Carélie, de l'Ingrie et de Viborg. La Suède n'était plus désormais qu'une puissance de second ordre.

La suite du règne d'Ulrique fut agitée par les luttes entre le parti des **chapeaux** et celui des **bonnets.** Le premier de ces partis, composé de l'aristocratie, recherchait l'amitié de la France et voulait faire revivre l'union de Calmar pour tenir tête à la Russie ; le second, qui comprenait la bourgeoisie, était dévoué au tsar. Le parti des chapeaux ayant occasionné une nouvelle guerre, avec la Russie, la Suède, encore vaincue, en paya les frais par la session de la Finlande orientale à sa rivale (paix d'Abo, 1773). Les Russes conquirent le reste de la Finlande en 1809, sous le faible Gustave IV.

Charles XIII obtint, en 1814, comme dédommagement de la Finlande, la Norvège, qui fut enlevée au Danemark. En 1809, il désigna le général français Bernadotte comme prince royal de Suède. Bernadotte monta sur le trône de Suède en 1818, sous le nom de Charles XIV ou de Charles-Jean, et gouverna jusqu'en 1844. Sa dynastie règne encore en Suède.

Le règne de Charles-Jean marqua pour la Suède le retour à une prospérité intérieure qui s'est continuée après ce prince. Bernadotte fut un bon roi de Suède ; mais il fit à sa mémoire une tache ineffaçable, en se joignant à la coalition de 1813 pour écraser sa patrie d'origine.

QUESTIONNAIRE.

Que savez-vous de Gustave Vasa ? — de Charles XI ? — Parlez de la jeunesse de Charles XII. — Quels furent ses ennemis ? — Résumez ses campagnes. — Où mourut-il ? — Qu'est-ce qu'Ulrique-Éléonore ? — Parlez du traité d'Abo. — Décrivez l'état de la Suède à la fin du xviiie siècle.

RÉCIT.

Charles XII. — Charles XII était d'une taille avantageuse et noble ; il avait un très beau front, de grands yeux bleus remplis de douceur, un nez bien formé, mais le bas du visage désagréable, trop souvent défiguré par un rire fréquent qui ne partait que des lèvres ; presque point de barbe ni de cheveux. Il parlait très peu et ne répondait souvent que par ce rire dont il avait pris l'habitude. On observait à sa table un silence profond. Il avait conservé dans l'inflexibilité de son caractère cette timidité qu'on nomme mauvaise honte. Il eût été embarrassé dans une conversation, parce que, s'étant donné tout entier aux travaux de la guerre, il n'avait jamais connu la société. Il n'avait lu, jusqu'à son loisir chez les Turcs, que les Commentaires de César et l'histoire d'Alexandre, mais il avait écrit quelques réflexions sur la guerre et sur ses campagnes depuis 1700 jusqu'à 1709. Plusieurs personnes ont voulu faire passer ce prince pour un bon mathématicien ; il avait sans doute beaucoup de pénétration dans l'esprit, mais la preuve que l'on donne de ses connaissances en mathématiques n'est pas bien concluante.

Presque toutes ses actions jusqu'à celles de sa vie privée ont été bien loin au delà du vraisemblable. C'est peut-être le seul de tous les hommes et jusqu'ici le seul de tous les rois qui ait vécu sans faiblesse ; il a porté toutes les vertus des héros à un excès où elles sont aussi dangereuses que les vices opposés. Sa fermeté devenue opiniâtreté fit ses malheurs dans l'Ukraine et le retint cinq ans en Turquie ; sa libéralité dégénérant en profusion a ruiné la Suède ; son courage poussé jusqu'à la témérité a causé sa mort ; sa justice a été quelquefois jusqu'à la cruauté ; et dans ces dernières années, le maintien de son autorité approchait de la tyrannie. Ses grandes qualités, dont une seule eût pu immortaliser un autre prince, ont fait le malheur de son pays. Avant la bataille et après la victoire il n'avait que de la modestie, après la défaite que de la fermeté. Dur pour les autres comme pour lui-même, comptant pour rien la peine et la vie de ses sujets, aussi bien que la sienne ; homme unique plutôt que grand homme, admirable plutôt qu'à imiter. Sa vie doit apprendre aux rois combien un gouvernement pacifique et heureux est au-dessus de tant de gloire.

D'après Voltaire.

TRENTE-HUITIÈME LEÇON

Les puissances du Nord au XVIIIe siècle (suite). — Russie : Pierre le Grand et Catherine II.

Sommaire. — Pierre le Grand (1682-1725). — Il civilise la Russie. — Sa lutte contre Charles XII. — Ses réformes. — Catherine II (1762-1796). — La Russie s'agrandit aux dépens de la Turquie et de la Pologne. — Gouvernement de Catherine II.

Pierre le Grand (1682-1725). — **Pierre le Grand** conquit à la Russie, jusqu'à lui presque barbare, une des premières places parmi les grandes puissances de l'Europe. Résolu à introduire dans son pays la civilisation de l'Occident, il va lui-même, dès sa jeunesse, l'étudier sur place. En Hollande, il vit pendant trois jours avec les ouvriers charpentiers de Saardam (de là, la légende bien connue) et apprend la construction des navires; en Angleterre, il étudie les arts mécaniques et le travail des manufactures, puis, avec l'autorisation du gouvernement, charge un vaisseau d'architectes, d'ingénieurs et d'officiers anglais qu'il dirige vers la mer Blanche; en Allemagne, il s'inspire de la discipline militaire. Il rentre en Russie précipitamment, à cause de la révolte des strélitz ou garde impériale, qu'il châtie cruellement, puis commence les réformes qui vont contribuer, autant que ses victoires, à illustrer son règne et à préparer la grandeur de sa patrie.

D'abord il se déclare le chef de la religion de ses sujets et supprime le patriarche de Moscou;

il plie toutes les volontés à la sienne et brise impitoyablement les moindres résistances, même celle de son fils, qui voulait rester fidèle aux vieilles coutumes, et qu'il fit probablement empoisonner; il transforme à l'européenne les mœurs, les habitudes et jusqu'aux vêtements des Russes; il fonde Saint-Pétersbourg (1703) et en fait sa capitale. Tandis qu'il accomplit tous ces changements, il prépare la flotte avec laquelle il battra celle de la Suède, et l'armée qui doit, à **Pultava** (1709), infliger un désastre irréparable à Charles XII et à son peuple. Il voulait, à la fois : s'emparer des débouchés de la mer Noire et, dans ce but, s'empara d'Azof, en 1696; s'étendre du côté de

Pierre le Grand.

l'Asie dont il devinait l'importance commerciale, de là, la guerre avec la Perse; faire de la Baltique un lac russe, de là, les guerres continuelles avec la Suède et la construction de Saint-Pétersbourg (1703) qui, suivant sa propre expression, était « une fenêtre ouverte sur l'Occident ».

Après qu'il a vaincu ses ennemis et fondé sur des bases solides l'empire des tsars, Pierre le Grand entreprend un second voyage en Europe (1717), pour en étudier plus à fond les institutions et la politique. En visitant, à Paris, le tombeau de Richelieu, il prononça, en quelques paroles, le plus bel éloge qui ait été fait de ce ministre : « Grand homme, dit-il, je t'aurais donné la moitié de mon empire pour apprendre de toi à gouverner l'autre. »

Pierre le Grand mourut en 1725, à l'âge de cinquante-trois ans, épuisé par le travail et la débauche. Fidèle à son testament politique, qui, du reste, est probablement apocryphe, la Russie a fini par faire disparaître entièrement la Pologne en s'en appropriant la plus grande partie, et par affaiblir à ce point la Turquie, que sa chute définitive n'est plus maintenant qu'une question d'années.

Catherine II, la Grande (1762-1796). — L'œuvre civilisatrice commencée par Pierre le Grand se continua après lui, malgré les médiocres talents de ses premiers successeurs. L'un d'eux, Elisabeth (1741-1762), fille de Pierre le Grand, mérite cependant une mention, moins par la persécution qu'elle autorisa, au début de son règne, contre les étrangers, et la part qu'elle prit à la guerre de Sept Ans contre la Prusse, que par la magnificence de sa cour. On y parlait français; on y imitait les manières françaises, et les écrivains y étaient admirablement accueillis. Sous **Catherine II**, la Russie eut une longue période d'énergie et de grandeur.

Au dehors, la célèbre tsarine enleva à la Turquie, par le traité de Kaïnardji (1774), la Crimée, la Géorgie, la Bessarabie et lui imposa le cours du Dniester comme limite. Avec la complicité de Poniatowski, son favori, qu'elle avait placé sur le trône de Pologne, elle affaiblit d'abord ce malheureux pays en y fomentant des troubles, puis, en 1772, elle en fit un premier partage avec ses deux complices, la Prusse et l'Autriche. En 1793 et en 1795 elle en consomma la ruine par deux nouveaux partages successifs. Elle acheva également la ruine de la Suède en lui imposant le désastreux traité de Varéla.

A l'intérieur, Catherine accomplit des réformes et fonda des institutions qui contribuèrent plus justement que ses conquêtes à la gloire et à l'éclat de son règne. Elle abolit la torture et l'inquisition, donna aux serfs le droit de s'affranchir et de devenir propriétaires, conclut avec les grandes puissances de l'Europe des traités de commerce, encouragea l'industrie et l'agriculture, creusa des canaux, bâtit des villes, entre autres Odessa, avec le concours d'un émigré français, le duc de Richelieu, protégea les lettres et les cultiva elle-même. Elle entretint une correspondance suivie avec d'Alembert, Voltaire et Diderot, et leur donna des marques de sa générosité.

Catherine II.

Mais, en réalité, elle mit dans l'étalage de ses idées philosophiques et sociales beaucoup d'affectation et peu de sincérité. Elle créa des écoles, mais n'y envoya pas d'élèves, repoussa la constitution libérale que lui proposait Mably et devint l'ennemie acharnée de la Révolution française.

Toutes ces choses valurent à Catherine le surnom de **Grande**. Elle l'eût mérité si sa cour n'avait donné le spectacle de la plus scandaleuse corruption, et si elle-même n'avait pas eu à se reprocher, entre autres crimes, la mort de son mari, le tsar Pierre III, dont elle s'était débarrassée pour lui succéder et s'assurer une existence indépendante et trop souvent indigne d'elle.

QUESTIONNAIRE.

Parlez de Pierre le Grand. — Ses réformes intérieures. — Sa politique étrangère. — Exposez son plan de conduite. — Parlez de Catherine II. — Que savez-vous d'Élisabeth? — Qu'est-ce que Catherine? — Avec qui fut signé le traité de Kaïnardji? — Exposez la politique de Catherine avec la Pologne; — avec la Suède. — Énumérez ses réformes intérieures. — En quoi manqua-t-elle de franchise? — En quelle année mourut-elle?

RÉCITS.

Pierre le Grand. — Pierre Ier a été surnommé le *Grand* parce qu'il a entrepris et fait de très grandes choses, dont nulle ne s'était présentée à l'esprit d'aucun de ses prédécesseurs. Son peuple, avant lui, se bornait à ces premiers arts enseignés par la nécessité. L'habitude a tant de pouvoir chez les hommes, ils désirent si peu ce qu'ils ne connaissent pas, le génie se développe si difficilement, et l'étouffe si aisément sous les obstacles, qu'il y a grande apparence que toutes les nations sont demeurées grossières pendant des milliers de siècles, jusqu'à ce qu'il soit venu des hommes tels que le tsar Pierre, précisément dans le temps qu'il fallait qu'ils vinssent.

Le hasard fit qu'un jeune Genevois, nommé Le Fort, était à Moscou chez un ambassadeur danois, vers l'an 1695.

Le tsar Pierre avait alors dix-neuf ans; il vit ce Genevois, qui avait appris en peu de temps la langue russe, et qui parlait presque toutes celles de l'Europe. Le Fort plut beaucoup au prince : il entra dans son service et bientôt après dans sa familiarité. Il lui fit comprendre qu'il y avait une autre manière de vivre et de régner que celle qui était malheureusement établie de tous les temps dans son vaste empire; et, sans ce Genevois, la Russie serait peut-être encore barbare.

Il apprit aussi un peu d'anglais dans son voyage à Londres, mais il ne sut jamais le français, qui est devenu depuis la langue de Pétersbourg, sous l'impératrice Élisabeth, à mesure que ce pays s'est civilisé.

Sa taille était haute, sa physionomie fière et majestueuse, mais défigurée quelquefois par des convulsions qui altéraient les traits de son visage. On attribuait ce vice d'organes à l'effet d'un poison qu'on disait que sa sœur Sophie lui avait donné; mais le véritable poison était le vin et l'eau-de-vie dont il fit souvent des excès, se fiant à son tempérament robuste.

Il conversait également avec un artisan et avec un général d'armée. Ce n'était ni comme un barbare, qui ne met point de distinction entre les hommes, ni comme un prince populaire, qui veut plaire à tout le monde : c'était un homme qui voulait s'instruire.

On dit que les législateurs et les rois ne doivent point se mettre en colère : mais il n'y en eut jamais de plus emporté que Pierre le Grand, ni de plus impitoyable. Ce défaut dans un roi n'est pas de ceux qu'on répare en les avouant; mais enfin il en convenait, et il dit même à un magistrat de Hollande à son second voyage : « J'ai réformé ma nation, et je n'ai pu me réformer moi-même ». Il est vrai que les cruautés qu'on lui reproche étaient en usage dans la cour de Moscou comme dans celle de Maroc. Il n'était point extraordinaire de voir un tsar appliquer de sa main royale cent coups de nerf de bœuf sur les épaules nues d'un premier officier de la couronne, ou d'une dame du palais pour avoir manqué à leur service étant ivres, ou d'essayer son sabre en faisant voler la tête d'un criminel. Pierre avait fait quelques-unes de ces cérémonies de son pays; Le Fort eut assez d'autorité sur lui pour l'arrêter quelquefois sur le point de frapper; mais il n'eut pas toujours Le Fort auprès de lui.

Catherine II. — Elle était d'une taille moyenne, que l'âge épaissit un peu, d'un maintien décent et digne. Son front était haut et pur, son regard calme et limpide, la partie inférieure de son visage annonçait seule, par la lourdeur des formes, l'énergie de ses passions. Elle se montrait extrêmement sobre dans ses repas et était d'une cordialité charmante dans le commerce de la vie intime... Dès le commencement de son règne, elle s'appliqua avec ardeur aux affaires, et y montra une grande pénétration, jointe à une instruction profonde. On reconnut bientôt qu'elle alliait à une minutie féminine une profondeur de vues politiques toute virile, qu'elle jugeait les personnes et les choses avec une justesse parfaite, qu'en toute occasion elle donnait elle-même l'impulsion à ses ministres et leur suggérait tous leurs plans.

Une fois maîtresse du pouvoir qu'elle ambitionnait, Catherine entendit « justifier sa fortune, et légitimer, en quelque sorte, son usurpation. Allemande par la race et le caractère, elle s'appliqua à devenir et devint en effet, une Russe. Jamais la Russie n'a possédé un souverain aussi complètement russe que cette Allemande. »

VOLTAIRE.

TRENTE-NEUVIÈME LEÇON

Les puissances orientales au XVIIIe siècle. La Pologne.

SOMMAIRE. — La Pologne au xvie siècle. — Constitution défectueuse. — Loi du *liberum veto*. — Décadence au xviie siècle. — Poniatowski, favori de Catherine II, élu roi. — Confédération de Bar. — Choiseul envoie Dumouriez. — Premier partage (1772). — Deuxième et troisième partages (1793-1795).

La Pologne. — La Pologne formait, au xvie siècle, un grand État au centre-est de l'Europe. Elle s'étendait de la Baltique à la mer Noire, entre la Poméranie, le Brandebourg, la Silésie et la Hongrie, à l'ouest; la Courlande, au nord, et une ligne à peu près droite, tirée du plateau de Valdaï à la mer d'Azof.

Mais cette vaste et utile monarchie était régie par une constitution vicieuse, qui devait causer sa ruine. A la mort du dernier Jagellon, la couronne était devenue élective[1]; une noblesse brave,

---

1. Le duc d'Anjou (Henri III) fut son premier roi élu.

mais jalouse et orgueilleuse, toujours prête à la révolte, exerçait seule des droits politiques ; ses députés avaient seuls entrée à la Diète ; les paysans, exclus de la vie politique, végétaient écrasés sous un dur servage. La bourgeoisie comptait à peine ; la classe moyenne, qui constitue la force d'une nation, faisait défaut. Ce n'était pas tout : comme pour faire naître ou perpétuer plus aisément l'anarchie, la loi du *liberum veto*, rendue en 1652, exigeait l'unanimité des suffrages de la Diète pour la validité de ses délibérations.

Aussi, dès le milieu du xviie siècle, la décadence de la Pologne devint rapide. Cette royauté jeta encore quelque éclat sous **Jean Sobieski**, qui mourut, en 1696, après avoir défendu Vienne contre les Turcs ; mais elle s'affaiblit de nouveau, sans toutefois éprouver de nouvelles pertes de territoire, sous Auguste II, grâce aux victoires de Charles XII, puis de Stanislas Leczinski et de son compétiteur Auguste III. Au moment du premier partage, la Pologne comptait encore près de 15 millions d'habitants.

Premier partage (1772). — Après la mort d'Auguste III (1763), à qui la guerre de la succession de Pologne (1733-1738) avait assuré le trône au détriment de Stanislas Leczinski, beau-père de Louis XV, ce pays fut en proie à de funestes divisions. La nation se scinda en deux grands partis : les républicains, sous la direction du prince **Radziwill,** et ceux qui voulaient le maintien de la monarchie même à l'aide de l'étranger : à leur tête était le prince **Poniatowski**, favori de la célèbre tsarine Catherine II. La couronne de Pologne étant élective, le favori « obtint, grâce au puissant appui de sa maîtresse et de Frédéric II, le triste honneur d'occuper un trône illustré par des héros, pour le souiller par l'infamie de ses trahisons ».

Les patriotes polonais se soulevèrent pour repousser l'ingérence de la Russie dans leurs affaires intérieures ; ils formèrent, à cet effet, la **confédération de Bar** (Podolie), où, malheureusement, dominaient des catholiques exclusifs, et proclamèrent la guerre de l'indépendance. Ils avaient contre eux la Russie, le roi et ses partisans. Faiblement soutenus par le duc de Choiseul, qui leur envoya seulement quelques centaines de soldats conduits par le colonel Dumouriez, ils furent écrasés, et la Pologne, épuisée, succomba. La Russie, la Prusse et l'Autriche en firent entre elles le premier partage le 5 août 1772.

Second et troisième partages de la Pologne (1793-1795). — Les Polonais, instruits par leurs propres malheurs, avaient modifié leur constitution ; ils avaient aboli le *liberum veto* et rendu la royauté héréditaire ; mais la condition des paysans était restée à peu près la même ; ils n'avaient obtenu aucun droit politique. Néanmoins Catherine II, craignant un réveil de la nation mutilée, lui suscita des embarras à l'intérieur ; les patriotes demandèrent l'appui du roi de Prusse, qui leur avait promis de se joindre à eux contre tout agresseur ; mais on était au lendemain de *Valmy*, et ce prince aima mieux se joindre à la Russie que de la combattre. Frédéric-Guillaume et la tsarine projetèrent et effectuèrent un *second partage de la Pologne*, malgré la résistance héroïque des victimes de cette seconde spoliation (1793). La Prusse y gagna Danzig et Thorn ; la Russie la Podolie, Vilna et plusieurs autres villes et districts.

L'année suivante, le brave **Kosciusko** reprit

les armes et obtint d'abord quelques succès; mais il fut ensuite vaincu et fait prisonnier. Il jeta ses armes en pleurant amèrement et en s'écriant : « *Finis Poloniæ!* » (la Pologne est finie). *Souvarov* prit Varsovie, où 20 000 personnes périrent. Un *troisième partage* eut lieu : la Russie s'adjugea la Volhynie et le reste de la Lithuanie; la Prusse prit une partie du palatinat de Cracovie; l'Autriche, Lublin et quelques autres territoires (1795).

La Pologne n'était plus. Ce fut un des plus honteux attentats dont l'histoire fasse mention.

QUESTIONNAIRE.

Que savez-vous de la Pologne au xvie siècle? — Qu'est-ce qui faisait sa faiblesse? — Qui Catherine II fit-elle nommer roi de Pologne, après la mort d'Auguste III? — Qu'est-ce que la confédération de Bar? — Qui Choiseul envoya-t-il en Pologne? — En quelle année se fit le premier partage de la Pologne?

RÉCIT.

Les partis en Pologne. — Deux partis, parmi les magnats, songeaient secrètement à régénérer leur patrie par des moyens opposés. Tous deux voulaient l'abolition de l'anarchie et du droit de *veto*; mais l'un, le parti des Potocki, des Braniki, des Mokranowski, aspirait à établir l'ordre par la liberté aristocratique, en ôtant au roi la distribution des emplois pour la remettre à un conseil souverain, plusieurs allant jusqu'à projeter l'abolition de la royauté; l'autre parti, celui des Czartoriski, prétendait, au contraire, rendre la royauté héréditaire, et, en attendant, réformer les finances, détruire les abus, augmenter le pouvoir royal, affaiblir le fanatisme jésuitique et améliorer la condition des dissidents, des non-catholiques, dont l'oppression et le ressentiment étaient un danger permanent pour la Pologne. Si la Pologne eût été une démocratie véritable, il eût pu être bon de la débarrasser d'un fantôme de royauté; mais elle était une anarchie nobiliaire, superposée à une immense servitude. La monarchie pure étant donc repoussée par l'esprit de liberté des nobles, et la république démocratique étant impossible, puisque le vrai peuple n'existait pas, le gouvernement le plus convenable à la Pologne pouvait être une combinaison de l'hérédité et de l'élection, au moins tant que le vrai peuple ne serait pas formé et pour l'aider à se former. Le salut était dans l'émancipation civile d'abord, puis politique des paysans, et un roi héréditaire eût, plutôt que l'aristocratie, favorisé tout au moins la première de ces deux phases.

La logique devait être bannie jusqu'à la fin des affaires de la Pologne. La mobilité violente du caractère polonais, tel que l'avait fait une longue habitude de désordre, était peu compatible avec cette concentration indispensable d'idées et de forces qui ne suit et ne voit qu'un seul objet durant de longues années. Les Czartoriski, partisans de la royauté et auteurs d'un plan que la France eût dû aider sans réserve, s'étaient brouillés avec le roi Auguste III et, par conséquent, avec la France, qui soutenait la maison de Saxe depuis le mariage du Dauphin avec une princesse de cette maison. Ils se lièrent avec l'Angleterre, ce qui eut peu de conséquences, et surtout avec la Russie, ce qui en eut de très grands.

Sur ces entrefaites, les *diétines* préparatoires s'étaient réunies. Les Czartoriski eurent le dessous. Ils appelèrent les Russes. Le plus grand des crimes politiques, l'appel à l'invasion étrangère, était passé en habitude dans ce malheureux pays. Les régénérateurs de la Pologne firent comme les filles d'Eson, livrant leur père au couteau de la magicienne pour le rajeunir.

D'après Henri Martin.

QUARANTIÈME LEÇON

Les puissances occidentales et méridionales de l'Europe au XVIIIe siècle. — Angleterre. — Espagne. — Italie.

Sommaire. — George Ier (1714-1727). — George II (1727-1760). — Ministère de William Pitt. — George III (1760-1820). — Espagne. — Italie.

La mort de la reine Anne amena un changement de dynastie. Les whigs repoussèrent le

prétendant, fils de Jacques II, et appelèrent au trône le duc de Brunswick, électeur de Hanovre, qui était protestant et descendait, par sa mère, de Jacques Ier. Il prit le nom de **George Ier**.

George Ier (1714-1727). — La politique de ce prince envers la France fut habile, avantageuse pour sa maison et pour son pays. Avec l'appui de Dubois, qu'il soudoyait secrètement, il se fit garantir par le Régent la couronne d'Angleterre contre les Stuarts, et obtint du gouvernement français que nos fortifications de Dunkerque ne seraient pas relevées. En 1720, il entra dans la quadruple alliance contre l'Espagne. Profondément ignorant de la langue et des idées anglaises, George Ier confia au dedans la direction des affaires à **Walpole**, ministre habile, mais qui ne sut pas se montrer généreux envers les tories. Le Prétendant, soutenu par les mécontents et les Écossais, essaya de faire valoir ses droits les armes à la main : il fut vaincu et forcé de quitter l'Angleterre. Sa tentative attira sur ses partisans la fureur de Walpole; des échafauds se dressèrent de toutes parts, et l'insurrection fut étouffée dans le sang.

George II (1727-1760) gouverna quinze ans avec le concours de Walpole. Le ministre voulait conserver, à tout prix, la paix avec le continent : il se retira quand il vit son maître et les Chambres s'engager dans la guerre de la succession d'Autriche. George II prit parti pour Marie-Thérèse, il passa en Allemagne et gagna sur le maréchal de Noailles la bataille de Dettingen, qui obligea les Français à se replier derrière le Rhin. Le maréchal de Saxe répara cet échec deux ans après par sa belle victoire de Fontenoy (1745), où il triompha du duc de Cumberland, fils de George II. En même temps la France portait un autre coup à sa rivale en envoyant le prince Charles-Édouard, fils du Prétendant, rallumer chez elle la guerre civile. Le nouveau Prétendant appela à lui tous les partisans des Stuarts, il vainquit l'armée royale et un moment menaça Londres; mais il perdit à son tour contre le duc de Cumberland la grande bataille de **Culloden**, et les Stuarts virent s'évanouir leurs dernières espérances (1746).

Ministère de William Pitt. — La paix d'Aix-la-Chapelle (1748) ne dura que quelques années. En 1756, l'Angleterre rouvrit les hostilités contre la France, sous prétexte que celle-ci avait empiété sur le territoire anglais au Canada, mais en réalité par jalousie de notre prospérité coloniale. Ce fut la guerre de Sept Ans. Elle eut pour principal théâtre, entre l'Angleterre et la France, l'océan; on se battit aussi en Allemagne, où l'Autriche s'était déclarée contre la Prusse.

Dès la deuxième année de cette guerre, maladroitement engagée par Louis XV, le cabinet anglais eut à sa tête un des plus illustres hommes d'Etat et des plus grands orateurs qu'ait produits l'Angleterre : c'était **William Pitt**, déjà connu par ses luttes parlementaires contre **Fox**, admirateur de Walpole, dont lui-même était l'adversaire. Le génie et l'énergique activité de ce grand ministre eurent facilement raison du gouvernement faible et corrompu de Versailles. La paix de Paris (1763) assura à l'Angleterre une prépondérance maritime, qu'elle a conservée jusqu'à nos jours. La France, par le traité de Paris, lui abandonna le Canada, plusieurs îles des Antilles et la presque totalité de ses possessions dans l'Inde.

Cependant Pitt n'avait pas négocié ce traité. qu'il n'eût point signé, ne le trouvant ni assez désastreux pour la France, ni assez avantageux pour la nation anglaise. En butte aux attaques de ses adversaires, il avait abandonné le pouvoir en 1761, après la mort de George II. Il n'en continua pas moins à élever la voix du haut de la tribune, malgré ses souffrances physiques, pour défendre les droits de son pays et signaler les fautes de ses successeurs. Rentré au ministère en 1766, il reçut du gouvernement, en récompense de ses services passés, le titre de **lord Chatham**; mais, vaincu par ses infirmités, il se vit contraint, deux ans après, de renoncer définitivement aux affaires publiques; il consacra le reste de ses forces à combattre avec Burke la politique tyrannique et injuste suivie par ses collègues à l'égard des colonies de l'Amérique du Nord, dont il entrevoyait la révolte et la perte.

George III (1760-1820), petit-fils de George II, prit la plus grande part à la guerre de Sept Ans. Ses tentatives de pouvoir absolu mécontentèrent les Chambres et le peuple; une émeute éclata, et George III n'échappa qu'avec peine au sort de Charles Ier. Les taxes vexatoires dont son ministère écrasa les colons américains, après la retraite de lord Chatham, firent éclater, en 1773, la guerre de l'**Indépendance**, qui fut funeste à l'Angleterre.

Espagne. — L'Espagne avait paru se relever avec Alberoni « qui avait galvanisé ce cadavre » en créant des industries et des arsenaux, en encourageant l'agriculture et en préparant un bouleversement européen au profit de son roi. Mais il avait été chassé du pouvoir par le traité de Madrid, et à partir de ce moment, l'Espagne fut finie. Le mouvement imprimé par Alberoni se continua pendant quelques années sous les règnes de Ferdinand VI et de Charles III, mais avec Charles IV sa décadence fut irrémédiable. Malgré les efforts que tenta la diplomatie de Louis XV pour la tirer de son inertie, elle perdit successivement une grande partie de ses colonies et n'eut comme consolation platonique que l'établissement des deux enfants d'Elisabeth Farnèse, reine d'Espagne, dans les duchés de Parme et de Plaisance (3º traité de Vienne). Elle adhéra cependant au Pacte de famille négocié par Choiseul, et prit une part assez active dans la guerre de l'Indépendance américaine, dans l'espoir chimérique de reconquérir Gibraltar. Mais le traité de Versailles ne lui procura que des avantages inférieurs aux sacrifices qu'elle s'était imposés et elle continua à végéter, en proie à trois insectes, « le pou, le moine et le mendiant », jusqu'au jour où Napoléon tenta de faire de l'Espagne une province française.

Italie. — L'Italie est encore divisée au XVIIIº siècle entre plusieurs propriétaires, parmi lesquels les plus importants sont : l'Espagne et l'Autriche. Mais ces deux puissances se disputent, et grâce à cette rivalité, une maison princière, celle de Sardaigne, augmente peu à peu son territoire et sa puissance. Elle imite la Prusse dans sa politique, courtise effrontément le plus fort, obtient pour son chef le titre de roi et arrivera peu à peu à s'imposer en Italie. « L'Italie, avait dit Victor-Amédée, est un artichaut qu'il nous faudra manger feuille par feuille. » Dès 1763, la prédiction est en train de s'accomplir.

QUESTIONNAIRE.

Parlez de George Ier. — Qu'est-ce que Walpole? — Exposez le rôle de l'Angleterre dans la guerre de la succession d'Autriche. — Qu'est-ce que la bataille de Culloden? — Faites la biographie de William Pitt. — Rôle de l'Angleterre pendant la guerre de Sept Ans. — Parlez de George III. — Que savez-vous de l'Italie au XVIIIe siècle; — de l'Espagne.

RÉCIT.

Le premier Pitt. — Le premier William Pitt, célèbre orateur anglais, né en 1708 dans le comté de Cornouailles, à Bocounoc, fut élu membre de la Chambre des communes par le bourg-pourri d'Old Sarum, à l'âge de 27 ans. Il se rangea dans le camp des libéraux ou *whigs* contre les conservateurs ou *torys*. Son premier discours, dans lequel il attaqua le premier ministre de George II, Robert Walpole, qui achetait les votes d'un grand nombre de membres du parlement, et se vantait de savoir le prix de chaque conscience, eut un grand retentissement; il lui valut un legs de 250 000 francs de la part de la duchesse de Marlborough, qui lui prouva ainsi son admiration.

Pitt était en effet très éloquent; son langage était coulant, remarquablement pur, ses gestes expressifs, sa figure imposante et distinguée : son côté faible était le raisonnement, mais il réussissait à merveille dans la satire amère et brillait surtout en parlant de lui-même.

Il devint ministre des affaires étrangères en 1754, après avoir été huit ans payeur général des troupes. Mais il déplut au roi et fut renvoyé en 1757. A cette nouvelle les fonds publics baissèrent : Londres lui accorda le droit de bourgeoisie, et de toutes les villes de l'Angleterre Pitt reçut des lettres de félicitations et des diplômes d'honneur. Il fut très difficile de former un nouveau ministère, si bien que, onze semaines après sa chute, Pitt revint au pouvoir. Il dirigea la guerre de Sept Ans, se rendit célèbre par son éloquence, son opiniâtreté au travail, son zèle pour les intérêts de l'Angleterre et sa haine contre la France, qu'il voulait dépouiller de toutes ses colonies. Partout il prit l'offensive, et partout il fut vainqueur; il donna sa démission après la mort de George II, les autres ministres ayant refusé de commencer la guerre contre l'Espagne en interceptant les galions d'Amérique avant toute dénonciation d'hostilités (5 octobre 1761).

C. G.

QUARANTE ET UNIÈME LEÇON

L'Amérique au XVIIIe siècle.

SOMMAIRE. — Guerre d'Amérique. — Franklin. — Washington. Traité de Versailles.

Guerre de l'Indépendance américaine. — Au XVIIe siècle, les colons anglais avaient fondé les premières colonies anglaises. Bientôt, au nombre de treize, elles devinrent extrêmement riches et prospères, supportèrent, avec impatience, le joug de la métropole, et un parti de l'indépendance se forma pendant qu'un certain nombre d'Américains, sous le nom de *loyalistes*, restaient fidèles à l'union anglaise. La cause principale de cette guerre vint des impôts établis par lord North et par les Anglais sur les marchandises destinées à leurs colons, notamment sur le papier, sur le verre et sur le thé. Le peuple de Boston jeta à la mer, en 1773, les cargaisons de trois navires chargés de thé qui étaient entrés dans ce port. Ce fut le signal des hostilités.

Le Congrès des treize États de la colonie se réunit à Philadelphie et désigna pour généralissime des forces américaines **George Washington**, homme de grand caractère, d'une intégrité reconnue, d'un courage et d'un patriotisme sans défaillance. En 1776, le 4 juillet, le Congrès, pour bien montrer la résolution du peuple américain de se séparer de la métropole, vota l'indépendance de la **République des États-Unis.**

Cependant les débuts de la guerre n'avaient pas été favorables aux colons, encore mal organisés et peu aguerris. Le Congrès se décida à envoyer **Benjamin Franklin**, le ministre de ce pays dont Washington était le général, à Versailles solliciter de Louis XVI l'appui de la France. Le gouvernement se contenta d'abord d'autoriser le départ de Lafayette, de Rochambeau, des frères Lameth, etc., avec quelques milliers de volontaires et deux navires que Beaumarchais avait remplis d'armes; mais bientôt, pressé par l'opinion publique, qui voyait dans cette guerre une occasion de prendre une revanche de la guerre de Sept Ans et de montrer les sympathies de la France pour les opprimés, il se décida à prendre lui-même part à la lutte. En 1778, il reconnut l'indépendance des États-Unis et donna l'ordre à nos escadres d'appareiller. Un an après, l'Espagne, espérant reprendre Gibraltar, Minorque et la Floride, entra en ligne.

Nous ne raconterons pas les péripéties de cette guerre, qui dura jusqu'en 1783, et dans laquelle notre marine se couvrit de gloire. Le combat d'*Ouessant*, entre le comte d'Orvilliers et l'amiral anglais Keppel, fut presque une défaite pour celui-ci. Le comte de Guiches livra trois combats heureux, dans les Antilles, au célèbre **Rodney**. Le comte de Grasse chassa les Anglais de Tabago. Dans l'Inde, le **bailli de Suffren**, le chef le plus illustre de notre marine, remporta cinq victoires successives sur l'amiral Hughes. Sur le continent, Lafayette et Rochambeau secondèrent avec honneur et succès les efforts de Washington. Aussi, après avoir été battues par le général Howe, les troupes fédérales reprirent l'offensive et remportèrent les victoires de Trenton et de Princeton, couronnées par la fameuse capitulation du général Burgoyne à Saratoga.

L'Angleterre, épuisée par une guerre qui lui avait déjà coûté plus de trois milliards, désirait la paix; le ministère lord North se retira, cédant le pouvoir à un ministère Fox-Burke, qui la proposa. Les Anglais avaient éprouvé de nombreux revers, mais la victoire des *Saintes* (Antilles) où Rodney avait défait le comte de Grasse, et la défense de Gibraltar, que les Espagnols n'avaient pu reprendre, sauvaient leur honneur militaire.

Par le traité de Versailles (1783), l'Angleterre reconnut l'indépendance des États-Unis; elle restitua à la France Pondichéry, Chandernagor, Karikal et Mahé, dont elle s'était emparée en 1778, le Sénégal et Gorée, elle renonça à la clause de la paix d'Utrecht, qui nous avait ôté le droit de fortifier Dunkerque; l'Espagne recouvra Minorque et la Floride.

La République des États-Unis, une fois sa constitution terminée et ratifiée par le peuple, donna à Washington un témoignage éclatant de reconnaissance : elle le nomma son président à l'unanimité des suffrages.

QUESTIONNAIRE.

Que savez-vous de la guerre d'Amérique? — Qu'est-ce que Lafayette? — le bailli de Suffren? — Parlez de Lafayette, — de Rochambeau. — Énumérez les clauses du traité de Versailles.

RÉCIT.

Première insurrection des États-Unis. — Le 1er novembre, jour de la mise à exécution de la loi du timbre, les cloches sonnèrent dans tout le pays et les pavillons furent mis en berne comme pour les « funérailles de la liberté ». Tous les distributeurs de timbres avaient donné leur démission ; le peuple ameuté saisit le papier et le jeta aux flammes ; des mannequins représentant l'impôt objet de la haine publique furent promenés dans les rues et pendus à des arbres, qu'on appela *arbres de la liberté*; les employés qui tentèrent de vendre quelques parties du papier timbré échappées à la destruction virent leurs maisons assaillies et brûlées, et ce mouvement ne fut pas seulement populaire : toutes les classes de la société y prirent part. Les négociants des principales cités s'entendirent pour ne plus acheter de marchandises en Angleterre jusqu'au retrait de la loi, et les citoyens s'engagèrent à ne plus se servir d'objets de fabrication anglaise.

Une insurrection qui s'annonçait avec tant d'ensemble, une manifestation aussi énergique du sentiment public, ne pouvaient manquer d'agir fortement sur l'opinion en Angleterre. Les nombreux intérêts engagés dans le commerce des colonies s'en émurent, et de vives discussions eurent lieu dans le parlement. Dans des débats animés, Pitt et Burke se firent les avocats du retrait de la loi.

« Je me réjouis de la résistance des Américains, dit Pitt : se soumettre, c'était pour eux se réduire volontairement à l'esclavage. L'injustice les a rendus fous. Mon opinion est que la loi du timbre doit être rapportée absolument, totalement, immédiatement. »

ALPHONSE JOUAULT.

QUARANTE-DEUXIÈME LEÇON

Les Turcs de 1453 à la fin du XVIII° siècle.

SOMMAIRE. — Conquêtes des Turcs. — Soliman II. — Les janissaires. — Décadence de l'empire.

Conquêtes des Turcs après la prise de Constantinople. — La prise de Constantinople consacra l'établissement définitif des Turcs en Europe, mais elle ne termina pas leurs conquêtes. Les exploits de Jean Hunyade Corvin, en Hongrie, et de Scanderbeg, prince d'Albanie, ne purent empêcher Mahomet II d'entamer le premier de ces pays et de s'emparer d'une grande partie de la Grèce, de la Serbie et de l'Albanie. Ses deux premiers successeurs, Bajazet II et Sélim Ier, ajoutèrent à l'empire ottoman l'Égypte, l'Arabie et presque tout l'Orient.

Soliman II, le Magnifique (1520-1566), celui-là même dont François Ier sollicita et obtint l'alliance, brisa la résistance de Belgrade, devant laquelle Mahomet II avait échoué. Il écrasa les Hongrois à Mohacz, et assiégea inutilement Vienne; mais il conquit l'île de Rhodes sur les chevaliers de Saint-Jean, soumit la Moldavie, s'empara des îles de l'Archipel sur les Vénitiens et se rendit un moment maître de Tunis. Quelques années après (1571), la destruction de la marine turque à la bataille de **Lépante** (Grèce), par les flottes combinées de Philippe II, des Vénitiens et du pape, commandées par **don Juan d'Autriche**, arrêta pour quelque temps les invasions des Ottomans dans l'Europe centrale.

Les janissaires. — Ébranlé par la catastrophe de Lépante, l'empire des sultans fut encore affaibli à l'intérieur par la terrible influence des janissaires. Cette milice turbulente, composée de jeunes chrétiens captifs auxquels on faisait embrasser l'islamisme, datait du xive siècle. Composée d'abord de six mille hommes, elle fut portée progressivement à cent cinquante mille, dont quarante mille pour Constantinople.

Mieux payés et mieux nourris que les autres corps de troupes, les janissaires formèrent une infanterie d'élite, à laquelle les Ottomans durent en grande partie leurs succès; mais ils finirent par abuser de leur situation privilégiée et par se rendre redoutables aux sultans eux-mêmes.

Décadence de l'empire. — Les succès d'Amurat IV (1623), signalés en Asie par la prise de Bagdad, en Russie par celle d'Azof, et une partie de l'île de Crète, dans la Méditerranée, ne firent que retarder de quelques années la décadence des Ottomans. Leur défaite au **Saint-Gothard** (Hongrie, 1664), par les Impériaux et un corps de Français envoyé par Louis XIV; leur échec devant Vienne (1683), sauvée par le vaillant roi de Pologne **Jean Sobieski**, les contraignirent à se replier pour défendre leurs propres frontières.

Les guerres ultérieures de la Turquie contre la Russie, l'Autriche et la Perse lui ont presque toujours été fatales et coûté quelques parcelles du vaste empire qu'elle avait conquis en Asie et en Europe. En 1718, à la paix de **Passarowitz** (Serbie) qui confirma celle de **Carlowitz** (Croatie, 1699), la Hongrie, une partie de la Valachie, la Serbie et Belgrade lui échappèrent; mais elle les recouvra en 1739, à la paix de **Belgrade**, conclue avec l'Autriche et la Russie. En 1774, elle perdit la Crimée. A la paix de Iassy (Roumanie), en 1792, elle céda la Bessarabie et la Géorgie à Catherine II et accepta le cours du Dniester comme limite territoriale avec la Russie.

QUESTIONNAIRE.

Parlez des conquêtes des Turcs après la prise de Constantinople. — Que savez-vous de Jean Hunyade et de Scanderbeg? — de Soliman le Magnifique? — Dites ce que vous savez des janissaires. — Qu'est-ce que Jean Sobieski? — Parlez de la paix de Belgrade. — Parlez de celle de Kaïnardji.

RÉCIT.

Le traité de Kaïnardji. — Le sultan Moustapha était mort le 14 janvier 1774. Son successeur Abdul-Hamid ne respirait que la guerre; il la dirigea plus mal encore que son prédécesseur. Roumiantzev franchit le Danube, battit les corps détachés que les Turcs lui opposèrent, défit leur avant-garde, le 16 juin 1774, à Bazardjik, les força de lever le camp qu'ils avaient formé à Kostidjé, parvint à tourner le gros de l'armée du grand vizir à Choumla, à l'investir et à l'affamer. Les troupes turques désertaient en masse. Cette campagne ne fut qu'une longue déroute. Le grand vizir Muhsinrade n'avait plus qu'à s'en remettre à la clémence du vainqueur. Des plénipotentiaires turcs se présentèrent le 10 juillet au quartier général de Roumiantzev, qui campait à quelques lieues de Silistrie. Ils furent reçus dans sa tente, et, séance tenante, en quatre heures, le temps à peine de dresser l'instrument du traité, la paix fut convenue. L'audace et la constance de Roumiantzev, l'impéritie et la démence des Turcs avaient, en moins d'un mois, décidé à l'avantage de la Russie cette guerre qui durait depuis cinq ans.

Ainsi fut signé le traité de Kaïnardji, la première et la plus célèbre des grandes transactions entre la Russie et la Porte. C'est le point de départ, la pièce fondamentale du long procès, coupé d'intermèdes sanglants, qui devait, après un siècle d'efforts, conduire les soldats du tsar à Constantinople. Le traité était conforme aux conditions posées par la Russie. La Russie prenait peu de territoires : à part les deux Kabarda, elle restituait toutes ses conquêtes : elle se faisait la protectrice des principautés du Danube, la garante de l'indépendance des Tatars, et posait, en gardant Azof, Kertch, Yéni-Kalé, les jalons de sa domination future sur la mer Noire, où elle obtenait le droit de libre navigation. Les stipulations essentielles du traité étaient celles qui touchaient à la religion. La Porte promettait « de protéger constamment la religion chrétienne et ses églises » en général, de « n'empêcher aucunement l'exercice libre de la religion chrétienne, et de ne mettre aucun obstacle à la construction de nouvelles églises et à la réparation des anciennes » dans les principautés de Moldavie et de Valachie, dans la Grèce et les îles de l'Archipel, dans la Géorgie et dans la Mingrélie. Elle s'engageait à *prendre en considération* les représentations faites par les Russes en faveur de l'Église grecque de Constantinople et de ses desservants, et à accueillir *avec les égards qui conviennent à des puissances amies et respectées* les démarches des ministres russes en faveur des principautés de Moldavie et de Valachie.

Albert Sorel.

QUARANTE-TROISIÈME LEÇON

Les écrivains et les philosophes au XVIIIe siècle.

Sommaire. — En Angleterre (Adam Smith. — Pope. — Swift). — En Allemagne (Kant. — Lessing). — En Italie (Métastase).

Les écrivains changent d'allure avec le siècle. Louis XIV avait tout asservi à son autorité despotique, la littérature comme la politique. Protégés ou pensionnés par lui, les hommes de lettres se firent, en général, courtisans. Il n'en fut plus ainsi sous un roi énervé par la débauche, comme son successeur. Détachés de la cour et affranchis de la discipline à laquelle les avait soumis le Roi Soleil, ils passèrent de l'état de subordination à l'indépendance complète. Ils cessèrent d'être les serviteurs et les flatteurs d'un maître pour se mettre au service de l'opinion publique, dont le flot montant allait bientôt submerger la vieille société corrompue. Les écrivains du xviie siècle avaient fait l'ornement et en partie la gloire d'un grand règne; ceux du xviiie siècle préparèrent la Révolution.

(En ce qui concerne les écrivains français, voir notre *Cours supérieur*).

Mais ce ne fut pas seulement en France que l'esprit humain s'enrichit de productions immortelles. Le même souffle d'indépendance et d'originalité traversa l'Europe et donna à la littérature et aux arts étrangers une vie nouvelle.

En Angleterre. — Le système matérialiste de Hobbes, le scepticisme de Bacon et de Locke eurent une grande influence sur la philosophie du xviiie siècle. — **Bolingbroke (1678-1751)** fut le précurseur de Voltaire. — **David Hume (1711-1776)** professa à peu près les mêmes doctrines que Hobbes; son *Histoire des révolutions d'Angleterre* le plaça au rang des grands historiens. — **Adam Smith (1723-1790)**. Ecossais, est moins célèbre comme philosophe que comme économiste. Son plus bel ouvrage a pour titre *Recherches sur la nature et les causes de la richesse des nations*, qui a servi de base à la science nouvelle de l'économie politique. La littérature et la philosophie anglaises eurent une influence considérable sur nos grands écrivains du xviiie siècle.

La poésie anglaise de ce siècle est douce et empreinte de dignité. **Pope (1688-1744)** laissa une traduction de l'*Iliade*, un poème intitulé l'*Essai sur l'homme* et un poème héroï-comique. — **Thomas Gray (1716-1771)** composa des *Élégies* élégantes et des *Odes* d'un beau souffle, qui marquèrent sa place au premier rang des poètes de son pays.

Les prosateurs de la même période se montrèrent, pour la plupart, pleins de finesse et d'esprit. **Swift (1667-1745)** écrivit les *Voyages de Gulliver*, le *Conte du tonneau* et les *Lettres du drapier*, où, sous une apparence badine, l'auteur traita de graves questions sociales et politiques ; — **Daniel de Foë (1663-1731)**, le *Robinson Crusoé* ; — **Addison (1672-1719)**, le plus spirituel des écrivains anglais, rédigea le journal littéraire *le Spectateur*, qui eut un succès immense ; — **Richardson** et **Goldsmith** écrivirent des romans de mœurs très populaires, parmi lesquels nous citerons *le Vicaire de Wakefield* ; — **Robertson (1721-1793)** et **Gibbon (1737-1794)** comptent parmi les historiens de talent, l'un avec son histoire d'Amérique, l'autre avec son histoire de l'Eglise.

En Allemagne. — Au xviiie siècle la littérature allemande mérite une mention spéciale. Dans la philosophie elle produit **Kant (1724-1804)**, plus grand que Leibniz, et, comme ce dernier, philosophe rationaliste et spiritualiste à la fois. Ses œuvres, *la Critique de la Raison pure*, *la Critique de la Raison pratique*, ont inspiré presque tous les philosophes du xviiie siècle. Dans la poésie, elle s'honore des noms de **Klopstock (1724-1813)**, auteur de *la Messiade*, poème tiré de la rédemption des hommes par le Messie ; — de **Lessing (1729-1781)**, écrivain et critique de premier ordre, auteur de fables, véritable créateur du théâtre en Allemagne, souvent comparé à Diderot et à Voltaire.

Des nombreux prosateurs de la même période,

nous citerons seulement : **Herder**, qui se montra supérieur dans toutes les branches des connaissances humaines ; les trois **Ernesti** et les frères **Schlegel**, qui furent des érudits et des critiques illustres ; et le savant historien **Schlosser**. Rappelons enfin le nom de **Mozart**, musicien d'un charme pénétrant et d'une largeur de style presque inconnue jusqu'alors.

En Espagne et en Italie. — Au xviiie siècle, l'Espagne ne suit plus que de loin la marche de la civilisation européenne ; c'est pour elle une époque de décadence intellectuelle, aussi bien que de décadence politique et militaire.

La gloire littéraire et artistique de l'Italie ne survit pas au xvie siècle. C'est à peine si la patrie de Dante et de Machiavel peut citer, au xviiie siècle : l'historien **Muratori** ; **Vico**, le créateur de la philosophie de l'histoire, et **Métastase**, poète élégant, qui excelle surtout dans le genre lyrique.

QUESTIONNAIRE.

Montrez la différence entre les écrivains du xviie siècle et ceux du xviiie. — Citez les principaux écrivains anglais, — les écrivains allemands. — Racontez la vie de Kant. — Qu'est-ce que Mozart ? — Parlez des écrivains italiens.

RÉCIT.

Kant. — Emmanuel Kant, né à Kœnigsberg le 21 avril 1724, était fils d'un sellier ; à 13 ans, il perdit sa mère, et son père mourut huit années plus tard. Aidé par son oncle maternel qui était maître cordonnier, il put faire ses études au collège Frédéric, et ensuite à l'université, où il approfondit toutes les sciences simultanément. Son premier ouvrage, publié en 1746, avait pour titre : *Pensées sur la Véritable Estimation des Forces vives*. Il resta pendant neuf ans précepteur dans diverses familles des environs de sa ville natale. En 1755, il commença à enseigner comme *privat-docent* ; il publia plusieurs mémoires d'astronomie en latin et en allemand, et donna une *Histoire Naturelle et Théorie Générale du Ciel*; il devint professeur titulaire en 1770. Dans l'intervalle, il avait composé un grand nombre d'ouvrages de logique, de morale, de physique, de physiologie, en particulier ses *Observations sur les Sentiments du Beau et du Sublime* (1764). Enfin, en 1781, parut la *Critique de la Raison Pure*. Il donna encore ses *Principes métaphysiques de la Science du Droit*, sa *Critique de la Raison pratique* et son *Exposé de la Religion Naturelle*. Kant cessa ses cours en 1798, et mourut le 24 février 1804.

Herder, disciple de Kant, dont il combattit ensuite les idées, a tracé de lui le magnifique portrait suivant : « J'ai eu le bonheur de connaître un philosophe qui fut mon maître. Dans ses plus brillantes années, il avait la franche gaîté d'un jeune homme, et elle l'accompagna jusque dans sa dernière vieillesse. Sur son front ouvert et fait pour la méditation, brillait une sérénité, une joie inaltérable; la grâce, une élégance naturelle, ne l'abandonnait jamais, et rien n'attachait comme ses savantes leçons. Le même génie qui soumettait à son examen Leibniz, Wolff, Crusius, Hume, qui développait les lois naturelles de Keppler, de Newton et de la physique générale, recueillait avidement les ouvrages alors nouveaux de Rousseau, son *Émile*, toutes les découvertes des sciences naturelles, sans jamais perdre de vue les lois et l'essence de l'homme. Histoire des peuples, de la nature, sciences positives, mathématiques, expérience, voilà les sources de vie qu'il répandait dans son enseignement. Pas un seul objet ne lui était indifférent. Point de cabale, point de sectes, point de préjugés. Jamais l'ambition d'un nom n'eut pour lui la moindre valeur, mis en balance avec les intérêts de la vérité. Le bonheur de penser était tout le fruit de ses travaux, et rien ne fut plus étranger que le despotisme à son esprit tolérant. Cet homme, que je nomme ici avec la plus profonde reconnaissance et le plus haut respect, est Emmanuel Kant. »

MARÉCHAL.

DEVOIRS.

Les papes à Avignon. — Comment l'empire de Constantinople subsista-t-il jusqu'en 1453? — La prise de Constantinople. — Marguerite d'Anjou. — Conséquences de la guerre des Deux Roses. — Les villes maritimes au moyen âge. — Vasco de Gama. — Racontez la conquête de Pizarre. — Que trouvez-vous à critiquer dans l'administration coloniale des Espagnols et des Portugais? — Exposer les principales écoles de peinture italienne en les caractérisant. — Shakespeare. — Comparer la doctrine de Luther à celle de Calvin. — La réforme en Angleterre. — Le gouvernement intérieur de Philippe II. — Élisabeth et Marie Stuart. — Gustave-Adolphe. — Exposez et appréciez les clauses des traités de Westphalie. — Causes et conséquences de la révolution anglaise de 1648. — Cromwell. — Rapports de la France et de l'Angleterre au xviie siècle. — Guillaume III. — Conséquences de la révolution de 1688.

QUATRIÈME PARTIE

ÉPOQUE CONTEMPORAINE

QUARANTE-QUATRIÈME LEÇON

Les congrès de Vienne. — Lutte des rois contre les peuples (1815-1830).

Sommaire. — Les congrès de Vienne. — Principales questions posées. — La Sainte-Alliance. — Congrès d'Aix-la-Chapelle, de Carlsbad, Vienne, Laybach, Vérone. — Situation en 1830.

Les rois vainqueurs de Napoléon, après avoir imposé à la France épuisée le premier traité de Paris, se réunirent à Vienne pour remanier la carte de l'Europe et détruire tout ce qui avait été édifié par le premier empire. Tous les rois étaient présents, assistés de leurs principaux ministres : M. de Metternich pour l'Autriche ; lord Castlereagh, pour l'Angleterre ; M. de Humboldt pour la Prusse ; M. de Nesselrode pour la Russie. Telle était la haine aveugle des vainqueurs, qu'ils voulaient exclure la France du congrès sous prétexte qu'elle n'avait pas à prendre la parole dans une conférence organisée contre elle. L'opinion contraire du tsar finit cependant par l'emporter, et la France fut représentée par MM. de Talleyrand et de Darnberg.

Deux jours après, Talleyrand, par la force même des choses, était le maître dans le congrès. On a diversement apprécié le rôle de Talleyrand à Vienne, et la plupart des historiens le condamnent avec rigueur. Cependant on peut soutenir avec raison qu'en cette circonstance, du moins, M. de Talleyrand défendit avec clairvoyance et patriotisme les véritables intérêts de la France. Il aurait pu, il est vrai, obtenir la cession momentanée des provinces rhénanes, en favorisant les projets ambitieux de la Russie et de la Prusse; mais cette cession aurait, sans doute, été momentanée et, dans tous les cas, dangereuse. En s'opposant à leur annexion et en groupant autour de lui des puissances telles que l'Autriche et l'Angleterre, M. de Talleyrand a certainement retardé l'unité allemande de cinquante ans.

Quelle était en effet la situation? Quatre questions importantes se posaient au congrès de Vienne. La première était la question de Saxe, la deuxième la question de Pologne, la troisième celle de Naples, la quatrième celle des Pays-Bas.

Les deux premières se confondaient presque. La Prusse réclamait l'annexion de la Saxe à son royaume, sous prétexte qu'il fallait punir son roi de la fidélité qu'il avait gardée à Napoléon. La Russie, de son côté, réclamait la possession complète de la Pologne. M. de Talleyrand résista et trouva des alliés dans l'Autriche qui redoutait les empiétements de ses voisins, dans l'Angleterre qui craignait pour le Hanovre, et dans les petits princes allemands qu'effrayait le sort de la Saxe. L'empereur de Russie et le roi de Prusse n'obtinrent pas satisfaction et durent se contenter d'une partie des royaumes convoités.

Talleyrand ne voulait pas conserver à Murat le royaume de Naples. Il avait dit lui-même au congrès qu'il fallait rendre les États à leurs princes légitimes. Il l'emporta encore. Ferdinand IV rentra à Naples, et Murat se fit tuer à Tolentino.

Pour opposer à la France une barrière du côté du nord-est, on réunit en un seul État les deux pays de Belgique et de Hollande, qui ne s'entendaient à aucun point de vue. Ce fut le royaume des Pays-Bas, dont on confia la direction à un prince d'Orange.

Le congrès paraissait terminé, lorsqu'à une fête donnée par M. de Metternich pour en célébrer la conclusion, on apprit brusquement que Napoléon était revenu. Tout fut rompu, mais, après Waterloo, les plénipotentiaires se réunirent à nouveau et la France fut ramenée aux frontières de 1790. C'était elle qui payait encore les frais de cette dernière guerre.

Sainte-Alliance. — Au moment de se séparer et sous l'inspiration de Mme de Krüdener, le tsar Alexandre, intelligent mais rêveur et mystique, constitua la Sainte-Alliance, qui avait pour but avoué d'extirper de l'Europe, avec la protection de l'Église, tous les principes libéraux qu'y avait apportés la Révolution française. La Prusse et l'Autriche y adhérèrent spontanément. Mais l'Angleterre et la France, parlementaires, ne pouvaient s'associer à une œuvre pareille. La Sainte-Alliance se transforma alors en triple alliance, qui devint bientôt la quadruple puis la quintuple alliance, par l'adhésion de la Grande-Bretagne et de la France.

A partir de cette époque jusqu'en 1830, les rois européens ont lutter avec énergie et persévérance contre les aspirations de leurs peuples.

En Allemagne, les populations avaient cru qu'on les récompenserait de leurs efforts contre les Français. Ils furent bien vite détrompés. Les princes rentrèrent dans leurs États, n'ayant rien oublié et n'ayant rien appris. Alors l'« Association de la vertu » se transforma en « Association libérale ». La jeunesse des écoles célébra avec enthousiasme les anniversaires de la Réforme et de la bataille de Leipzig; les universités retentirent de protestations en faveur de la liberté. Enfin l'étudiant Maurice Sand assassina le traître Kotzebue. Le mal parut si grand qu'aux congrès d'Aix-la-Chapelle en 1818, et de Carlsbad en 1819, des mesures sévères furent prises contre tous ceux qui, par paroles ou par actions, essayeraient de lutter contre le régime absolu.

L'agitation avait gagné Vienne; or M. de Metternich et l'empereur François II étaient d'ardents partisans de l'ancien régime : des mesures furent prises au congrès de Vienne de 1820.

L'Italie se souleva à son tour et essaya de secouer le joug. Mais les congrès de Laybach et de Troppau autorisèrent l'Autriche à intervenir les armes à la main, et une cruelle répression décima la jeunesse libérale d'Italie.

Enfin l'Espagne, indignée du despotisme de son roi Ferdinand VII, s'était insurgée à la voix de Riego et de Quiroga. La France, malgré l'opinion contraire du ministère et du public, fut forcée à une intervention armée par ses ambassadeurs Montmorency et Chateaubriand qui la représentaient au congrès de Vérone (1822). Les troupes françaises pénétrèrent en Espagne, s'emparèrent de Cadix et du Trocadéro et rétablirent Ferdinand VII sur le trône.

Enfin une insurrection en Pologne fut noyée dans le sang par les troupes russes du tsar Nicolas Ier.

Ainsi, en 1830, les peuples paraissaient complètement vaincus en Europe et le régime absolu triomphait.

QUESTIONNAIRE

Quels furent les principaux représentants au congrès de Vienne? — Quel était le but du congrès? — Que pensez-vous de la politique de Talleyrand? — Quelles étaient les questions posées au congrès de Vienne? — Que savez-vous de la question de Saxe? — de Pologne? — de Naples? — Pourquoi créa-t-on un nouveau royaume des Pays-Bas? — Dites ce que vous savez de la Sainte-Alliance. — Qu'est-ce que les congrès d'Aix-la-Chapelle et de Carlsbad? — Que se passa-t-il à Vienne? — Pourquoi le congrès de Troppau et celui de Laybach furent-ils réunis? — Qu'est-ce que le congrès de Vérone? — Quelle est la situation en 1830?

RÉCIT.

La Sainte-Alliance. — L'œuvre du congrès une fois achevée, les princes résolurent d'en assurer la conservation en la garantissant contre les mouvements révolutionnaires des peuples et contre les ambitions des souverains. Ils convinrent dans ce but « de tenir fréquemment des *congrès* chargés à la fois de maintenir la bonne entente entre les gouvernements et de prendre des mesures contre les peuples mécontents. La garantie de ce système résida dans la *Sainte-Alliance* conclue entre le mystique Alexandre Ier, le piétiste Frédéric-Guillaume III et François Ier d'Autriche, conseillée par le politique Metternich. « Les trois souverains, conformément aux paroles de la Sainte Écriture, qui ordonne à tous les hommes de s'aimer comme frères, de rester unis par les liens de la fraternité véritable et indissoluble, de se prêter toujours aide et assistance, promettaient de gouverner leurs sujets en pères de famille, de maintenir la religion de paix et de justice; ils se considéraient comme membres d'une seule et même religion chrétienne, chargés par la Providence de diriger les branches d'une seule famille; ils engageaient toutes les puissances à reconnaître les mêmes principes. Toutes les puissances européennes adhérèrent à la Sainte-Alliance, à l'exception du pape, qui se retrancha derrière l'orthodoxie, et de l'Angleterre, dont le représentant Castlereagh refusa sa signature « à une simple déclaration de principes bibliques qui aurait reporté l'Angleterre à l'époque des Saints de Cromwell et des Têtes Rondes ». Néanmoins ce traité, dégagé de sa phraséologie sentimentale et biblique, contient cette idée nouvelle, à savoir « que tous les souverains forment une grande famille, que tous les gouvernements ont à se soutenir contre leurs sujets et à régler leurs contestations par leur arbitrage ». En 1789, il n'y avait pas d'Europe. L'idée d'une Europe apparaît en 1815, à la suite de la coalition des rois contre la Révolution française.

Corréard.

QUARANTE-CINQUIÈME LEÇON

L'Europe de 1830 à 1848. — Les peuples contre les rois.

Sommaire. — Révolutions de Belgique, — de Pologne, — d'Italie, — d'Allemagne, — d'Autriche, — d'Espagne. — Situation de l'Europe en 1848.

Mais, à cette date, la révolution française de 1830 agita l'Europe entière. Partout les peuples cherchèrent à conquérir leur indépendance et se souvinrent des luttes passées.

Belgique. — Il n'y avait aucune idée, aucun intérêt commun entre la Belgique et la Hollande. La première était agricole et industrielle ; la deuxième commerçante ; la première était catholique, la deuxième protestante ; l'une parlait français ou flamand, l'autre hollandais ; l'une n'avait pas de dettes, l'autre en avait beaucoup. De plus, le roi des Pays-Bas, Hollandais de naissance, avait favorisé ses compatriotes, et les Belges ne possédaient ni une représentation suffisante à la Chambre des représentants, ni une part proportionnelle au budget.

Aussi, en 1830, à la sortie d'une représentation de la *Muette de Portici*, la jeunesse bruxelloise prit les armes. La France favorisa le mouvement, mais l'Europe tout entière envoya des délégués à Londres pour l'enrayer complètement. Néanmoins le Congrès belge proclama l'indépendance du nouveau royaume et offrit la couronne au duc de Nemours, fils de Louis-Philippe. Celui-ci l'ayant refusée, elle échut à un prince de la famille royale anglaise, le prince Léopold de Saxe-Cobourg-Gotha. Cette élection changea les dispositions de l'Angleterre, qui s'unit dès lors à la France pour défendre le jeune royaume de Belgique. Le roi de Hollande fut obligé, par le maréchal Gérard, de lever le siège d'Anvers, et, en 1839, de reconnaître l'indépendance du nouvel État.

Pologne. — La Pologne suivit le mouvement. Depuis longtemps le grand-duc Constantin était détesté de ses sujets. L'insurrection éclata en 1831. Les Polonais, sous la direction des dictateurs Klopicki, Radziwill, Czernicki, luttèrent avec vigueur contre les Russes, commandés par Diebitch, puis par Paskévitch. D'abord vainqueurs à Waver et à Ostrolenka, les Polonais furent vaincus à la deuxième bataille de Waver. Varsovie fut prise par les Russes. Les Polonais, abandonnés de tous, « parce que Dieu était trop haut et la France trop loin », furent obligés de se soumettre et l'insurrection fut complètement écrasée.

Une première tentative d'insurrection avait

échoué en 1830. L'Autriche se préparait à confisquer les territoires rebelles, lorsque la politique énergique de Casimir-Perier et l'occupation d'Ancône par les troupes françaises empêchèrent l'Autriche de réaliser ses projets.

Italie. — La répression des Autrichiens n'avait eu d'autre résultat que de préparer les Italiens à une nouvelle insurrection. Aussi de 1830 à 1848 l'Italie fut-elle le théâtre de combats sanglants.

En 1848, la Lombardie s'insurge avec Charles-Emmanuel, Venise avec Manin, Rome avec Mazzini, Armellini et Saffi. Le pape est obligé de se réfugier à Gaëte, le roi de Naples s'enfuit de ses États; Radetzky lui-même est d'abord battu. Mais les Autrichiens reprennent l'avantage à Novare et à Custozza, Venise ouvre ses portes; la France intervient contre la République Romaine, et l'indépendance italienne semble vaincue. Mais dix ans après, elle triomphait définitivement à la paix de Villafranca.

Allemagne. — En Allemagne, le mouvement d'indépendance de 1848 se compléta par un mouvement unitaire. Des troubles éclatèrent à Berlin et dans les grandes villes d'Allemagne. Un congrès se réunit à Francfort pour assurer l'unité de l'Allemagne. Mais il perdit bientôt tout prestige et fut dissous, un an plus tard, par des gendarmes wurtembergeois.

Autriche. — En Autriche, la révolution de 1848 amena à Vienne et à Budapest des troubles sérieux. Une insurrection hongroise, sous la direction du dictateur Kossuth et de Paul Nagy, faillit triompher. Mais les Hongrois furent trahis et n'obtinrent que la moitié des libertés réclamées.

Espagne. — En Espagne, les libéraux réclamaient de la régente Marie-Christine des concessions importantes pendant que les catholiques, partisans de don Carlos, se battaient au nord de l'Espagne contre les troupes royales. La reine triompha de ce double péril, grâce à Espartero, duc de la Victoire, qui, fier de ses succès, voulut s'emparer du pouvoir. Mais son administration fut déplorable et la régente rentra en Espagne avec sa fille Isabelle qui fut proclamée reine en 1843. Elle devait régner jusqu'en 1869. A cette époque, les maréchaux Prim et Serrano renversèrent son gouvernement et offrirent la couronne au prince de Hohenzollern. Sur son refus, ils proclamèrent Amédée de Savoie, qui lutta jusqu'en 1876 contre les carlistes et les républicains et se décida à abdiquer. A cette époque, le fils d'Isabelle, Alphonse XII, monta sur le trône. Il mourut jeune, et, depuis 1885, le trône appartient à son fils Alphonse XIII sous la régence de sa mère Marie.

Ainsi, en 1848, les peuples triomphent définitivement, et partout, sauf en Russie, le régime parlementaire l'emporte sur le pouvoir absolu.

QUESTIONNAIRE:

Quel fut l'effet produit par la révolution française de 1830 ? — Racontez la révolution de Belgique. — Quel fut le premier roi de Belgique? — Sur le refus de qui? — Qui défendit Anvers ? — Pourquoi la Pologne se révolta-t-elle ? — Quels furent les principaux chefs de l'insurrection? — Par qui les Russes étaient-ils commandés? — Citez quelques batailles. — Quel fut le résultat de cette insurrection ? — Que se passa-t-il en Italie de 1830 à 1848? — Parlez de Manin, — de Mazzini. — Où les Italiens se sont-ils battus? — Qui intervint contre la République Romaine? — Parlez du parlement de Francfort. — Que devint-il ? — Qu'est-ce que Kossuth? — Pourquoi les Hongrois se révoltèrent-ils ? — Comment furent-ils vaincus ? — Quel est le successeur de Ferdinand VII en Espagne? — Qu'est-ce que les carlistes ? — Parlez d'Espartero. — A quelle époque régna Isabelle? — Quel est l'état de l'Europe en 1848 ?

RÉCIT.

La Révolution romaine. — A Rome, Pie IX était livré à une profonde irrésolution. Au mois de mai, il avait confié le ministère des affaires étrangères à un laïque, Mamiani, proscrit depuis 1831. Puis il avait recouru aux lumières de Rossi, jurisconsulte éminent, patriote sincère, ancien ambassadeur français auprès du Saint-Siège et qui était resté à Rome après la révolution de Février. Le 15 novembre, avait lieu en grande pompe l'ouverture du parlement que Rossi avait convoqué et où il devait donner lecture de son programme. Comme le ministre traversait le vestibule pour se rendre à la séance, il tomba frappé d'un coup de poignard par un misérable qui disparut dans la foule. Troublé par ce crime et par l'agitation qui le suivit, Pie IX accorda tout ce qu'on lui demandait, le rappel de Mamiani, la Constituante italienne ; mais le 24 novembre, il quitta Rome en secret, dans la voiture du ministre de Bavière, et se réfugia à Gaëte, dans les États du roi Ferdinand II.

Le parlement envoya une députation à Pie IX pour le conjurer de revenir ; les députés ne furent pas même admis sur le territoire napolitain. Alors il organisa le suffrage universel et convoqua une Constituante. Le 4 février, cette Constituante se réunit, prononça la déchéance temporelle du pape et proclama la république. Un triumvirat composé de Mazzini, Armellini, Saffi, fut investi du pouvoir exécutif. La guerre était commencée.

Ducoudray.

QUARANTE-SIXIÈME LEÇON

Luttes pour l'unité. — La Prusse et l'Italie.

Sommaire. — *Prusse :* Sa politique. — Ses rois. — M. de Bismarck. — La question des duchés. — La guerre avec l'Au-

triche (1866), — avec la France (1870). — Établissement de l'empire d'Allemagne. — Sa situation actuelle.
Italie : Situation de l'Italie (1815). — Les *carbonari*. — Guerre de 1848. — Guerre de 1859. — Paix de Villafranca. — Soulèvement de l'Italie. — M. de Cavour et Garibaldi. — Guerre de 1866. — Situation actuelle.

Depuis longtemps déjà, la Prusse méditait de remplacer l'Autriche à la tête des petits États allemands et de reconstituer à son profit le Saint-Empire romain germanique.

Elle avait trahi ses secrets projets au congrès de Vienne en se faisant céder une partie de la Saxe et en encourageant les premières manifestations unitaires des étudiants et des universités, mais en réalité elle ne se mit sérieusement à l'œuvre qu'avec Frédéric-Guillaume IV et Guillaume Ier (1861). Déjà, en 1848, grâce au toast resté fameux de Frédéric-Guillaume : « A tous les peuples frères qui parlent allemand et qui bordent la Baltique et le Rhin, salut ! » la Prusse avait été considérée par l'Europe comme la puissance qui devait accomplir l'unité allemande. Il est vrai que, depuis, le roi avait refusé la couronne offerte par le parlement de Francfort (1849), mais simplement parce que ce parlement était complètement méprisé et que le moment ne paraissait pas favorable.

Mais la Prusse se mit courageusement à l'œuvre le jour où Frédéric-Guillaume eut trouvé M. de Bismarck comme diplomate et M. de Moltke comme général. Le plan de M. de Bismarck fut simple : vaincre le Danemark en trompant l'Autriche, vaincre l'Autriche en trompant la France, et vaincre la France en trompant l'Europe.

Les deux duchés allemands du Slesvig et du Holstein réclamaient leur annexion à l'empire d'Allemagne. La Prusse intervint en leur faveur contre le Danemark et força l'Autriche à la suivre dans la guerre entreprise. Le Danemark fut vaincu et les deux duchés furent confiés à l'administration de la Prusse et de l'Autriche. Des difficultés habilement ménagées mirent aux prises les deux puissances. M. de Bismarck endormit la France en lui promettant de vagues compensations en échange de sa neutralité et s'allia avec l'Italie qui poursuivait le même but que lui.

Ce fut un véritable coup de foudre pour l'Autriche, qui fut vaincue en trois semaines.

La bataille de **Sadowa**, en 1866, mit entre les mains de la Prusse toutes les forces de l'Allemagne et en fit une puissance militaire formidable ; elle s'annexa encore le royaume de Hanovre, la ville libre de Francfort-sur-le-Mein et le duché de Hesse-Cassel ; elle brisa la Confédération germanique, qui datait de 1815. La guerre de 1870, dans laquelle la France, surprise et désarmée, perdit en partie l'Alsace et la Lorraine, l'a rendue l'arbitre de l'Europe. Le 18 janvier 1871, le roi de Prusse Frédéric-Guillaume s'est fait proclamer empereur d'Allemagne dans le palais de Versailles. L'ancien empire germanique, détruit par Napoléon Ier, en 1806, a été rétabli au profit de la Prusse. Il se compose du royaume de Prusse, de l'Allemagne du Sud et de l'Alsace-Lorraine.

Depuis lors, l'Allemagne est soumise en apparence à la suprématie prussienne. Mais la lutte de Bismarck avec les catholiques a constitué dans l'empire un parti puissant et dangereux ; de leur côté, les socialistes, organisés d'une façon scientifique, poursuivent l'établissement d'un régime social qui amènera peut-être la destruction de l'empire ; les députés alsaciens, polonais, danois, annexés de force, continuent leur opposition énergique. Le vieux roi Guillaume est mort en pleine gloire, et son fils Frédéric III, sur lequel l'Europe libérale avait fondé des espérances, l'a suivi de près. M. de Moltke a disparu aussi, et M. de Bismarck donne actuellement au monde le spectacle d'un homme qui survit à son intelligence et à son triomphe. Le jeune roi Guillaume, ambitieux, d'un esprit inquiet et fantasque, ne paraît pas être le roi capable de faire face à tant de dangers.

L'empire d'Allemagne est le « colosse aux pieds d'argile » dont parle l'Ecriture, et le jour est prochain peut-être où les divers Etats allemands reprendront leur liberté d'agir, où les provinces annexées par la force reviendront à leur patrie d'adoption.

Italie. — La domination française fut un bienfait pour l'Italie, dont elle fit momentanément l'unité. Néanmoins les Italiens n'aimaient pas les Français, parce qu'ils voyaient dans Napoléon un maître étranger et le persécuteur du pape ; ils se réjouirent de sa chute, mais leur sort n'en devint que plus mauvais. Le congrès de Vienne rétablit comme il suit la division politique de la péninsule : royaume des Deux-Siciles ; Etats de l'Église ; royaume de Sardaigne et de Piémont, augmenté de Gênes et de son territoire ; principauté de Monaco ; royaume Lombard-Vénitien, donné à l'Autriche ; duchés de Modène et de Toscane, donnés à des princes autrichiens de la branche cadette.

L'Autriche, restée à peu près maîtresse de l'Italie, l'écrasa sous son despotisme et réprima avec la dernière rigueur la moindre manifestation des sentiments libéraux. Cependant des écrivains courageux osèrent braver la prison et même la mort pour protester contre l'odieux régime imposé à leurs compatriotes. **Silvio Pellico** est resté, à cause de ses souffrances dans la prison du Spielberg (Moravie) et du récit qu'il en a fait dans un livre intitulé *Mes prisons*, le plus populaire parmi les glorieux martyrs de la liberté de l'Italie à cette époque (1820-1843). De nombreuses sociétés secrètes (les *carbonari*) se formèrent, des insurrections éclatèrent à diverses reprises, et en 1848 elles mirent un instant en péril la domination autrichienne.

Guerre de l'indépendance. — Il y eut d'un bout à l'autre de la péninsule une véritable explosion du sentiment national, à la nouvelle de la révolution du 24 Février à Paris, et de l'insurrection du 18 Mars à Berlin et à Vienne. La Sicile, Naples, Rome, Florence, Milan, Venise, où l'illustre **Manin** fut nommé dictateur, s'insurgèrent. Le roi de Piémont, le valeureux **Charles-Albert**, prit la direction du mouvement ; il appela à lui toutes les forces libérales de l'Italie et proclama hardiment la **guerre de l'Indépendance** ; mais, plus courageux et chevaleresque que grand général et grand politique, mal secondé d'ailleurs par ceux qui redoutaient les impatiences du parti républicain, il perdit, en 1848 et en 1849, les batailles de **Custozza** et de **Novare** et fut forcé d'abdiquer. Il se retira en Portugal et y mourut en 1849. Son fils et successeur Victor-Emmanuel maintint avec fermeté en Piémont le drapeau libéral. La France ramena dans Rome le pape Pie IX, d'où ses sujets l'avaient chassé, et l'Autriche continua de régner en maîtresse à Milan et à Venise.

Guerre d'Italie (1859). — L'Italie gémit dix ans encore sous le joug de l'Autriche et de quelques princes despotes. Le petit royaume de Piémont, seul, vivait libre sous un roi populaire et restait, dans la péninsule, le porte-drapeau de l'indépendance. Un grand ministre, le comte de Cavour, en dirigeait la politique. Sentant son pays menacé par sa redoutable voisine, Cavour s'était appliqué, dès 1855, à s'assurer le concours de la France; il avait à cet effet envoyé un corps de 15 000 Sardes soutenir en Crimée l'effort que nous y dirigions contre la Russie, de concert avec l'Angleterre et la Turquie, et en outre négocié le mariage de la princesse Clotilde, fille de Victor-Emmanuel, avec le prince Napoléon.

En 1859, la guerre éclata. L'Autriche, ayant en vain sommé le Piémont de désarmer, franchit le Tessin. Napoléon III, lié par sa promesse et ayant d'ailleurs intérêt à ne pas permettre à l'Autriche de s'établir jusqu'au pied des Alpes, courut au secours du Piémont. Le combat de *Montebello*, où le général Forey repoussait les Autrichiens, fut le prélude de la victoire de Mac-Mahon à **Magenta** (4 juin), complétée, huit jours après, par celle de *Marignan*. La meurtrière bataille de Solferino (24 juin), où les Autrichiens, encore vaincus, eurent 26 000 tués, termina les hostilités.

Paix de Villafranca (**12 juillet**). — Le programme que s'était tracé Napoléon III en tirant l'épée, n'était pas entièrement rempli; mais la Prusse menaçait d'envoyer une armée sur le Rhin, et les catholiques de Rome s'agitaient, soutenus par l'impératrice. L'empereur craignit, s'il poussait plus loin ses avantages contre l'Autriche, de provoquer une guerre générale; il s'arrêta et accepta les propositions de paix que lui fit faire

François-Joseph. Les deux empereurs se rencontrèrent le 11 juillet au village de **Villafranca**, ils s'y mirent d'accord à la première entrevue. Le 10 novembre suivant, le traité de **Zurich** confirma les préliminaires de Villafranca, par lesquels François-Joseph avait fait cession de la Lombardie au Piémont. L'année suivante, Victor-Emmanuel nous abandonna Nice et la Savoie pour prix de notre concours.

Soulèvement de l'Italie. — La défaite de l'Autriche entraîna la chute des princes italiens placés sous sa souveraineté. Ceux de *Modène*, de *Parme*, de *Toscane* furent chassés de leurs États par leurs peuples soulevés; les *Romagnes* échappèrent au pape; **Garibaldi** conquit le royaume de Naples avec quelques milliers de volontaires. L'Italie tout entière se rangea sous la glorieuse bannière de la maison de Savoie et vit, grâce à la France, son unité reconstituée, après avoir été pendant des siècles, par suite du morcellement de son territoire et de ses rivalités intestines, le champ de bataille de l'Europe et souvent le prix de la victoire. Le roi **Victor-Emmanuel**, proclamé **roi d'Italie**, établit provisoirement sa capitale à *Florence* (1860). Quelques années plus tard, au moment où éclata la guerre franco-allemande, il la transporta à **Rome**, au siège même de la papauté, qui vit disparaître ce dernier lambeau de son pouvoir temporel. En 1866, dans la guerre austro-prussienne, il avait obtenu la Vénétie, en s'alliant à la Prusse. En 1870, il porta sa capitale de Florence à Rome.

Depuis cette époque, l'Italie, humiliée d'être la plus petite des grandes puissances, a voulu faire grand. Mais son adhésion à la Triple Alliance lui a coûté son commerce et une augmentation effroyable d'impôts, pour faire face aux dépenses militaires; sa politique coloniale l'a conduite vers les roches brûlées de la mer Rouge et lui a procuré la honte d'une défaite par les nègres d'Abyssinie; sa rupture avec la France a achevé la ruine. Les ministres Depretis, Crispi, di Rudini et Giolitti ont dû lutter contre une situation extrêmement grave dont il est difficile à l'heure actuelle d'apprécier toutes les conséquences.

QUESTIONNAIRE.

Comment l'Italie fut-elle divisée en 1815? — Qu'est-ce que Silvio Pellico? — les *carbonari*? — Parlez de la guerre de 1848. — Qu'est-ce que Manin? — Où les Italiens furent-ils vaincus? — Racontez la guerre d'Italie. — Citez les principales victoires des Français. — Où la paix fut-elle signée? — Parlez de Garibaldi. — Où la capitale de l'Italie fut-elle transportée en 1860? — en 1870? — Qu'est-ce que la guerre de 1866? — Qu'obtint l'Italie? — Que savez-vous de la situation actuelle de l'Italie?

RÉCITS.

Cavour. — Camille Benso, comte de Cavour, né à Turin en 1809, fut militaire pendant quelque temps, puis alla étudier sur place, à Londres et à Paris, les institutions constitutionnelles des États de l'Occident. Revenu dans sa patrie, il créa, de concert avec le comte Balbo, le journal *il Risorgimento* et fit une active propagande pour préparer l'unité italienne. Élu à la Chambre des députés de Turin (1849), il devint successivement ministre de l'agriculture et du commerce (1850), ministre des finances (1851), et président du conseil (1854). Il vendit les biens de mainmorte et ouvrit aux laïques l'enseignement, jusque-là exclusivement réservé au clergé. Il réforma toutes les parties de l'administration, finances, travaux publics, et donna une solide organisation à la petite armée piémontaise. Il mourut en 1861.

Garibaldi. — Garibaldi était né à Nice en 1807. A peine arrivé à l'âge d'homme, il prit une part considérable aux conspirations des carbonari et consacra son existence entière à la réalisation de deux idées : l'unité italienne et la liberté. Pendant la révolution romaine, il prit le commandement de l'armée des triumvirs (1849) et ce fut lui qui lutta contre l'armée française envoyée par le prince président. Après la défaite de son parti, il passa quelque temps à l'étranger, puis dans l'île de Caprera où il avait fixé sa résidence. Mais en 1860 il sortit de la retraite, attaqua la Sicile avec un millier de volontaires, gagna la fameuse bataille de Marsala, entra victorieux dans Naples et en chassa le roi. Il refusa le titre de dictateur que lui offrait la population enthousiaste et appela Victor-Emmanuel, qui fit une entrée solennelle à Naples.

Mais rien n'était fait pour Garibaldi tant que Rome resterait dans les mains de la papauté. Une première expédition avait échoué et Garibaldi avait été battu à Castelfidardo. Il reprit brusquement l'offensive en 1867 et marcha sur la Ville Éternelle. Il se heurta aux deux divisions françaises commandées par le général de Failly et fut vaincu à Mentana.

Il retourna alors solitaire dans son île, mais, en 1870, indigné de ce que Victor-Emmanuel avait oublié Solférino, il vint, lui qui aurait pu se souvenir de Mentana, mettre son épée au service de la France. Vainqueur à Dijon, il fut entraîné dans la retraite de Bourbaki, et ne put nous rendre la victoire qui avait fui nos drapeaux. Il fut élu député à l'Assemblée de Bordeaux par plusieurs départements, mais la majorité royaliste refusa de l'admettre ; il quitta la France et se retira pour la dernière fois dans son île, où il mourut en 1882. Ses compatriotes lui ont élevé deux monuments, à Gênes et à Nice.

M. de Bismarck. — M. de Bismarck était, au moment où se réunit le parlement de Francfort, ministre du roi de Prusse. Il avait été auparavant ministre plénipotentiaire en Saxe, et, dans les années qui suivirent, ambassadeur en Russie, puis en France. Doué d'une grande sagesse politique, très actif et très énergique, en même temps dépourvu de tout scrupule pour arriver à son but, M. de Bismarck brava l'impopularité et la malveillance de ses collègues. Les attaques dont il était l'objet de la part des députés lui étaient indifférentes ; il était tourné tout entier du côté de l'extérieur. Le moment lui paraissait venu de rompre, au profit de la Prusse, le vieil édifice de 1815. Pour cela il fallait beaucoup de soldats et beaucoup d'argent. Il fit donc ses préparatifs et réussit à tromper tout le monde en disant à l'Europe : « J'arme contre la révolution intérieure », et à la Prusse : « J'arme contre l'Europe ».

On connaît son rôle dans la question des duchés et dans la guerre d'Autriche. Il assista lui-même à la bataille de Sadowa, en costume de cuirassier blanc. A partir de l'Exposition de 1867, qui lui avait permis de constater la profonde désorganisation morale et matérielle de la France, il désira ardemment la guerre avec nous. Comme les concessions du roi lui faisaient craindre la continuation de la paix, il n'hésita pas à falsifier les dépêches diplomatiques pour rejeter sur la France tout l'odieux d'une agression. On sait la lamentable conclusion de cette guerre, qui se termina par la paix de Francfort, négociée presque entièrement par M. de Bismarck.

A partir de ce moment, Bismarck fut un des dieux de l'Allemagne patriote. Son ascendant dura tant que vécut l'empereur Guillaume. Mais son petit-fils Guillaume II a cassé aux gages M. de Bismarck comme un serviteur infidèle, et celui-ci achève de vieillir déshonorant sa vieillesse par des révélations cyniques et le regret avilissant du pouvoir perdu.

M. de Moltke. — M. de Moltke naquit en Danemark, mais il se fit naturaliser Prussien et obtint le grade de major. Il quitta quelque temps l'armée de Berlin pour aller servir sous les ordres du sultan. Revenu en Prusse, il acquit rapidement le titre de général et n'hésita pas à servir, pendant la guerre des duchés, sa patrie d'adoption contre sa patrie d'origine. Mais c'est dans la campagne d'Autriche qu'il révéla surtout son génie militaire. La bataille de Sadowa fut son œuvre, et après la signature de la paix il fut appelé au poste de chef d'état-major général de l'armée prussienne.

Il s'y affirma comme un organisateur de premier ordre. Il fit de son armée la première du monde comme discipline, comme armement et comme nombre. Il fut un de ceux qui poussèrent activement à la guerre de 1870, dont il devait retirer de si grands honneurs. Plus cruel et plus exigeant que Bismarck, c'est à son intervention personnelle que l'on doit les conditions les plus humiliantes de la paix de Francfort. Il conserva le titre honoraire de chef d'état-major général et mourut en 1890, à l'âge de 92 ans.

QUARANTE-SEPTIÈME LEÇON

L'Angleterre au XIX° siècle.

Sommaire. — George IV. — Les conquêtes coloniales. — Lord Castlereagh et lord Canning. — L'Irlande et O'Connell. — Guillaume IV: la réforme électorale. — Victoria. — Le libre-échange. — Les Fenians. — Lord Salisbury. — M. Gladstone.

George IV (1820-1830), fils de George III. — Depuis le commencement de ce siècle, l'Angleterre n'a pas cessé de poursuivre le développement de sa puissance coloniale. A ses immenses possessions dans les diverses parties du monde, notamment dans l'Inde, où de 1813 à 1826 elle s'est accrue de tout l'Hindoustan et d'une partie de la Birmanie, et de 1838 à 1849 de tout le Pendjab (pays des Cinq Rivières), dont la capitale est Lahore, elle a ajouté, de 1800 à 1815 : en Asie, l'île de *Sainte-Lucie*; en Océanie, la *Tasmanie*; en Afrique, la Colonie du *Cap*, l'île *Maurice* et l'île de l'*Ascension*; en Europe, l'île de *Malte*.

Sous le règne de George IV a été commencée, en 1828, et puis continuée la conquête de l'*Australie*. Sont venues ensuite successivement celles : 1° d'*Aden* (1839), au sud de l'Arabie; 2° de l'île de *Périm*, dans le détroit de Bab-el-Mandeb; 3° de l'île de *Hong-Kong*, en Chine, pendant la guerre de l'opium[1], en 1843; 4° de la *Nouvelle-Zélande* et

---

1. Suc d'une plante du genre pavot, que les Chinois fument avec passion et qui produit des effets déplorables sur l'intelligence. Pour ce motif et afin d'empêcher le numéraire chinois de s'écouler dans l'Inde anglaise, le gouvernement du Céleste-Empire voulait empêcher l'importation de ce narcotique.

des îles *Fidji*, en Océanie ; 5° du *Transvaal*, de la côte de *Natal*, au sud de l'Afrique, et de l'île de *Lagos*, dans la Guinée supérieure ; 6° de la *Colombie anglaise*, au nord des États-Unis, qui fait partie du *Dominion*.

Débauché et despote, ennemi de la révolution française, George IV rechercha l'alliance des gouvernements absolus du continent. A l'intérieur, ses tendances aristocratiques le firent détester. Son principal ministre, lord **Castlereagh**, qui le dirigeait, partagea son impopularité et se donna la mort la veille du congrès de Vérone.

Castlereagh avait été au pouvoir le représentant des tories et l'ennemi de la France ; son successeur, lord **Canning**, du parti whig, suivit une politique beaucoup plus libérale. Il défendit au congrès de Vérone la politique de non-intervention, se montra opposé à l'expédition d'Espagne par la France, soutint, en 1827, les libéraux en Portugal et s'associa à l'action de la France et de la Russie pour assurer l'indépendance de la Grèce (1829). A l'intérieur il abrogea l'acte de Navigation de Cromwell et opéra des réformes économiques qui marquèrent un premier pas vers le libre-échange.

Lord Canning mourut en 1827 et fut remplacé par le duc de **Wellington**. Avec celui-ci, le gouvernement anglais repassa au parti aristocratique. Néanmoins Wellington fit accepter par les lords, en 1829, le *bill d'Émancipation des catholiques* de l'Irlande, voté quatre fois par la Chambre des communes, mais toujours repoussé par la Chambre des lords. Ce bill rendait électeurs et éligibles les Irlandais qui payaient un cens assez élevé. Cette réforme, encore très incomplète, puisque les paysans restaient exclus du vote, fut préparée par

O'Connell, qui se fit l'avocat des droits de ses compatriotes. Le puissant tribun ne réussit pas à faire rendre à l'Irlande son parlement, supprimé depuis 1806.

Guillaume IV (1830-1837). — Le nouveau roi était le frère du précédent. Il rappela aux affaires le parti whig. Lord **Grey** fut premier ministre. Sous son administration, qui dura jusqu'en 1834, le parlement anglais accomplit une première réforme électorale. Telles localités, très peuplées au moyen âge et réduites maintenant à des bourgs en ruine, qu'on appelait **bourgs pourris**, nommaient toujours le même nombre de députés, tandis que de grandes villes, comme Manchester, n'étaient pas représentées. Sur 658 députés à la Chambre des communes, 157 étaient élus par environ 80 électeurs, et il y en avait à peu près 5000 pour toute la Chambre. Après l'adoption du bill de Réforme, il y eut dans tout le Royaume-Uni environ 500 000 électeurs. Soixante bourgs pourris ne nommèrent plus de députés, et un certain nombre de grandes villes jouirent pour la première fois du droit de se faire représenter au parlement. Un autre progrès qui fit honneur à Guillaume IV fut l'abolition de l'esclavage dans les colonies anglaises.

Victoria (1837-....). — Guillaume IV fut remplacé sur le trône par Victoria, quatrième fille de George III. Le Hanovre, où la loi constitutionnelle repoussait la succession des femmes, cessa de faire partie de l'Angleterre et fut donné au duc de Cumberland, oncle de la reine.

Depuis le commencement de ce règne, encore inachevé, l'Angleterre a soutenu, de concert avec la France, de 1853 à 1856, une guerre contre la Russie, qui menaçait de s'emparer de Constantinople.

Elle a triomphé, en 1857 et 1858, dans l'Inde, de la révolte des cipayes (soldats indigènes), conduits par **Nana Sahib**, resté célèbre par ses cruautés, et qui faillit faire perdre à l'Angleterre sa plus belle colonie. Aussitôt que l'insurrection eut été réprimée, le gouvernement anglais supprima la Compagnie des Indes et s'empara de l'administration de la colonie. La reine Victoria prit le nom d'**impératrice des Indes**.

L'Angleterre et la France ont pris Pékin, en 1860, pour rappeler la Chine au respect des traités.

Les Anglais ont détruit, en 1867, l'association des **Fenians**, formée au Canada et aux États-Unis par des émigrés irlandais pour arracher leur patrie à son malheureux sort, en faire une république et obtenir pour leurs compatriotes le droit d'acquérir. C'est depuis lors que **M. Gladstone** a pris en mains à la Chambre des communes la cause de la malheureuse île.

En 1867, un nouveau **bill de Réforme électorale**, proposé par M. Gladstone, chef des libéraux, a été adopté; il a porté à un million et demi le nombre des électeurs anglais.

De 1841 à 1846, le ministre protectionniste **Robert Peel**, entraîné par l'éloquence et la logique de **Richard Cobden**, entra résolument dans la voie des réformes économiques, où l'avait précédé lord Canning, et prépara l'Angleterre aux traités de *libre-échange* qu'elle conclut avec la France, en 1860.

La prospérité industrielle et commerciale de la nation anglaise ne cesse de s'accroître; mais les questions sociales, dans ce pays comme dans les autres, agitent le pays et préoccupent le gouvernement. Il est probable que les efforts des classes ouvrières pour arriver à la vie politique, et ceux de l'Irlande pour s'arracher à sa triste condition, finiront par triompher et par modifier profondément la vieille constitution anglaise dans un sens démocratique. Un grand pas a été fait dans ce sens. Le 6 décembre 1884, le parlement a adopté, sous la pression de l'opinion publique, un troisième bill de Réforme, qui augmente de deux millions le nombre des électeurs anglais.

Après le ministère conservateur de lord Salisbury qui maintint énergiquement l'occupation illégale de l'Egypte par les soldats de la Grande-Bretagne, lutta contre les Irlandais unis jusqu'en 1887 autour de Parnell, et se montra favorable à la Triple Alliance, M. Gladstone a obtenu de nouveau la majorité dans le parlement, grâce aux élections de 1892. Il est actuellement premier ministre.

QUESTIONNAIRE.

Quelles furent les acquisitions coloniales de l'Angleterre au commencement du siècle? — Quel était le caractère de George IV? — Nommez son premier ministre. — Par qui Castlereagh fut-il remplacé? — Quelle fut la politique de Canning? — Que savez-vous de O'Connell? — Parlez de l'Irlande. — En quelle année Victoria monta-t-elle sur le trône? — Qu'est-ce que Richard Cobden? — Parlez de M. Gladstone.

RÉCIT.

O'Connell. — Émancipation des Irlandais (1830). — C'était un catholique irlandais, Daniel O'Connell, qui devait émanciper ses concitoyens. Le grand agitateur avait commencé depuis plusieurs années déjà sa brillante carrière. Homme intelligent et actif, orateur passionné, il soulevait par son éloquence imagée l'enthousiasme de ses compatriotes. De village en village, de ville en ville, on le voyait, descendant dans les cabanes, parlant sur les places publiques ou au milieu des champs, aux catholiques rassemblés autour de lui dans d'immenses meetings, de liberté, d'égalité, de droit, de justice, d'émancipation. Sans se laisser rebuter par les obstacles, il fonda l'*Association catholique* en 1823. Dès lors, chaque Irlandais donna deux sous tous les mois afin que la cause de l'indépendance pût avoir une caisse et des revenus. Traduit plusieurs fois en justice comme perturbateur, il fut toujours acquitté. En 1826, il fut élu membre du parlement, mais refusa de prêter le serment du test (contre la transsubstantiation) et ne put siéger. Tout le parti libéral en Angleterre favorisa bientôt O'Connell de ses vœux. Quatre fois adopté par la Chambre des communes, un bill pour l'émancipation des catholiques avait été quatre fois rejeté par la Chambre haute (1821, 1824, 1825, 1827). Le ministre Wellington était contraire à la réforme.

Mais l'agitation sans cesse croissante de l'Irlande effraya le gouvernement; on ne pouvait, sans un grand péril, prolonger davantage la résistance. Lord Wellington et sir Robert Peel proposèrent eux-mêmes le bill d'émancipation aux deux Chambres. Il fut adopté par les Communes le 30 mars, par les Lords le 10 avril 1829. Dès lors, les catholiques devinrent citoyens; ils furent électeurs et éligibles, à condition de prêter serment de fidélité au roi et de promettre qu'ils s'abstiendraient de toute tentative hostile contre l'Église anglicane. Un an après ce grand acte de réparation et de justice, le roi George IV mourut, laissant la couronne à son frère Guillaume IV (26 juin 1830).

D'après Maréchal.

QUARANTE-HUITIÈME LEÇON

L'Autriche et la Russie au XIXe siècle.

Sommaire. — *Autriche :* La situation de l'Autriche. — Metternich. — Ferdinand Ier. — François-Joseph. — Insurrection hongroise. — Kossuth. — Décadence de l'Autriche.
Russie : Alexandre Ier. — Nicolas Ier. — Alexandre II. — Les

Russes en Perse. — Les Russes en Asie. — Progrès des Russes en Asie.

L'empereur d'Autriche, qui avait donné sa fille en mariage à Napoléon, en 1810, s'allia avec lui contre la Russie et entra le dernier (12 août 1813) dans la sixième coalition contre la France. Les traités de 1815 firent rentrer l'Autriche en possession de presque toutes les provinces qu'elle avait perdues successivement depuis la paix de Campo-Formio. Si elle ne recouvra pas la Belgique, elle se fit restituer la Galicie, les provinces Illyriennes, le Tyrol et donner le royaume Lombard-Vénitien. L'accroissement territorial qu'elle reçut dans la Haute-Italie la dédommagea de la perte de la Belgique, qui forma avec la Hollande le royaume des Pays-Bas. Le congrès de Vienne ne reconstitua pas l'empire germanique, mais il fit des États de l'Allemagne, sous le nom de **Confédération germanique**, un État fédératif, dans lequel l'Autriche et la Prusse eurent une place prépondérante.

Depuis 1815 jusqu'à sa mort, François Ier fit peser sur ses sujets un rigoureux despotisme. Le prince de **Metternich**, chancelier de l'empire, inspirateur et directeur de cette politique de tyrannie, s'appliqua à empêcher entre les diverses nationalités de la monarchie tout rapprochement et toute entente qui auraient pu devenir un danger pour le gouvernement; il refusa de faire aucune concession aux idées libérales et s'efforça de maintenir la Sainte-Alliance, avec la Prusse et la Russie.

Ferdinand II (1835-1848). — M. de Metternich continua, sous le fils de François Ier, de diriger les affaires de l'Autriche ; sa politique étroite et oppressive fit éclater à Vienne, en 1848, des troubles qui décidèrent Ferdinand à abdiquer en faveur de son neveu François-Joseph. Il avait, en 1846, réuni la république de Cracovie à l'Autriche. La chute de Ferdinand entraîna celle de Metternich, qui fut obligé de prendre la fuite, tant il s'était rendu impopulaire ; il se retira en Angleterre et rentra à Vienne en 1851, après le triomphe de la contre-révolution.

François-Joseph (1848-...). — Les sentiments libéraux, si longtemps contenus par M. de Metternich, éclatèrent à Vienne le 13 février 1848. La population prit les armes, et Ferdinand se vit forcé de donner à ses sujets une constitution qui supprimait dans ses États le régime féodal et le gouvernement absolu.

Mais, parallèlement au mouvement qui mit fin à l'ancien régime en Autriche, il y eut un mouvement de races, qui faillit détruire la monarchie autrichienne. Au congrès de Prague, les délégués proclamèrent l'union de tous les peuples slaves de l'empire ; le gouvernement dut engager une lutte sanglante pour rétablir son autorité dans la capitale de la Bohême.

La pacification fut plus difficile en Hongrie, où la Diète, présidée par **Kossuth**, refusa de reconnaître François-Joseph. Elle leva des troupes, qui défirent les généraux autrichiens dans plusieurs rencontres, proclama la république Hongro-Transylvanienne et en donna la présidence provisoire à Kossuth (1849). L'intervention du tsar Nicolas, qui craignait un soulèvement dans la Pologne russe, vint encore assurer le triomphe de l'absolutisme en Autriche. Les Hongrois furent défaits à la bataille décisive de *Temesvar*, et François-Joseph, maître de la révolution, grâce au concours de cent mille baïonnettes russes, supprima la constitution de 1848.

En 1859 l'Autriche perdit dans sa guerre contre la France et le Piémont toute l'Italie, sauf la Vénétie. Cette dernière province lui fut enlevée en 1866, après la bataille de *Sadowa*. La Prusse, dans cette mémorable journée, anéantit l'influence de sa rivale en Allemagne; la Confédération germanique fut détruite et l'union germanique réalisée au profit de la Prusse. L'Autriche, exclue de l'Allemagne, devint un gouvernement constitutionnel et entra dans une période de recueillement. La Hongrie, après bien des efforts infructueux, obtint son autonomie; l'empereur François-Joseph est demeuré roi de Hongrie; mais ce pays a maintenant sa constitution, son parlement et son budget particuliers.

Aujourd'hui l'Autriche, oublieuse de son passé et de son avenir, a adhéré à la Triple Alliance et sert en servante docile la politique envahissante du peuple qui la vainquit et l'amoindrit à Sadowa.

Russie. — Alexandre Ier (1801-1825), fils de Paul Ier, fut un des souverains les plus remarquables de son temps et le plus redoutable adversaire de Napoléon; il fit entrer définitivement la Russie dans la civilisation européenne.

Jamais encore, avant Alexandre, la Russie n'avait joui d'autant d'influence en Europe. Les brillantes qualités du premier consul séduisirent et attirèrent cet esprit distingué et ouvert, qui signa, après la paix d'Amiens, un traité d'amitié avec la République française. L'ambition de Napoléon devenu empereur le jeta dans les premières coalitions. A Tilsit, les deux empereurs se jurèrent une amitié éternelle; Alexandre adhéra au blocus continental; pour être agréable à Napoléon, il déclara la guerre à la Suède, qui avait refusé de s'y associer, et lui enleva la Finlande (1809).

Après la fatale expédition de 1812, Alexandre souleva tous les souverains de l'Europe contre la France. Il vint à Paris en 1814 et en 1815, il exerça une grande autorité sur le congrès de Vienne, et abandonnant les idées libérales de sa jeunesse, il conçut le plan de la **Sainte-Alliance** pour combattre en Europe les aspirations démocratiques et protéger le sentiment religieux, dont il était très pénétré lui-même. Au congrès de Vienne il se fit donner la Pologne : trois ans auparavant il avait imposé à la Turquie le traité de Bucarest. Il mourut de la fièvre à Taganrog.

Nicolas Ier (1825-1855) était le frère d'Alexandre et le troisième fils de Paul Ier. Son règne a été fatal à la Turquie, à laquelle Nicolas imposa, en 1826, pour limite du côté de la Russie le Pruth jusqu'à son embouchure avec le Danube, et la rive gauche de ce fleuve jusqu'à la mer Noire. L'insurrection polonaise de 1830, qui eut son centre à Varsovie, où le grand-duc Constantin gouvernait, fut réprimée avec cruauté, en 1832, par le feld-maréchal Paskévitch. La malheureuse Pologne devint une simple province russe. En 1853, à la suite d'une querelle survenue en Syrie entre les chrétiens du rite grec et ceux du rite latin, Nicolas crut que la dernière heure de l'empire ottoman avait sonné et il en proposa le partage à l'Angleterre. Celle-ci n'accepta pas le marché que lui proposait le tsar; elle s'unit contre lui à la France et à la Turquie, et la guerre de

Crimée éclata (1854). Nicolas mourut dans le cours de cette guerre, qui fut contraire à ses armes. Son fils **Alexandre II** lui succéda en 1855. Le plus grand acte de son règne a été l'émancipation de 23 millions de paysans russes, restés courbés jusqu'à lui sous le joug dégradant du servage. Ce prince réunit la Circassie à la Russie.

En 1878, dans leur dernière grande guerre contre les Turcs, les Russes ont reculé leur frontière transcaucasienne jusqu'à l'Araxe, englobant le port de *Batoum*, sur la mer Noire, et les villes fortes de Kars et d'Érivan.

Progrès des Russes en Asie. — Si les Russes s'approchent peu à peu de Constantinople, ils s'avancent aussi vers le centre de l'Asie. Par le Turkestan, qu'ils ont conquis il y a une vingtaine d'années, ils menacent l'Inde anglaise; par la Sibérie, ils ont empiété sur le territoire chinois jusqu'au fleuve Amour, et leur voisinage n'est pas sans donner des inquiétudes à l'Empire du Milieu.

La Russie a été troublée dans les dernières années par les conspirations nihilistes. Plusieurs complots se formèrent contre le tsar, et l'un d'eux coûta la vie au tsar lui-même en 1881. Depuis cette époque, et malgré quelques assassinats politiques, la Russie, plus tranquille, s'occupe d'organiser son industrie et de combattre la famine. La haine que le tsar actuel Alexandre III nourrit pour la Prusse a rapproché la Russie de la France. Cette entente cordiale contre un ennemi commun a été rendue évidente par les deux entrevues de Cronstadt et de Lunéville. Désormais la France n'est plus isolée en face de la Triple Alliance.

QUESTIONNAIRE.

Qu'est-ce que Metternich ? — Quel fut le rôle de l'Autriche en 1815 ? — Qui régna de 1835 à 1848 ? — Quelle fut la république annexée à l'Autriche en 1846 ? — Quel est le nom du souverain actuel ? — Qu'est-ce que Kossuth ? — Parlez de l'insurrection de Bohême. — Par qui l'Autriche fut-elle vaincue en 1859 ? — en 1866 ? — Quel est l'état actuel de l'Autriche ? — Que savez-vous d'Alexandre Ier ? — de Nicolas Ier ? — Qu'est-ce que l'insurrection de 1830 ? — la guerre de 1853 ? — En quelle année Alexandre II monta-t-il sur le trône ? — Quelle fut sa principale réforme ? — Parlez des progrès des Russes en Asie. — Quel est l'état actuel de la Russie ?

RÉCIT.

Kossuth. — Louis Kossuth naquit en 1802, dans un village du comitat de Zemplin, au bord de la Theiss. Il entra en 1830 dans l'assemblée de ce comitat, après avoir fait ses études à l'université de Pest, et avoir été reçu avocat. Il fit voter à dix-sept comitats des résolutions en faveur du rétablissement de la Pologne, en 1831. L'année suivante, il fut nommé député suppléant à la seconde Chambre de la Diète. Les lettres publiques envoyées par lui à ses commettants excitèrent les défiances de l'Autriche ; il fut mis en prison à Buda, où il resta quatre ans (1837-1840). En 1841 il se fit directeur du *Pesti-Hirlap* ; en 1847 il fut nommé député de Pest à la Diète, et devint alors le chef de l'opposition.

Le 15 mars 1848, l'empereur, comprenant qu'il était urgent de faire des concessions aux Magyars, choisit Kossuth comme ministre. Mais cette mesure était insuffisante, la révolution n'en éclata pas moins et Kossuth fut nommé président du comité de défense qui se proclama en permanence. La Chambre décida, sur sa proposition, que « tous les Hongrois habitant l'étranger étaient tenus de revenir dans leur pays ». Chacun accourut à cet appel ; l'armée fut organisée et la guerre commença. Kossuth, nommé gouverneur, fit déclarer « la patrie en danger ». Mais les Russes intervinrent contre les révoltés, et malgré les efforts désespérés de Kossuth, le nombre l'emporta. La trahison amena la défaite des derniers bataillons, et Kossuth dut déposer les armes. Il vit encore aujourd'hui, âgé de quatre-vingt-dix ans, n'ayant rien abandonné de ses espérances et attendant l'heure où la Hongrie de nouveau soulevée conquerra son indépendance.

QUARANTE-NEUVIÈME LEÇON

La question d'Orient au XIXe siècle.

Sommaire. — Réformes de Mahmoud. — Guerre de l'indépendance de la Grèce. — Paix d'Andrinople. — Affaires d'Égypte. — Méhémet-Ali. — Guerre de Crimée. — Guerre des Turcs et des Russes. — Congrès de Berlin. — Guerre Serbo-Bulgare. — État actuel de la Turquie.

Mahmoud II (1809-1839). — Mahmoud II a été le premier des sultans turcs qui ait essayé de faire pénétrer dans l'empire ottoman la civilisation européenne. Il eut des représentants auprès des gouvernements étrangers, fonda des écoles de haut enseignement et essaya d'opérer une sorte de fusion entre ses sujets d'origine et de croyance différentes. Il supprima la redoutable milice des janissaires, qui avait plus d'une fois renversé les sultans du trône.

Mais, malgré ses énergiques efforts, la Turquie était condamnée à une irrémédiable décadence. Constantinople était trop convoité par l'Angleterre et la Russie pour que la question d'Orient ne fût pas un problème brûlant que toutes les nations s'efforceraient de résoudre.

L'histoire de la Turquie et des pays orientaux au XIXe siècle peut se diviser en cinq périodes :
1° L'indépendance de la Grèce ;
2° L'Egypte et Méhémet-Ali ;
3° La guerre de Crimée ;
4° La guerre russo-turque (1877-78) ;
5° La guerre serbo-bulgare (1884-85).

Depuis longtemps, la Grèce, qui se souvenait de

son antique gloire, aspirait à son indépendance. Si les cultivateurs, flétris du nom de *giaours*, acceptaient leur servitude, il n'en était pas de même des klephtes ou palikares, habitants des montagnes, ou des marins qui naviguaient sur l'Archipel. Ce mouvement était secrètement encouragé par la

Russie et aussi par les sociétés secrètes (l'Hétairie amicale et les Philomuses).

Ali, de Tébélen, pacha de Janina, qui d'abord avait persécuté les Grecs et massacré les habitants de Souli et de Parga, se fit affilier à l'Hétairie amicale parce qu'il était menacé par le sultan. Cette adhésion inattendue fut le signal de la guerre. L'archevêque Germanos proclama l'indépendance à Épidaure, les Grecs s'armèrent et les volontaires européens (Fabvier, Byron, Santa Rosa) vinrent lutter à leurs côtés.

La guerre commença mal pour les partisans de la liberté. Les Turcs exécutèrent à Chio un immense massacre, ils pénétrèrent en Grèce et appelèrent à leur secours une flotte Egyptienne commandée par Ibrahim-pacha. Cette flotte assiégea Missolonghi et s'en empara, après une furieuse résistance. Malgré les efforts des amiraux grecs, Canaris et Miaoulis, les vaisseaux égyptiens furent partout vainqueurs.

C'est alors que l'Europe se décida à intervenir. Par le traité de Londres, l'Angleterre, la France, la Russie s'unirent et leurs vaisseaux vainquirent la flotte turque et égyptienne à la célèbre bataille de Navarin. La Turquie ainsi vaincue dut signer, en 1829, la paix d'Andrinople qui consacrait la liberté d'une partie de la Grèce. Le nouveau pays fut d'abord érigé en république jusqu'en 1832, époque à laquelle Othon Ier de Bavière fut proclamé roi de Grèce.

Affaires d'Egypte. — A peine la paix était-elle signée du côté de la Grèce, qu'un orage plus dangereux encore éclatait du côté de l'Egypte. Ce pays, enseveli depuis des siècles sous les sables du désert, venait d'être galvanisé par un ancien esclave albanais, Méhémet-Ali, qui s'était emparé du souverain pouvoir. Avec l'aide d'un Français nommé Febvre, il avait organisé une flotte, encouragé l'agriculture et l'industrie ; il avait ensuite attaqué ses voisins et conquis le Darfour, le Kordofan, l'Abyssinie et une partie de la Nubie. Il se dirigea ensuite vers la Syrie où se trouvaient des bois de construction pour ses navires, et méprisa la défense du sultan, son souverain nominal. Son fils Ibrahim-pacha battit même les troupes turques aux deux batailles de Konieh et de Nezib, en 1839.

Constantinople allait-elle succomber? L'Angleterre, la Russie et la Prusse s'entendirent aux conférences de Londres pour imposer à Méhémet-Ali leur volonté. La France, qui ne dissimulait pas ses sympathies pour Méhémet, fut tenue systématiquement à l'écart, et un conflit grave faillit mettre aux prises l'Angleterre et la France. Mais le ministère belliqueux de M. Thiers fut remplacé par le gouvernement pacifique de Guizot, et le traité de Londres força Méhémet à déposer les armes. Ce traité fut bientôt suivi de la *convention des Détroits* qui limitait les droits de chaque puissance dans la mer Noire.

Malgré ces pertes successives, l'empire ottoman continuait de se développer sur une vaste étendue. En Europe, il touchait au Danube et à l'Autriche; à l'ouest, à la mer Adriatique et à la mer Noire. Il comprenait, outre la presqu'île des Balkans, la Bosnie, la Roumélie, l'Albanie et l'Herzégovine. Ces provinces, auxquelles il fallait ajouter la Turquie d'Asie, auraient formé un ensemble redoutable, si la civilisation occidentale avait pu s'y acclimater.

Guerres de 1854 et de 1878. — Ces limites furent conservées à la Turquie après la guerre de Crimée, en 1854. Le traité de Paris (1856) maintint pour quelques années encore son indépendance et l'intégrité de son territoire.

La révolte de la Serbie et du Monténégro, en 1876, pour se soustraire à la suzeraineté du sultan, mit fatalement aux prises, un an plus tard, la Turquie et sa dangereuse rivale. Les Turcs, livrés à leurs propres forces, montrèrent dans cette guerre un courage digne d'une meilleure fortune. Il y eut entre eux et les Russes, en Asie et en Europe, une longue alternative de succès et de revers. Le siège de **Plevna** (Bulgarie), où l'héroïque **Osman-pacha** tint cinq mois en échec les armées russes, restera comme un des plus glorieux et des plus mémorables de ce siècle.

La chute de cette petite place fut pour la Turquie un désastre irrémédiable. Les vainqueurs franchirent les Balkans par la trouée de la Chipka, longtemps défendue, tandis qu'une de leurs armées arrivait à marches forcées sous les murs de Constantinople. Les Anglais sommèrent les Russes de s'arrêter. Le sultan, se sentant perdu, signa, aux portes mêmes de sa capitale, la paix de **San Stefano** (3 mars 1878) qui consommait presque entièrement la ruine de son empire.

Congrès de Berlin (juin-juillet 1878). — Le congrès de Berlin, réuni sous la présidence de M. de Bismarck, tout en adoucissant les conditions du traité de San Stefano, consacra le démembrement de la Turquie. Les plénipotentiaires limitèrent aux Balkans ses possessions en Europe; ils constituèrent la Bulgarie en principauté indépendante, moyennant un tribut annuel qu'elle payerait au sultan. La Roumélie Orientale obtint une administration distincte, confiée à des chrétiens. La Bosnie et l'Herzégovine furent livrées à l'Autriche; le Monténégro, agrandi, fut reconnu indépendant; la Serbie et la Roumanie cessèrent d'être tributaires. En Asie, la Sublime Porte cédait à la Russie : Batoum, Kars et leurs territoires. Comme compensation aux agrandissements de la Russie, l'Angleterre se faisait remettre dans la Méditerranée l'importante île de Chypre. La Grèce, de son côté, était agrandie, vers le nord, de toute l'ancienne Thessalie.

Telle fut, dans ses parties essentielles, l'œuvre du congrès de Berlin, qui réduisit en poussière le traité de 1856.

Cinquième période. — La Turquie était déjà bien amoindrie et bien diminuée ; mais ce n'était pas tout encore. La Roumanie fut érigée en royaume en 1881 ; la principauté de Monténégro fut reconnue indépendante et augmentée de Dulcigno ; la Roumélie conquit une sorte d'autonomie avec Alexandre de Battenberg ; enfin la Grèce fut agrandie de la Thessalie.

Mais, en 1885, la Roumélie se souleva à nouveau en réclamant son incorporation à la Bulgarie. Les Serbes voulurent s'opposer à cette annexion qui augmentait les forces de leurs voisins. Une guerre éclata. Après les batailles de Tsari Brod, Dragoman et Pirot, les Bulgares furent vainqueurs et la conférence de Constantinople consacra leur victoire.

Aujourd'hui tout est encore en question. M. de Moltke a pu dire avec raison que « l'Orient était un tas de copeaux auquel il ne manquait que l'allumette ». La question bulgare provoquera-t-elle l'incendie ? C'est ce que l'avenir nous apprendra ; mais la question d'Orient est une menace continuelle pour l'Europe, et quelle qu'en soit l'issue, la Turquie est désormais condamnée à mort.

QUESTIONNAIRE.

Comment peut-on diviser la question d'Orient ? — Qu'est-ce que l'indépendance de la Grèce ? — Où les Turcs furent-ils vainqueurs ? — Qui fut vainqueur à Missolonghi, à Navarin ? — Quelles furent les puissances coalisées contre la Turquie ? — Qu'est-ce que la paix d'Andrinople ? — Que dit-elle ? — Dites ce que vous savez de Méhémet-Ali, — d'Ibrahim-pacha. — Quelles furent les réformes accomplies par Méhémet-Ali ? — Où les Turcs furent-ils vaincus? — Qu'est-ce que le traité de Londres? — la convention des Détroits? — Parlez de la guerre turque de 1877. — Qui est-ce qui résista à Plevna? — Où les Russes passèrent-ils les Balkans? — Où fut signée la paix? — Qu'est-ce que le congrès de Berlin? — Quelles ont été les modifications de la Turquie depuis cette époque? — Que savez-vous de la guerre Serbo-Bulgare? — Citez les principales batailles. — Quelle est la situation actuelle de la Turquie?

RÉCIT.

Méhémet-Ali. — Le pacha d'Égypte, Méhémet-Ali, avait accompli, dans la province qu'il administrait, une œuvre analogue à celle de Mahmoud dans l'empire turc, mais avec plus de succès. Soldat dans l'armée turque qui avait repris l'Égypte en 1800, il s'était peu à peu élevé aux grades supérieurs par son courage et son intelligence, et devint pacha en 1806. Placé entre les Turcs, qui comptaient garder pour eux-mêmes l'Égypte reconquise, et les mameluks, qui prétendaient recouvrer leur ancienne puissance, il se débarrassa d'abord des premiers à l'aide des seconds; puis, en 1811, il détruisit à leur tour le bey des mameluks, et en 1814 il se déclara propriétaire de tout le sol de l'Égypte; en 1818 une expédition heureuse contre les Wahabites d'Arabie augmenta son pouvoir et sa réputation. Les réformes commencèrent alors. Dès 1815, un premier décret avait ordonné la réorganisation de l'armée égyptienne à la française; les vieilles troupes murmurant, il les envoya, en 1820, se faire tuer dans la Nubie et le Sennaar, qui furent conquis; ce fut un double profit. Empruntant à la France, qu'il aimait, des officiers, des marins, des ingénieurs, des constructeurs, des mécaniciens, des chimistes, des médecins, il s'appliqua avec ardeur à réformer l'agriculture, la marine, l'instruction publique; des chantiers, des fonderies, des ateliers s'élevèrent; des arsenaux et des magasins furent construits et approvisionnés; l'important canal de Mahmoudièh fut creusé pour mettre en communication Alexandrie et le Caire, de bonnes méthodes agricoles furent introduites et multiplièrent les produits. Sous cette administration despotique mais vigilante, l'Égypte retrouva son ancienne prospérité.

AMMANN et COUTANT.

CINQUANTIÈME LEÇON

Le Nouveau Monde au XIXᵉ siècle.

Sommaire. — Indépendance des colonies espagnoles. — Le Mexique. — Iturbide et Juarès. — Amérique. — Prospérité rapide. — Causes de la guerre de Sécession. — Abraham Lincoln. — Guerre de Sécession. — État actuel des États-Unis. — Brésil.

Colonies espagnoles. — Depuis le xvıᵉ siècle l'Espagne dominait dans toute l'Amérique du Sud et dans l'Amérique centrale. Le Brésil était aux Portugais.

Pourquoi ces colonies se révoltèrent. — Le gouvernement despotique de la métropole poussa à la révolte les colons espagnols de l'Amérique. En 1808 au moment où Napoléon envahissait l'Espagne, les créoles réclamaient l'égalité politique et la liberté commerciale. Sur le refus de la cour de Madrid ils se mirent en insurrection. La révolte commença en 1810 et ne se termina qu'en 1826. Le **Mexique** prit le premier les armes : les débuts de la lutte ne lui furent pas favorables jusqu'en 1821. Cette année-là le général espagnol **Iturbide** entra dans Mexico, et, trahissant sa patrie, se fit proclamer empereur; mais trois ans après il fut fusillé par ses sujets, et le Mexique se constitua en République.

Le Mexique, après avoir passé trente ans dans les guerres civiles, fut administré par Juarès. La France prit les armes contre lui et chercha à lui opposer l'archiduc Maximilien qui fut proclamé empereur, grâce aux baïonnettes françaises. Mais

Napoléon III retira ses troupes, et Maximilien fut fusillé à Quérétaro. Depuis cette époque Juarès a été réélu par trois fois président de la République mexicaine.

Amérique centrale. — En 1823, les colons de l'Amérique centrale secouèrent le joug de l'Espagne et formèrent les cinq républiques de **Guatémala**, de **Honduras**, de **Costa-Rica**, de **Nicaragua** et de **Salvador**, qui, unies d'abord en confédération, se séparèrent en 1839.

Buenos-Aires s'affranchit en 1811 ; le **Paraguay** et l'**Uruguay**, dans les années qui suivirent ; le **Chili**, en 1818.

Simon Bolivar, surnommé le Libérateur, aidé par le général **Sucre** et **Saint-Martin**, de 1816 à 1824, chassa les Espagnols du **Vénézuéla**, de la **Nouvelle-Grenade**, de **Quito**, dont il forma les **États-Unis de Colombie**, qui se séparèrent en 1825, et du **Pérou**, où il fut proclamé *dictateur* ; le Pérou Supérieur, détaché du reste de cette vaste province, forma la république de **Bolivie**, nom tiré de celui de cet illustre patriote. L'Espagne ne conserva dans ces parages que les deux grandes îles de Cuba et de Porto-Rico.

Amérique. — **Accroissement des États-Unis.** — Au moment où le traité de Versailles reconnut l'indépendance des colonies anglaises de l'Amérique du Nord, sous le nom de **République des États-Unis**, en 1784, la nouvelle république ne comptait que treize États et un peu moins de 5 millions d'habitants. Elle en avait 50 millions en 1860 et comprenait trente-huit États.

Causes de la guerre de Sécession. — Il y avait, entre les États du Nord et les États du Sud de la République, des rivalités d'intérêts et de race qui allaient scinder la République en deux et y déchaîner une des plus effroyables guerres civiles qui se soient vues.

Dans les États du Nord, la population, de race anglo-saxonne, s'adonnait à l'industrie, à l'exploitation des mines et était protectionniste. Dans le Sud, où le sol se prête mieux aux diverses cultures, les habitants, d'origine franco-espagnole, se livraient particulièrement aux travaux agricoles et produisaient en abondance du blé, du riz, du tabac, du coton, du sucre, ils étaient libre-échangistes, parce qu'ils croyaient le libre-échange plus propre que les mesures restrictives à favoriser l'écoulement de leurs produits.

Ici les propriétaires, riches et de mœurs aristocratiques, ne travaillaient pas eux-mêmes : ils employaient à la culture du sol 4 millions d'esclaves nègres, qu'ils conduisaient avec le fouet, comme de véritables bêtes de somme. Dans le Nord, au contraire, le travail manuel était en honneur, chez des hommes d'origine plébéienne, ennemis de la servitude et de l'exploitation de l'homme par l'homme. Ceux-ci réclamaient la suppression de l'esclavage dans le Sud. La publication d'un livre, *la Case de l'oncle Tom*, qui, sous la forme d'un roman, retraçait, dans un style émouvant et plein d'éloquence, la cruelle existence des hommes de couleur, servit puissamment la cause des abolitionnistes. *La Case de l'oncle Tom*, répandue à plusieurs millions d'exemplaires, en Amérique et en Europe, excita partout la pitié en faveur des nègres et l'indignation contre les planteurs.

A cette première cause de guerre civile il vint s'en ajouter une autre, d'un ordre exclusivement politique, qui précipita la rupture entre les deux parties de l'Union. Le Nord affirmait que la constitution faisait de l'union des États un tout indissoluble; le Sud prétendait, au contraire, que chaque État, étant librement entré dans la Confédération, conservait le droit d'en sortir, si les décisions du Congrès le lésaient dans ses intérêts. On donna le nom de **républicains** aux défenseurs de l'indissolubilité de l'Union et celui de **démocrates** aux partisans de la liberté pour les États de se gouverner séparément.

En 1860, au milieu de l'irritation née de cet antagonisme, un anti-esclavagiste, **Abraham Lincoln**, fut élevé à la présidence. Les États du Sud virent dans cette élection une menace contre leurs intérêts et se séparèrent de l'Union, au nombre de dix. C'étaient: la Virginie, la Caroline du Nord, la Caroline du Sud, la Géorgie, la Floride, le Tennessee, l'Alabama, le Mississipi, la Louisiane et le Texas. Ces dix États esclavagistes s'unirent entre eux, prirent pour capitale **Richmond** et choisirent pour président **Jefferson Davis**.

Les hostilités commencèrent immédiatement. Elles furent conduites : du côté des fédéraux, par les généraux Mac-Clellan, Sherman, Sheridan et Grant; du côté des séparatistes, par Lee, Beauregard, Johnston et Jackson. Elles se continuèrent pendant cinq ans (1861-1865) avec un acharnement inouï et des alternatives de succès et de revers.

La victoire resta aux unionnistes : Grant cerna Lee dans **Petersburg** (Virginie) et le contraignit à mettre bas les armes. Le Sud s'avoua vaincu.

La guerre de Sécession coûta aux États-Unis 25 milliards de francs et 1 million d'hommes. L'esclavage fut aboli et les États du Sud, ruinés, rentrèrent dans l'Union. Lincoln avait été réélu avec enthousiasme président de la République ; mais les esclavagistes ne lui pardonnaient pas leur défaite ; l'un d'eux, nommé Booth, l'assassina d'un coup de pistolet, en plein théâtre, cinq jours après la capitulation de Lee.

Depuis cette époque, les États-Unis n'ont cessé de prospérer. Leur industrie est devenue colossale ; l'effroyable dette contractée pendant la guerre de Sécession a été presque payée, les États-Unis peuvent maintenant se passer de l'Ancien Monde et défendent leurs produits contre l'invasion des produits étrangers par le tarif prohibitif Mac-Kinley. Les républicains, qui étaient au pouvoir depuis 1888, ont été battus aux dernières élections, et le nouveau président, Cleveland, appartient au parti démocrate.

Brésil. — Le Brésil était une colonie portugaise. Le roi Jean VI alla s'y réfugier en 1808. Son fils dom Pedro devint empereur du Brésil en 1822. En 1890, le Brésil a chassé du trône l'empereur régnant et s'est constitué en république sous la présidence de Déodoro de Fonseca, mort il y a quelques mois.

QUESTIONNAIRE.

Pourquoi les colonies espagnoles se révoltèrent-elles ? — Qu'est-ce que Iturbide ? — Nommez les principales colonies espagnoles. — Parlez de Bolivar, — de Juarès, — de Maximilien. — Que savez-vous de la prospérité des États-Unis ? — Donnez les causes de la guerre de Sécession. — Qu'est-ce que la *Case de l'oncle Tom* ? — Montrez la différence entre les États du Nord et du Midi. — Parlez d'Abraham Lincoln. — Citez les principales batailles. — Que savez-vous de l'état actuel des États-Unis ?

RÉCIT.

Abraham Lincoln. — Dans les conditions où elle se présentait, l'élection de M. Abraham Lincoln acquérait une importance capitale. En novembre 1860, l'élection de M. Abraham Lincoln, dont on connaissait les opinions abolitionnistes, fut considérée par le Sud comme une déclaration de guerre.

Le 4 mars 1861 M. Lincoln annonça au Congrès la ferme résolution d'empêcher par tous les moyens et au besoin par la force le déchirement de l'Union. Un mois après, la guerre commençait, mais Lincoln allait faire des prodiges de persévérance et d'énergie. Ses appels au patriotisme et au maintien de l'Unité fédérale mirent sous les armes pendant quatre années jusqu'à deux millions d'hommes. Il n'hésita pas, même dans un moment critique, à sacrifier Mac Clellan (dont ses officiers voulaient faire un dictateur) à la liberté de son pays. Mac Clellan fut destitué et les États-Unis furent arrachés à la dictature militaire.

En novembre 1864 eurent lieu les nouvelles élections à la présidence de l'Union. Le Nord témoigna, par la réélection de Lincoln, de la confiance qu'il avait dans son énergie et son patriotisme. Il organisa alors la lutte décisive, et les Sudistes furent battus.

Le président Lincoln, après avoir eu la gloire de faire sortir son pays d'une crise effroyable, d'en avoir sauvé l'intégrité par une fermeté simple et stoïque, sans la moindre atteinte à la loi, s'apprêtait à licencier des armées et, par un régime de modération, à opérer la réconciliation des partis. Mais le 14 avril 1865, comme il assistait à une représentation au théâtre de Washington, il fut assassiné d'un coup de revolver par un fanatique, nommé Booth. Ce fut un deuil pour le monde entier.

FIN

TABLE DES CHAPITRES

Préface.. v

Histoire ancienne.

1re Leçon.	—	L'Égypte...............................	1
2^e	—	Assyriens et Perses....................	11
3^e	—	Les Hébreux............................	21
4^e	—	La Grèce...............................	28
5^e	—	Guerres Médiques. — Siècle de Périclès. — Guerre du Péloponnèse. — Épaminondas..	35
6^e	—	La Macédoine...........................	44
7^e	—	Vie sociale et privée des Grecs........	52
8^e	—	Histoire romaine.......................	57
9^e	—	Guerres Puniques. — Marius et Sylla....	69
10^e	—	La république depuis la mort de Sylla jusqu'à l'empire..............................	79
11^e	—	L'empire...............................	88
12^e	—	Fin de l'empire........................	100

Moyen âge.

13e Leçon.	—	Les invasions du ve siècle...............	109
14^e	—	Empire d'Orient ou Bas-Empire...........	120
15^e	—	L'Islamisme............................	125
16^e	—	La féodalité en Europe.................	131
17^e	—	Conquêtes des Normands. — Les croisades.	135
18^e	—	Allemagne. — Lutte du Sacerdoce et de l'Empire...................................	140
19^e	—	Allemagne. — Guelfes et Gibelins........	147
20^e	—	Richard Cœur de Lion, Henri II, Jean sans Terre..................................	153
21^e	—	La papauté.............................	157
22^e	—	Chute de l'empire d'Orient..............	160

Temps modernes.

23ᵉ Leçon. —	L'Angleterre de 1421 à 1509................	167
24ᵉ —	Espagne...................................	173
25ᵉ —	Italie.....................................	177
26ᵉ —	Expéditions maritimes.....................	183
27ᵉ —	La Renaissance en Europe.................	190
28ᵉ —	La Réforme en Europe....................	198
29ᵉ —	Espagne...................................	210
30ᵉ —	La réaction catholique.....................	215
31ᵉ —	Angleterre................................	218
32ᵉ —	Guerre de Trente Ans.....................	224
33ᵉ —	Avènement des Stuarts. Révolution de 1688.	230
34ᵉ —	Guillaume III. — Anne Stuart.............	240
35ᵉ —	Lettres et arts au xviiᵉ siècle.............	245
36ᵉ —	Prusse et Autriche au xviiiᵉ siècle..........	251
37ᵉ —	Suède au xviiiᵉ siècle......................	260
38ᵉ —	Russie au xviiiᵉ siècle.....................	268
39ᵉ —	La Pologne au xviiiᵉ siècle.................	274
40ᵉ —	Angleterre. — Espagne. — Italie au xviiiᵉ siècle....................................	278
41ᵉ —	L'Amérique au xviiiᵉ siècle................	284
42ᵉ —	Les Turcs de 1453 à la fin du xviiiᵉ siècle...	287
43ᵉ —	Écrivains et philosophes au xviiiᵉ siècle.....	291

Époque contemporaine.

44ᵉ Leçon. —	Les congrès de Vienne.....................	297
45ᵉ —	L'Europe de 1830 à 1848..................	302
46ᵉ —	La Prusse et l'Italie.......................	306
47ᵉ —	L'Angleterre au xixᵉ siècle................	316
48ᵉ —	Autriche et Russie au xixᵉ siècle..........	321
49ᵉ —	La question d'Orient au xixᵉ siècle........	328
50ᵉ —	Le Nouveau Monde au xixᵉ siècle..........	335

TABLE DES RÉCITS

1ᵉʳ Récit.	—	Une momie (d'après Maspero)..............	10
2ᵉ	—	Un palais assyrien (d'après Maspero)......	20
3ᵉ	—	Saül et David (Duruy).........	27
4ᵉ	—	Discours des Corinthiens aux Spartiates (Thucydide)................................	34
5ᵉ	—	Bataille de Salamine (Eschyle)............	43
6ᵉ	—	Bataille d'Arbèles (Arrien)................	51
7ᵉ	—	Les dieux locaux (Fustel de Coulanges)....	56
8ᵉ	—	Le consul Fabricius (J. D.)	67
9ᵉ	—	Annibal (Maréchal).....	78
10ᵉ	—	Mort de César (Plutarque)................	87
11ᵉ	—	L'éruption du Vésuve (Marc Monnier).....	99
12ᵉ	—	Misère générale au ivᵉ siècle (Lactance)....	107
13ᵉ	—	Les Huns (C. G.).........................	118
14ᵉ	—	La sédition Nika (C. G.)..................	124
15ᵉ	—	La civilisation arabe en Espagne (Raymond)....................................	130
16ᵉ	—	Situation de l'empereur en Allemagne (Rolland)....................................	134
17ᵉ	—	Le Cid (C. G.)............................	139
18ᵉ	—	Le chemin de Canossa (C. G.)............	145
19ᵉ	—	Le grand interrègne (Gosset).............	152
20ᵉ	—	Assassinat de Thomas Becket (Michelet)...	155
21ᵉ	—	Les papes à Avignon (C. G.)..............	159
22ᵉ	—	Prise de Constantinople (Cantu)..........	165
23ᵉ	—	Warwick (Michelet)......................	172
24ᵉ	—	Prise de Grenade (C. G.).................	176
25ᵉ	—	Jérôme Savonarole (C. G.)................	182
26ᵉ	—	Conséquences des découvertes maritimes (C. G.)....................................	189
27ᵉ	—	Dante. — Shakespeare (Demogeot-Dietz)..	196
28ᵉ	—	Luther (C. G.)...........................	208
29ᵉ	—	Le duc d'Albe (Mignet)....................	214

30ᵉ Récit. —	Les Jésuites (Duruy)....................................	217
31ᵉ —	Supplice de Marie Stuart (Lingard)........	222
32ᵉ —	Gustave-Adolphe (Schiller)......................	229
33ᵉ —	Expulsion du Parlement par Cromwell (Despois)..	238
34ᵉ —	Bolingbrooke (Marius Topin)..................	244
35ᵉ —	Milton. — Cervantès (Dietz, Demogeot)....	249
36ᵉ —	Administration de Frédéric (E. Lavisse	259
37ᵉ —	Charles XII (Voltaire)...............................	266
38ᵉ —	Pierre le Grand. — Catherine (Voltaire)....	272
39ᵉ —	Les partis en Pologne (Henri Martin).....	277
40ᵉ —	Le premier Pitt (C G.)...............................	283
41ᵉ —	Première insurrection des États-Unis (Jouault)..	286
42ᵉ —	Le traité de Kaïnardji (A. Sorel)..........	290
43ᵉ —	Kant (Maréchal).......................................	294
44ᵉ —	La Sainte-Alliance (Corréard)................	301
45ᵉ —	La révolution romaine (Ducoudray)......	306
46ᵉ —	Cavour. — Garibaldi. — Bismarck. — De Moltke (C. G.)................................	313
47ᵉ —	O'Connell (Maréchal)..................................	320
48ᵉ —	Kossuth (C. G.)..	327
49ᵉ —	Mehemet-Ali (Ammann et Coutant)........	333
50ᵉ —	Abraham Lincoln (C. G.)........................	340

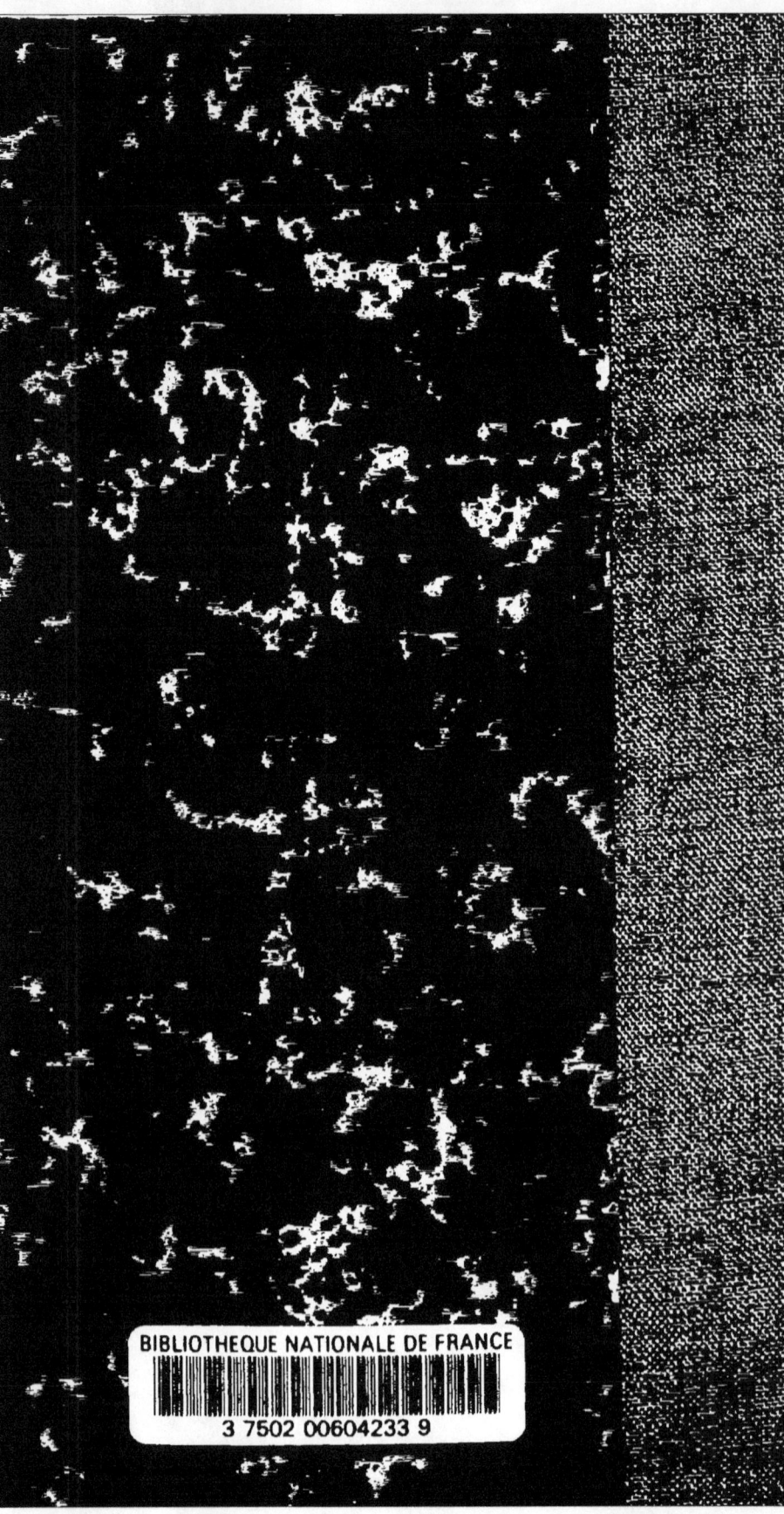

www.ingramcontent.com/pod-product-compliance
Lightning Source LLC
Chambersburg PA
CBHW070858170426
43202CB00012B/2107